Muito Além da Sorte

M953 Muito além da sorte : processos inovadores para entender o que os clientes querem / Clayton M. Christensen ... [et al.] ; tradução: Beth Honorato. – Porto Alegre : Bookman, 2018.
xxiii, 239 p. il. ; 23 cm.

ISBN 978-85-8260-451-9

1. Gestão de empresas. 2. Teoria dos trabalhos. 3. Organização do trabalho. I. Christensen, Clayton M.

CDU 658

Catalogação na publicação: Poliana Sanchez de Araujo – CRB 10/2094

CLAYTON M. CHRISTENSEN

Taddy Hall • Karen Dillon
David S. Duncan

Muito Além da Sorte

PROCESSOS INOVADORES PARA ENTENDER O QUE OS CLIENTES QUEREM

Tradução:
Beth Honorato

2018

Obra originalmente publicada sob o título
Competing Against Luck: The Story of Innovation and Customer Choice
ISBN 9780062435613

Copyright (c) 2016. Published by arrangement with Harper Collins Publishers.

Gerente editorial: *Arysinha Jacques Affonso*

Colaboraram nesta edição:

Leitura final: *Carolina Flores*

Capa: *Marcio Monticelli*

Editoração: *Techbooks*

Reservados todos os direitos de publicação, em língua portuguesa, à
BOOKMAN EDITORA LTDA., uma empresa do GRUPO A EDUCAÇÃO S.A.
Av. Jerônimo de Ornelas, 670 – Santana
90040-340 Porto Alegre RS
Fone: (51) 3027-7000   Fax: (51) 3027-7070

Unidade São Paulo
Rua Doutor Cesário Mota Jr., 63 – Vila Buarque
01221-020 São Paulo SP
Fone: (11) 3221-9033

SAC 0800 703-3444 – www.grupoa.com.br

É proibida a duplicação ou reprodução deste volume, no todo ou em parte, sob quaisquer formas ou por quaisquer meios (eletrônico, mecânico, gravação, fotocópia, distribuição na Web e outros), sem permissão expressa da Editora.

IMPRESSO NO BRASIL
PRINTED IN BRAZIL

Os autores

CLAYTON M. CHRISTENSEN é professor da Harvard Business School, autor de nove livros, cinco vezes agraciado com o Prêmio McKinsey de melhor artigo do ano da *Harvard Business Review* e cofundador de quatro empresas, entre elas a Innosight, da área de consultoria em inovação. Em 2011 e 2013, foi indicado como o pensador empresarial mais influente do mundo em uma classificação bianual conduzida pela Thinkers50.

TADDY HALL é diretor no Cambridge Group e um dos líderes do projeto Nielsen Breakthrough Innovation. Nesses cargos, ele ajuda os altos executivos seniores a criar produtos novos e bem-sucedidos e a melhorar o processo de inovação. Além disso, ele trabalha assiduamente com executivos dos mercados emergentes como consultor da Endeavor e do Innovation Without Borders.

KAREN DILLON é ex-editora da *Harvard Business Review* e coautora do best-seller *How Will You Measure Your Life*, listado no New York Times. Karen formou-se na Universidade Cornell e na Escola de Jornalismo Medill da Universidade Northwestern. Em 2011, ela foi indicada pela Ashoka como uma das mulheres mais influentes e inspiradoras do mundo.

DAVID S. DUNCAN, sócio majoritário da Innosight, é um dos pensadores e consultores mais importantes na área de estratégia de inovação e crescimento, ajudando a conduzir mudanças disruptivas, a criar um crescimento sustentável e a transformar as organizações para que prosperem no longo prazo. Ele é formado pela Universidade Duke e pós-graduado em física pela Universidade Harvard.

Agradecimentos

De Clayton Christensen

Foram necessários oito anos para desenvolver a teoria da inovação disruptiva e redigir o livro *O Dilema da Inovação*, que explica essa teoria. Já para a aprimorar a teoria de marketing do trabalho a ser feito (*job to be done*), que sintetizamos neste livro, foram necessárias quase *duas décadas*. O que explica essa diferença? Eu tinha um conjunto precioso de dados no meu computador, e esses dados acabaram dando origem à teoria da inovação disruptiva. Não tivemos essa sorte em nossa pesquisa sobre a teoria do trabalho a ser feito. Tivemos de coletar os dados pessoa por pessoa, empresa por empresa. Não havia como cortar caminho.

Por esse motivo, sou profundamente grato às várias pessoas que me ajudaram a desenvolver o corpo da teoria que descreve uma das principais causas das inovações bem-sucedidas. Bob Moesta entrou pela primeira vez em minha sala na Harvard Business School há duas décadas, levando com ele muitas perguntas. Tinha lido minha da disrupção e estava ávido por aplicá-la em sua empresa de consultoria para ajudar seus clientes. Acho que nenhum de nós imaginava que esse primeiro encontro seria o início de uma longa conversa – e muita colaboração. Foram Bob e seu sócio Rick que me apresentaram pela primeira vez o quebra-cabeça que acabou gerando a teoria do trabalho a ser feito, e desde então os esforços empreendidos por Bob ajudaram a moldar essa teoria. Durante 20 anos, Bob e eu nos encontramos religiosamente uma vez a cada trimestre. Acho que nunca saí de uma reunião sem aprender algo com ele. Engenheiro por formação, logo no início de sua carreira ele teve a grande sorte de ter o Dr. Genichi Taguchi e W. Edwards Deming como mentores. Foi seu trabalho de aplicação e moldagem da teoria dos trabalhos que fundamentou nossa frutífera parceria. Eu o incentivei a estabelecer uma empresa de consultoria – o Re-Wired Group – para utilizar a teoria dos trabalhos em desafios de inovação complexos para seus clientes. Além disso, apresentei Bob e sua teoria à Innosight, uma empresa de consultoria que ajudei a criar. E também o levei várias vezes à sala em que dava aula para demonstrar a teoria dos trabalhos na prática. Não consigo ver outra pessoa melhor para ser embaixador dessa teoria. Vê-lo entrevistando um voluntário qualquer na plateia é como ver a apresentação de um mágico – nunca deixei de me surpreender com o que ele é capaz de suscitar. Sinto-me agradecido por esses anos de colaboração. Mais importante do que isso, por nossa amizade de longa data.

Scott Cook, cofundador da Intuit, dedicou-se durante vários anos à teoria dos trabalhos. Suas ideias ajudaram a moldá-la. Em 2005, junto com Taddy Hall, um dos coautores deste livro, ele escreveu o primeiro artigo a respeito da teoria do trabalho a ser feito para a *Harvard Business Review*. Depois de inúmeras conversas sobre como a teoria aplicava-se à sua empresa, Scott me ajudou a perceber que existem muitos "trabalhos negativos" – aqueles que as pessoas simplesmente não desejam ser obrigadas a fazer. Ao longo dos anos, aprendi muito nas minhas conversas com Scott e os funcionários da Intuit, especialmente sobre o desafio de manter uma organização concentrada nos trabalhos dos clientes. Devemos muito de nossos *insights* a Scott e suas equipes.

Ao elaborar as teorias, percebi que encontrar céticos com algo valioso a dizer é inestimável. Michael Christensen, formado pela Baker Scholar e pela Harvard Business School, que por acaso é meu filho, enquadrou-se abnegadamente nesse papel. Não sei quantas tardes eu e Michael discutimos sobre as fronteiras e o poder elucidativo da teoria dos trabalhos. Ele não é cético. Na verdade, ele mantém elevados padrões de integridade intelectual em sua busca pela verdade. Sua resistência nos ajudou a melhorar significativamente essa teoria. Sou grato por sua coragem de enfrentar o pai. A teoria dos trabalhos tornou-se mais sólida e adequada em consequência disso.

Dave Sundahl trabalhou comigo durante anos, mais recentemente como pesquisador sênior no Instituto Christensen. Mais do que qualquer pessoa que conheci, David tem consciência do grau de solidez com que se deve elaborar uma teoria. Ele consegue sentir o cheiro de um charlatão antes mesmo que ele termine o primeiro parágrafo e sabe quais estudiosos da teoria merecem e não merecem confiança. Sou grato à sua contribuição no sentido de estabelecer as fronteiras em torno da teoria dos trabalhos. A meu ver, ele aprecia uma boa teoria tanto quanto eu, mas não a divide com o mundo enquanto não tem certeza de sua solidez.

Sob a liderança do meu criterioso e eloquente colega Derek van Bever, todos os anos convidamos alguns dos nossos melhores alunos de pós-graduação para participar do Fórum de Inovação e Crescimento na Harvard Business School. Eles são realmente os melhores entre os melhores e se juntam a nós durante um ou dois anos adicionais para desenvolver, aprimorar e disseminar teorias sobre inovação e gestão. Durante os dois anos em que participou do fórum, Max Wessel colocou sua carreira em segundo plano para moldar e aprimorar nossas ideias a respeito da teoria dos trabalhos e de sua aplicação. Sua contribuição ajudou a tornar essa teoria mais sólida e mais útil para os gestores no mundo real. Ele continua sendo um porta-voz valioso e um amigo verdadeiro, e sou grato por sua contribuição. Laura Day permaneceu um ano no fórum promovendo nossas ideias e ajudando a equipe a se capacitar melhor para descobrir trabalhos no mundo real – e seu imenso entusiasmo por esse tema tornou todas as nossas conversas e discussões não apenas produtivas, mas igualmente prazerosas para mim. Tom Bartman, Efosa Ojomo, James Allworth, Dina Wang e Jason Orgill também nos ajudaram a compreender em que sentido a teoria dos trabalhos interage com outros modelos de gestão que eles estavam desenvolvendo.

Ao longo dos anos, a área de trabalhos beneficiou-se enormemente das ideias e do trabalho de campo de meus colegas da Innosight, particularmente do sócio-diretor Scott Anthony, que forjou comigo alguns dos conceitos mais fundamentais da teoria. Ele é um parceiro de ideias e um amigo de confiança. Joe Sinfield, sócio majoritário, também fez contribuições significativas para a teoria ao abrir caminho para sua aplicação em corporações importantes. O trabalho da Innosight com clientes *Fortune 100* ampliou as fronteiras no sentido de levar uma corporação inteira a adotar o conceito de trabalho a ser feito, integrá-la sistematicamente nas atividades das equipes de marca e divisões e possibilitar que executivos de diferentes níveis compreendam em que medida os *insights* sobre trabalho norteiam as decisões estratégicas e táticas.

Meus colegas professores – Derek van Bever, Chet Huber, Stephen Kaufman, Rory McDonald, Willy Shih, Raj Choudhury e Ray Gilmartin – estão entre as pessoas mais inteligentes e mais altruístas do mundo. Todos os dias eles usam nossas teorias para investigar como podem solucionar problemas e criar oportunidades de crescimento para as empresas. Entretanto, como eles se deparam também com situações ou resultados que nossas pesquisas ainda não conseguem explicar, eles me ajudam a resolver essas anomalias e a aprimorar as teorias. Eu os treinei para que ministrassem meu curso de MBA e agora eles me ensinam a ministrar meu curso. Sou grato pela oportunidade de trabalhar por pessoas desse calibre.

Muitas outras pessoas dividiram comigo constatações importantes ao longo do processo. Mike Collins, fundador e diretor executivo do BIG Idea Group (BIG), foi um dos primeiros diretores executivos que conheço a aplicar com grande eficácia a ideia de trabalho a ser feito. Gerald Berstell e Denise Nitterhouse são coautores de um dos meus primeiros artigos sobre a teoria dos trabalhos e desempenharam um papel importante na configuração e revelação de nossa visão inicial.

Nitin Nohria, reitor da Harvard Business School (HBS), foi essencial para criar uma atmosfera de pesquisa na Harvard Business School. Ele apoiou o Fórum de Inovação e Crescimento, que nos ajuda a manter contato intelectual com aproximadamente 750 ex-alunos do meu curso, "Building and Sustaining a Successful Enterprise" – BSSE ("Desenvolvendo e Mantendo um Empreendimento Bem-sucedido"). Os ex-alunos do BSSE, do mesmo modo que fizeram quando frequentaram nossas aulas, continuam identificando anomalias que nossas teorias não conseguem explicar; e eles aplicam as teorias do curso para criar empresas, muitas delas extremamente bem-sucedidas! Eu os admiro.

Meus colegas no Instituto Christensen tiveram a mesma postura – fizeram perguntas e procuraram respostas para algumas das indagações mais importantes que as organizações têm diante si atualmente. Eu os imagino como os cavalheiros de nossa távola redonda. Todos eles deixaram carreiras florescentes para se juntar a mim e investigar os problemas de gestão.

E agora, a minha equipe dos sonhos. Sou abençoado por ter podido trabalhar com Taddy Hall, Karen Dillon e Dave Duncan neste livro. Taddy foi um dos alunos da minha primeira turma na Harvard Business School. Ainda consigo vê-lo na primeira fileira do lado direito do corredor entre a seção da esquerda e a central. Eu e Taddy trabalhamos juntos várias vezes no decorrer dos anos, talvez mais intensamente no primeiro artigo sobre a teoria dos trabalhos, que escrevemos em coautoria na *Harvard Business Review*. Recorri a Taddy porque ele sempre consegue oferecer às nossas discussões uma dose saudável de experiência do mundo real – e de ceticismo saudável – e igualmente um genuíno entusiasmo pelas teorias. Aprendi a dar extremo valor à sua mente aguçada, à sua capacidade para trazer paralelos e exemplos interessantes para nossas conversas e ao seu bom humor e alegria.

Karen Dillon é uma das melhores redatoras e editoras do planeta. Já tivemos oportunidade de trabalhar colaborativamente duas vezes, nesta obra e no livro *How Will You Measure Your Life?* Sua habilidade para traduzir o pensamento acadêmico em algo que os profissionais conseguem compreender e usar verdadeiramente na vida cotidiana é visível em todas as páginas. Sou grato por seu incansável entusiasmo e por seu espírito animador ao contornar as dificuldades para escrever um livro que valesse a pena ser lido. Mas Karen foi mais que redatora neste projeto; ela foi uma parceira intelectual, colaboradora e amiga inestimável. Lamento muito mesmo por todos aqueles que não tiveram ou não terão oportunidade de trabalhar com Karen.

Na última década, o trabalho de David Duncan para ajudar a desenvolver e implementar a teoria dos trabalhos o tornou um dos profissionais mais instruídos e inovadores que conheço nesse âmbito. Como sócio majoritário da Innosight, ele trabalhou com uma série de empresas globais para tentar superar difíceis desafios de inovação e crescimento. Tenho certeza de que o trabalho de Dave tem um impacto permanente. Ele exerceu essa mesma influência em nossas ideias neste livro, visto que superamos algumas nuances e desafios para compreender e explicar a teoria dos trabalhos. Muito antes de Dave começar a pensar a respeito de inovação, ele se doutorou em física na Universidade Harvard – e beneficiou-se dessa mente analítica treinada em todas as nossas interações.

Embora o acordo não seja citá-los como coautores, não teríamos concluído este livro sem Emily Snyder e Jon Palmer. Ambos contribuíram não apenas para a nossa qualidade de vida, mas também para a qualidade de nosso trabalho. Emily foi meu braço direito durante cinco anos, e não consigo me lembrar de um único dia em que ela não tenha lutado com entusiasmo para tornar o mundo um lugar melhor. Em suas interações, sejam elas grandes ou pequenas, Emily faz diferença para qualquer pessoa que entra em contato com seu departamento. Desde o momento em que contratei Jon sabia que ele seria um ativo para a nossa equipe. Mas eu não tinha ideia do quanto – e da rapidez com que isso ocorreria. Ele não apenas se informou a respeito do complexo conjunto de teorias, pessoas e projetos de seu departamento, mas também contribuiu – significativamente – para tudo isso. Sempre contei com sua mente aguçada, sua energia inesgotável e talvez, mais do que tudo, com seu bom senso.

Conheci colegas competentes e fiz amigos permanentes ao longo desse processo. Jamais conseguirei lhes agradecer o suficiente por sua disposição para trabalhar ao meu lado todos os dias.

Meu agente, Danny Stern, durante quase 20 anos me ofereceu competente assessoria em alguns dos meus projetos mais importantes, com o apoio de seus colegas Kristen Soehngen Karp e Ned Ward. Sou grato às suas criteriosas orientações e ao seu comprometimento para assegurar que os valores que temos em comum façam parte de nosso trabalho conjunto. Nossa editora neste livro, Hollis Heimbouch, é, há vários anos, uma parceira valiosa. Sua rara aptidão para me apoiar e impulsionar, seu hábil talento para editar e sua convicção no poder das grandes ideias foram uma fonte de inspiração para toda a nossa equipe.

Sou grato principalmente à admirável equipe com a qual pude contar em casa – nossos filhos Matthew, Ann, Michael, Spencer e Katie Christensen. Eles questionaram, testaram, editaram e usaram todos os parágrafos deste livro. Hoje, todos têm sua própria profissão. Eu e minha mulher, Christine, temos orgulho do sucesso de nossos filhos – em parte porque eles usaram as teorias sobre gestão que foram aperfeiçoadas em nossas discussões em casa. Além disso, Christine e eu temos orgulho, principalmente, por eles se lembrarem por que Deus nos enviou para este planeta. Nós passamos esse ensinamento para eles. Nossos filhos e respectivos cônjuges, bem como nossos netos, nos ensinam isso. Seremos eternamente gratos por isso. Agradeço sobretudo à minha esposa, Christine, cuja perspicácia de pensamento e hábil talento para editar estão presentes em todas as páginas deste livro. Não consigo imaginar uma companheira de vida melhor, e me sinto honrado e agradecido por ela ser minha.

—*Clayton Christensen*

De Taddy Hall

Nunca é demais ressaltar que as grandes coisas na vida tendem a se apresentar surpreendente e inesperadamente e, no caso da minha longa amizade com Clay Christensen, injustificadamente.

Há 24 anos, quando entrei na sala, no primeiro dia de aula do curso de Clay, não tinha ideia da aventura que estava para começar. No decorrer desses vários anos, não houve uma conversa sequer com Clay que não tenha me deixado com um humilde sentimento de gratidão por sua paciência, sabedoria e gentileza. Obrigado, Clay. Gostaria de agradecer também aos coautores Karen e Dave. A mente de Dave trabalha com uma precisão lógica que eu invejo – ao dar ordenação a ideias complexas. Além disso, ele contribuiu para que este livro se tornasse bem melhor. Se você ou qualquer pessoa neste mundo estiver pensando em escrever um livro algum dia, espero que haja uma Karen Dillon em sua vida e na vida dessa pessoa. Muitas vezes me senti como um sapateiro de sorte que deixa um sapato esfarrapado em sua bancada de trabalho à noite e, ao acordar, encontra um maravilhoso par de sapatos. Trabalhar com Karen é algo parecido.

Jon Palmer, chefe de equipe de Clay, juntou-se ao time no meio da temporada e não errou um passe. Se você tiver sorte, terá em sua vida um momento o "dia em que conheci Jon Palmer": um rosto novo entra na briga e minutos depois você se pergunta: "Como é que conseguimos trabalhar sem ele até agora?". Jon teve essa influência imediata em nossa equipe: fazia sua presença ser sentida ao tornar tudo o que fazíamos melhor, mais fácil e mais divertido, mas de uma maneira afável.

Se você enviasse *e-mail* a Clay, recebia uma resposta imediata dizendo "Emily Snyder governa meu mundo". Isso, além de verdadeiro, é uma bênção. Depois de tantos anos trabalhando com Clay e Emily, não desejo outra coisa senão que Emily governe também meu mundo.

Alguns amigos e colegas foram surpreendentemente generosos e indispensavelmente sensatos: Herb Allen, Bob Barocci, Barry Calpino, Scott Cook, Mike DePanfilis, Craig Dubitsky, Barry Goldblatt, Jason Green, Brian Halligan, Rod Hogan, Steve Hughes, Larry Keeley, Jim Kilts, Peter Klein, Stace Lindsay, Sheila Marcelo, Pete Maulik, Pat McGauley, Tom Monahan, Parker Noren, Diego Piacentini, Michael Raynor, Saul Rosenberg, Jennifer

Saenz, Rogelio de los Santos, Anshu Sharma, Geoff Tanner, Jay Walker, Mike Wege, Rob Wengel, Eddie Yoon, Jerry Zaltman.

Sinto-me agradecido, diariamente, aos meus colegas de inovação na Nielsen Company e no Cambridge Group pelas várias oportunidades de pôr nossas ideias em prática no mundo real.

Eduardo Salazar e sua equipe criaram um laboratório real para testar e desenvolver novas empresas na Colômbia. Eduardo demonstra que a interseção entre inovação e insanidade pode ser extremamente produtiva.

Há vários anos, eu e Ann Christensen trabalhamos colaborativamente em uma série de projetos envolvendo empresas de alto crescimento em mercados emergentes. Ann aguçou meu pensamento e melhorou várias de minhas ideias. E tornou esse livro melhor.

Quem quer que queira saber se a inovação pode não apenas mudar o mundo, mas, talvez, até salvá-lo, deveria conhecer Linda Rottenberg e a equipe do Endeavor. Durante 20 anos Linda tem sido amiga e inspiradora. Trabalhar com Linda e os mais de mil empreendedores de alto impacto que integram a Rede Endeavor nos permitiu pôr em prática e aprimorar nossas teorias em todos os setores e contextos culturais concebíveis.

Erich Joachimsthaler, do Vivaldi Group, é ao mesmo tempo um grande amigo e um inestimável parceiro intelectual. Nos últimos anos, muitas vezes Erich tirou um tempo de seu surpreendente trabalho para organizar e fortalecer meus pensamentos incompletos e inacabados.

Bob Moesta esforçou-se tanto quanto os demais para desenvolver a teoria dos trabalhos – e é um irmão para mim.

O primeiro e mais talentoso inovador que conheci foi meu avô e melhor amigo, Dwight E. Harken. Ele foi um inovador nato que mudou o mundo. Quando lhe disseram que o coração humano era exageradamente complexo para intervenções cirúrgicas, ele percebeu que o problema real era o fato de o coração ser mal compreendido. Ele acabou sendo pioneiro em cirurgia cardíaca, inaugurando essa área por meio da remoção de estilhaços de bomba de 130 soldados da Segunda Guerra Mundial, sem registrar morte alguma. Posteriormente, tendo constatado que inúmeros pacientes haviam sobrevivido a procedimentos cirúrgicos arriscados e, em seguida, sucumbido na enfermaria, ele aplicou a teoria dos trabalhos, mas décadas antes de a termos imaginado. Por meio da integração de funções médicas diversas, ele criou a primeira unidade de cuidados intensivos do mundo, salvando um número incontável de vidas em consequência disso.

Imagino que alguns eremitas tenham escrito algum livro, mas para o restante de nós normalmente esse é um empreendimento familiar. Minha mulher, Karen, e nossas filhas, Penelope e Hadley, fizeram incontáveis sacrifícios por um livro que é improvável que fique no topo de suas listas de presentes de Natal. Entretanto, elas me concederam as maiores de todas as dádivas: uma vida com significado, amor e diversão. Este livro nos tomou algum tempo; agora, vamos nos divertir.

—*Taddy Hall*

De Karen Dillon

Uma das melhores partes de receber um telefonema de Clay Christensen é que isso sempre resulta em algo inesperado, interessante e inspirador. Este livro não foi exceção. Considero-me privilegiada pela oportunidade de novamente colaborar com um homem brilhante, gentil e generoso, o tempo *todo*. O fato de ele por acaso ser também um líder inovador de nível internacional é apenas uma qualidade a mais. A oportunidade de trabalhar intimamente com você, Clay, é um presente que não subestimo.

Não conhecia ainda nossos coautores, Taddy Hall e Dave Duncan, até que Clay nos reunisse para trabalhar juntos neste livro, e tive sorte por ele ter feito isso. Nos vários dias, semanas e meses em que depositamos nosso coração e nossa alma neste livro, não houve um momento sequer em que não ficasse agradecida por tê-los como parceiros. Taddy, ainda não consigo me lembrar muito bem de quando você dormiu durante esses meses, mas sua dedicação, sua percepção e seu entusiasmo por fazer um excelente trabalho nunca desvaneceram. E Dave, seu conhecimento amplo e aprofundado sobre trabalhos no mundo real é simplesmente espetacular – e você tem o dom de conseguir explicar e dividir ideias complexas de uma maneira eficaz e compreensível. Aprendi muito com vocês dois.

Emily Snyder e Jon Palmer, não existem palavras suficientes para lhes dizer quanto estou agradecida por vocês serem meus parceiros neste livro. Vocês estiveram presentes e ofereceram apoio de uma forma que não ousei esperar – e o fizeram de um modo totalmente abnegado. Emily, você entrou na minha vida como um raio de sol e sempre elevou meu moral. Jon, embora tenha se juntado a nós depois, você se tornou indispensável imediatamente. Existe alguma coisa que você faz na qual *não* seja notável? Ainda preciso descobrir. Vocês dois foram meu apoio.

Não consigo me lembrar de nenhuma de nossas inúmeras conversas com Bob Moesta que não tenha começado com sua proposição: "Como posso ajudar?". O pensamento de Bob, sua experiência e suas ideias – que ofereceu livremente – estão profundamente integradas em todo este livro. Ver Bob entrevistando candidatos é como ver um mestre no auge de seu ofício. Espero que com este livro tenhamos conseguido salientar um pouco mais seu talento.

Sinto-me incrivelmente privilegiada por ter tido à minha disposição mentes tão perspicazes quanto as dos integrantes do Fórum de Inovação e Crescimento e do Instituto Christensen. Gostaria de agradecer particularmente a Derek van Bever e Laura Day, que fizeram todo o possível para me ajudar em tudo o que pedi. Tom Bartman, Efosa Ojomo, Max Wessel e Tracy Horn ofereceram apoio ao longo do caminho. O brilhante David Sundahl, do Instituto Christensen, foi um verdadeiro parceiro, e passou horas trabalhando conosco na teoria, voluntária e entusiasmadamente. Agradeço a Ann Christensen, a Rebecca Fogg e ao nosso intrépido verificador de fatos, Michael Devonas, que me ajudaram a enfrentar os desafios ao longo da redação deste livro. Sou grata também, uma vez mais, à excelente equipe do Stern Strategy Group, a Danny Stern, Kristen Soehngen Karp e Ania Trzepizur, bem como à nossa editora na HarperCollins, Hollis Heimbouch, cujo entusiasmado incentivo e orientação especializada sempre oferecem o equilíbrio correto entre apoio e inspiração, e à sua mão direita neste projeto, Stephanie Hitchcock: você foi uma extraordinária aliada.

Gostaria de agradecer a Paul LeBlanc e equipe, da Southern New Hampshire University, Chet Huber, Scott Cook, Pleasant Rowland, Clark Gilbert, Bob Whitman, Ethan Bernstein, Todd Dunn e equipe na Intermountain, Chip Conley, Sal Khan, David Goulait, John Couch, da Apple, Des Traynor e Eoghan McCabe, da Intercom, Phil Caravaggio, da Precision Nutrition, e Lauren Lackey, da SC Johnson, pela generosidade em tempo e energia ao abraçar nosso pensamento e dividir suas histórias conosco. Vocês nos ajudaram a concretizar essas ideias.

Meu grupo particular incluiu amigos e colegas passados e presentes, e sou grata por poder recorrer a pessoas tão ponderadas e generosas. Rajesh

Bilimoria foi, ao mesmo tempo, paciente e inspirador nas várias horas em que passou discutindo trabalhos comigo. James Allworth está sempre por perto quando necessito dele. Scott Anthony, da Innosight, me ofereceu um rápido e criterioso *feedback*. Mallory Dwinal respondeu ponderadamente e sem hesitação à minha infindável torrente de perguntas. Sou grata por James de Vries, talentoso colega na *HBR*, ter se oferecido para ajudar. Minhas colegas virtuais, Jane Heifetz e Amy Gallo, conseguiram me manter lúcida e rindo o tempo todo neste projeto.

E, mais importante de tudo, o motivo pelo qual posso passar horas incessantes trabalhando em projetos que me desafiam a crescer é minha família. Às minhas filhas, Rebecca e Emma: vocês me incentivaram a nunca parar de perseguir meus sonhos profissionais e, ao mesmo tempo, me inspiraram a sempre pôr meus sonhos pessoais em primeiro lugar. À minha querida mãe, Marilyn Dillon, que leu cada palavra deste livro – e de todos os outros projetos importantes em minha vida – com sua visão aguçada: uma vez mais agradeço a você por se importar com meu trabalho tanto quanto me importo. E, finalmente, meu marido e melhor amigo, Richard. Tenho tanto a agradecer a você: por realmente ficar ao meu lado durante centenas de horas de conversa a respeito deste livro; por ser meu mais dedicado caçador de ideias; por providenciar comidas saudáveis para a mente e por oferecer críticas construtivas; por, silenciosamente e nos exatos momentos, colocar xícaras de chá sobre minha mesa; e por ouvir pacientemente, sem nunca dar a menor indicação de que talvez estivesse "cheio" de nossas conversas sobre trabalho. Este livro é um reflexo de seu apoio incondicional, e eu nunca teria conseguido fazer isso sem você.

—*Karen Dillon*

De David S. Duncan

Sinto-me extremamente feliz por ter me envolvido com a criação deste livro desde o começo. Isso não teria sido possível sem o apoio de Clay Christensen, que tive a sorte de conhecer e com quem trabalhei desde que comecei na Innosight, há 12 anos. Sempre admirei enormemente não apenas sua capacidade de propor ideias novas e convincentes, mas também seus extraordinários dons como professor, autor e narrador de histórias. Além disso, ele é uma das pessoas mais gentis e mais generosas que conheci. Sou extremamente grato pela oportunidade de trabalhar com ele em um projeto tão entusiasmante.

Nossa admirável equipe tornou a redação deste livro ao mesmo tempo gratificante e prazerosa. Quanto aos meus outros coautores, Karen Dillon e Taddy Hall, foi um verdadeiro prazer trabalhar com eles. Karen é uma fantástica escritora e contadora de histórias, uma das pessoas mais amáveis e inteligentes que conheço. Além de manter a equipe unida, ela nos manteve nos trilhos durante todo o projeto. Taddy foi uma fonte constante de sacadas originais e de histórias interessantes, extraídas de sua extensa experiência, e todos nós nos beneficiamos de seu excelente senso de humor. Nossa equipe principal incluía Jon Palmer, Emily Snyder e Tara Goss, que contribuíram de inúmeras maneiras e ofereceram conhecimento e energia positiva durante todo o percurso.

Embora tenha sido o sócio da Innosight que trabalhou neste livro, vi meu papel não apenas como quem contribuiria com suas próprias ideias, mas também como quem daria vazão a alguns dos trabalhos e ideias mais extraordinários desenvolvidos por outros colegas na Innosight ao longo dos anos. Joe Sinfield e Scott Anthony desempenharam um papel fundamental no desenvolvimento de parte do pensamento subjacente à teoria dos trabalhos e no desenvolvimento de uma série de métodos por meio dos quais esse pensamento pode ser aplicado e institucionalizado nas grandes organizações. Tive oportunidade também de me beneficiar enormemente das várias discussões ao longo dos anos com Andy Waldeck, Mark Johnson e, mais recentemente, Patrick Viguerie. Cathy Olofson e Evan Schwartz ofereceram sábios conselhos e ideias excelentes, possibilitados por seus profundos conhecimentos de edição, redação e marketing. Sou extremamente grato por participar da equipe de liderança de uma organização tão inspiradora quanto essa.

Muitos clientes e ex-colegas com os quais trabalhei no decorrer dos anos moldaram meu pensamento sobre trabalhos, mas devo agradecimentos especiais àqueles que contribuíram para este livro com seu tempo e suas histórias. Agradeço particularmente a Jacques Goulet, Keyne Monson, Dave Goulait e Hari Nair, por serem generosos com seu tempo e por terem trabalhado pacientemente conosco para contar suas histórias, tão importantes e inspiradoras.

Meu maior dever de gratidão é para com minha admirável família. Meus pais e meu irmão Brian sempre e infalivelmente me apoiaram, independentemente dos caminhos divergentes que eu tenha tomado, o que fez toda a diferença em minha vida. Gostaria de agradecer também à minha família de Rhode Island, Ed, Claire e Christine, por sua paixão e apoio. Sou grato sobretudo à minha mulher, Suzanne, e à minha filha, Zoe, que nunca deixaram de sorrir para mim, me inspirar, me dar sentido e me lembrar do que mais importa. Dedico minha parte deste livro a elas.

—David S. Duncan

Sumário

INTRODUÇÃO   1

Seção I: Introdução à teoria do trabalho a ser feito

CAPÍTULO 1: O DILEMA DO *MILK-SHAKE*   13
    Não jogue mais com as probabilidades para acertar na inovação. Deixe a sorte para seus concorrentes e supere-os nesse processo.

CAPÍTULO 2: PROGRESSO, NÃO PRODUTOS   29
    A teoria do trabalho a ser feito explicada: para elevar a inovação da pura sorte a algo previsível, é necessário entender que progresso os consumidores estão tentando obter em circunstâncias específicas.

CAPÍTULO 3: TRABALHOS NA PRÁTICA   53
    A teoria dos trabalhos transforma a maneira como definimos o ramo de negócio no qual atuamos, o tamanho e a configuração do mercado no qual concorremos e quem são nossos concorrentes. Exemplos de organizações como a Southern New Hampshire University, FranklinCovey e Intuit, bem como uma série de outros produtos comuns, evidenciam o quão poderosamente inovadora pode ser a teoria dos trabalhos.

Seção II: O trabalho difícil – e as compensações – na aplicação da teoria dos trabalhos

CAPÍTULO 4: EM BUSCA DE TRABALHO   73

Onde estarão então todos esses trabalhos só à espera de serem descobertos – e como podemos encontrá-los? A solução não reside nas ferramentas em uso, mas no que estamos procurando e no modo como reconstituímos nossas observações.

CAPÍTULO 5: COMO OUVIR O QUE SEUS CLIENTES NÃO DIZEM   97

Os clientes nem sempre expressam o que desejam – suas motivações são mais complexas e os caminhos que usam para comprar são bem mais elaborados do que descrevem. Mas você pode ir à raiz da questão. O que eles "**contratam**" – e, tão importante quanto, o que eles "**dispensam**" – tem muito a dizer.

CAPÍTULO 6: COMO ELABORAR SEU CURRÍCULO   123

Como é possível garantir que sua solução seja "contratada" para o trabalho em questão? Não basta criar um produto com a funcionalidade e os recursos corretos. Para responder verdadeiramente a um trabalho a ser feito, é necessário proporcionar as experiências corretas aos seus clientes. É por esse motivo que os clientes se dispõem a pagar um preço *premium*.

Seção III: A organização dos trabalhos a serem feitos

CAPÍTULO 7: A INTEGRAÇÃO EM TORNO DE UM TRABALHO   151

Normalmente, as organizações estruturam-se em torno de uma atividade ou de uma unidade de negócios, ou geograficamente, mas as vantagens competitivas criadas pelas empresas só são verdadeiras quando elas otimizam em torno de um trabalho. A integração de recursos e processos internos que possibilitam definir precisamente um trabalho é o mecanismo por meio do qual as empresas podem realmente diferenciar seus produtos ou serviços.

CAPÍTULO 8: FIQUE DE OLHO NO TRABALHO   177

Até as grandes empresas podem ir na direção errada ao tentar definir precisamente o trabalho para seus clientes – e igualmente o trabalho para si mesmas. Isso ocorre porque as empresas acabam acreditando em falácias a respeito dos dados que elas geram sobre seus produtos: a falácia dos dados ativos *versus* passivos, a falácia do crescimento superficial e a falácia dos dados concordantes.

CAPÍTULO 9: A ORGANIZAÇÃO FOCADA NO TRABALHO   195

Um trabalho bem definido é como uma espécie de "intenção do comandante". Isso evita a necessidade de microgerenciamento porque os funcionários, independentemente do nível hierárquico, perceberão e se sentirão motivados com o fato de o trabalho que executam se enquadrar em um processo mais amplo para ajudar os clientes a realizar o trabalho deles. Veja como isso funciona em organizações como a Clínica Mayo, o Departamento de Proteção Financeira do Consumidor (CFPB), OnStar e *Deseret News* – entre várias outras.

CAPÍTULO 10: OBSERVAÇÕES FINAIS SOBRE A
TEORIA DOS TRABALHOS   217

Durante um tempo demasiadamente longo nos permitimos acreditar que as inovações bem-sucedidas são produto da sorte. É chegado o momento de quebrarmos esse paradigma. Durante 20 anos coletamos evidências que demonstram que podemos investir tempo, energia e recursos para criar vantagem competitiva por meio de produtos e serviços que prevemos com antecedência que os clientes ficarão ávidos por contratar. Deixe que os outros confiem na sorte.

ÍNDICE   229

Introdução

Por que você deve contratar este livro

Este livro é sobre progresso.

Sim, trata-se de um livro sobre inovação – e sobre como se tornar mais competente em inovação. Na essência, porém, este livro versa sobre os conflitos que todos enfrentamos para progredir na vida.

Se você é como a maioria dos empresários e gestores, talvez a palavra "progresso" não lhe venha à mente no momento em que está tentando inovar. Em vez disso, você fica obcecado por criar o produto perfeito com a combinação exata de recursos e benefícios para atrair seus clientes. Ou, então, você tenta ajustar continuamente seus atuais produtos para que sejam mais lucrativos ou diferenciados em comparação aos de seus concorrentes. Você *acha* que sabe exatamente o que seus clientes gostariam, mas na realidade isso é uma aposta. Aposte o suficiente e – com um pouco de sorte – algo funcionará.

Mas isso não precisa ser assim, especialmente quando realmente compreendemos o que *leva* os consumidores a fazerem as escolhas que fazem. A inovação pode ser bem mais previsível – e bem mais lucrativa –, mas somente se pensarmos nela diferentemente. É uma questão de *progresso*, não de produto. Portanto, se estiver cansado de se lançar e de lançar sua organização em iniciativas de inovação bem-intencionadas que normalmente decepcionam; se quiser criar produtos e serviços que você sabe de antemão que os clientes ficarão não apenas ávidos por comprar, mas propensos a pagar um *preço premium*; se deseja concorrer – e vencer – com aqueles que se apoiam na sorte para inovar bem-sucedidamente, pode continuar a leitura. O objetivo deste livro é também *ajudá-lo* a progredir.

Tornando-se cada vez mais competente nas coisas erradas

Até onde me lembro, a inovação sempre foi prioridade máxima – e frustração máxima – para as empresas do mundo inteiro. Em uma recente pesquisa de opinião da McKinsey, 84% dos executivos globais reconheceram que a inovação é extremamente importante para suas estratégias de crescimento, mas 94%, um número descomunal, estavam insatisfeitos com seu próprio desempenho em inovação. A maior parte das pessoas concorda que a *vasta maioria* das inovações fica aquém das expectativas, um fato que permanece inalterado há décadas.

No papel, isso não faz sentido. As empresas nunca tiveram tantas ferramentas e técnicas sofisticadas à disposição – e existem mais recursos do que nunca implantados para atingir as metas de inovação. Em 2015, de acordo com um artigo na revista *strategy + business*,[1] 1.000 empresas de capital aberto gastaram US$ 680 *bilhões* em pesquisa e desenvolvimento, um aumento de 5,1% em relação ao ano anterior.

E as empresas nunca tiveram tanto conhecimento sobre seus clientes. A revolução do *big data* ampliou consideravelmente a variedade, o volume e a velocidade de coleta de dados, bem como a sofisticação das ferramentas analíticas utilizadas para isso. As expectativas com relação a esses dados preciosos são mais altas do que nunca. "Correlação é o suficiente",[2] declarou em 2008 o então editor-chefe da *Wired*, Chris Anderson. Como ele insinuou, podemos solucionar os problemas de inovação usando a força bruta descomunal da avalanche de dados. Desde que Michael Lewis escreveu sobre o sucesso improvável do Oakland Athletics em *Moneyball: O Homem Que Mudou o Jogo* (quem *imaginava* que a porcentagem de presença na base era um indicador de ataque exitoso melhor do que a média de rebatidas?), as organizações têm tentado encontrar o equivalente do *Moneyball* em dados sobre os clientes que contribuam para o sucesso da inovação. Poucas encontraram.

Em várias empresas, os processos de inovação são estruturados e disciplinados, e os talentos que utilizam esses processos são extremamente qualificados. Existem *stage-gates* criteriosos, iterações rápidas e freios e contrapesos incorporados nos processos de inovação da maior parte das organizações. Os riscos são cuidadosamente calculados e atenuados. Princípios como o Seis Sigma permearam o *design* de processos em inovação de forma tal que hoje temos medições precisas e exigências rigorosas para novos produtos em cada estágio de desenvolvimento. Olhando de fora, parece que as empresas dominam um processo extremamente preciso e científico.

Contudo, para a maior parte delas, a inovação ainda é uma dolorosa questão de sorte ou azar. Pior de tudo, todo esse movimento dá a *ilusão* de progresso, sem na verdade induzi-lo. As empresas estão gastando muito para conseguir inovações incrementais apenas modestas e, ao mesmo tempo, estão errando completamente o alvo em inovações de ruptura essenciais para o crescimento sustentável de longo prazo. Tal como Yogi Berra memoravelmente observou: "Estamos perdidos, mas estamos fazendo um bom tempo!".

O que deu errado?

Este é o problema fundamental: as montanhas e montanhas de dados que as empresas acumulam não estão organizadas de uma maneira que possibilita que elas prevejam de maneira confiável que ideias darão certo. Em vez disso, os dados seguem mais ou menos a linha "este cliente é semelhante a este", "este produto tem atributos de desempenho similares aos deste" e "essas pessoas comportavam-se da mesma maneira antigamente" ou "68% dos clientes afirmam preferir a versão A à versão B". Entretanto, nenhum desses dados realmente informa *por que* os clientes fazem as escolhas que fazem.

Vou dar um exemplo. Eis-me aqui, Clayton Christensen. Tenho 64 anos. E dois metros de altura. Calço 50. Eu e minha mulher enviamos todos os nossos filhos para a faculdade. Vivo em um bairro afastado de Boston e uso uma *minivan* para trabalhar. Tenho muitos outros atributos e características. Entretanto, essas características ainda não me *fizeram* sair e comprar o *New York Times* hoje. Deve haver uma correlação entre algumas dessas características e a propensão dos clientes para comprar o *New York Times*. Entretanto, esses atributos não me *levam* a comprar esse jornal – ou *qualquer* outro produto. Se uma empresa não compreende *por que* eu posso vir a optar por "contratar" seu produto em determinadas circunstâncias – e por que eu posso vir a optar por outra coisa qualquer, em outras circunstâncias –, é improvável que os dados de que ela dispõe[3] sobre mim ou pessoas semelhantes a mim[4] a ajudem na criação de uma inovação qualquer para mim.

É tentador acreditar que podemos observar padrões e referências cruzadas importantes em nosso conjunto de dados, mas isso não significa que uma coisa tenha realmente provocado outra. De acordo com Nate Silver, autor de *The Signal and the Noise: Why So Many Predictions Fail – But Some Don't*, ressalta que "as vendas de sorvetes e os incêndios florestais estão correlacionados porque ambos ocorrem com maior frequência no calor do verão. Contudo, não existe causação; não incendiamos parte das matas de Montana quando compramos um pote de meio litro de Häagen-Dazs".

Obviamente, não surpreende que correlação não seja o mesmo que causalidade. Ainda que a maior parte das organizações saiba disso, acho que elas não agem como se houvesse diferença. Elas se sentem *confortáveis* com a correlação. Isso permite que os gerentes durmam à noite.

Mas a correlação não revela o que mais importa para a inovação – a causalidade por trás do *motivo pelo qual* eu posso vir a comprar determinada solução. Poucos inovadores enquadram seu principal desafio em torno da descoberta de uma *causa*. Em vez disso, eles se preocupam em saber como podem melhorar seus produtos, torná-los mais lucrativos ou diferenciá-los em relação à concorrência.

Tal como disse certa vez W. Edwards Deming, pai do movimento da qualidade que transformou o processo de manufatura: "Se não souber fazer a pergunta certa, não descobrirá nada". Depois de décadas observando grandes empresas fracassarem repetidamente, cheguei à conclusão de que existe, por sinal, uma pergunta mais adequada a fazer: *Para que trabalho você contrata esse produto?*

Para mim, essa é uma ideia genial. Quando compramos um produto, basicamente "contratamos" algo para realizar um trabalho. Se esse produto realizar bem esse trabalho, quando nos confrontarmos com esse mesmo trabalho, contrataremos novamente esse produto. E se o produto realizar um trabalho de baixa qualidade, nós o "dispensaremos" e procuraremos alguma outra coisa para contratar e solucionar o problema. Todos os dias nos ocorrem coisas. Surgem trabalhos em nossa vida que precisam ser realizados. Alguns trabalhos são pequenos ("passar o tempo enquanto aguardamos na fila"); alguns são grandes ("encontrar uma carreira mais gratificante"). Alguns emergem imprevisivelmente ("vestir-me para uma reunião fora da cidade depois que a companhia aérea perdeu minha bagagem"); alguns são regulares ("arrumar um lanche saboroso e saudável para minha filha levar para a escola"). Outras vezes sabemos que eles estão surgindo. Quando constatamos que temos um trabalho a fazer, procuramos alcançar e introduzir algo em nossa vida para realizá-lo. Por exemplo, eu poderia optar por comprar o *New York Times* porque tenho um trabalho para preencher meu tempo enquanto aguardo uma consulta com o médico e não quero ler aquelas revistas chatas que existem na recepção. Ou talvez pelo fato de eu ser fã de basquete e estarmos na temporada do March Madness. Somente quando surgir um trabalho em minha vida que o *Times* possa solucionar é que optarei por contratá-lo. Ou talvez eu possa receber o jornal em casa para que meus vizinhos pensem que sou bem informado – e nada a respeito do código postal ou da renda média domiciliar tampouco informará o *New York Times* sobre isso.

Essa constatação fundamental surgiu quando eu lecionava na Harvard Business School, e tem sido aprimorada, nas duas últimas décadas, em inúmeros diálogos com meus coautores, com colegas de confiança, com colaboradores e com líderes inovadores. Ela foi corroborada e comprovada no trabalho com alguns dos empresários e inovadores mais respeitados do mundo – Jeff Bezos, da Amazon, e Scott Cook, da Intuit, por exemplo –, bem como com a criação de empreendimentos de risco extremamente bem-sucedidos nos últimos anos. Quem teria imaginado que um serviço que faz os turistas pagarem para ficar em um quarto desocupado na casa de um estranho seria mais valorizado do que o Marriott, Starwood ou Wyndham Worldwide? O Airbnb pensou nisso. Os vídeos que Sal Khan fez para ensinar matemática à sua prima adolescente eram, de acordo com sua descrição, "mais baratos e de pior qualidade" do que vários outros vídeos educacionais já disponíveis *on-line*, mas eles hoje permitem que milhões de estudantes do mundo inteiro aprendam em seu próprio ritmo.

A intenção dessas inovações não era aproveitar a mais recente tendência nem lançar outro novo sabor para incrementar as vendas. Elas não foram criadas com o objetivo de acrescentar mais penduricalhos a um produto existente para que assim a empresa pudesse cobrar mais dos clientes. Elas foram concebidas, desenvolvidas e lançadas no mercado com uma clara compreensão sobre como esses produtos ajudariam os consumidores a alcançar o progresso que estavam tentando obter. Quando temos um trabalho a ser feito e não existe uma boa solução, "o mais barato e de pior qualidade" é melhor do que nada. Imagine o potencial de algo verdadeiramente notável.

Entretanto, o enfoque deste livro não é celebrar inovações bem-sucedidas do passado. Este livro versa sobre algo mais importante para *você*: criar e prever inovações bem-sucedidas.

A base de nosso raciocínio é a teoria do trabalho a ser feito – ou teoria dos trabalhos –, cujo principal objetivo é compreender a fundo o *esforço por progredir* dos clientes e criar a solução certa e o conjunto concomitante de experiências para garantir que você sempre solucione adequadamente os trabalhos de seus clientes. O termo "teoria" pode evocar a imagem da contemplação ou meditação em torre de marfim, mas garanto a você que essa é a ferramenta mais prática e útil que podemos lhe oferecer. Uma boa teoria ajuda-nos a compreender "como" e "por quê". Ela nos ajuda a compreender como o mundo funciona e a prever as consequências de nossas decisões e de nossos atos. A teoria dos trabalhos[5], tal como acreditamos, pode fazer com que as empresas superem a expectativa de que a correlação é suficiente para o mecanismo causal da inovação bem-sucedida.

É provável que a inovação nunca venha a ser uma ciência perfeita, mas essa não é a questão. Temos capacidade para transformar a inovação em um motor confiável para o crescimento, em um instrumento baseado no conhecimento claro de causalidade, em contraposição a lançar sementes na expectativa de um dia colher algum fruto.

A teoria do trabalho a ser feito é produto de constatações e experiências do mundo real. Convidei os coautores para trabalhar comigo neste livro em parte porque já fazia algum tempo que eles vinham utilizando a teoria dos trabalhos em suas atividades profissionais e tinham grande experiência na aplicação dessa teoria no âmbito técnico da inovação. Juntos, moldamos, aprimoramos e refinamos essa teoria, aproveitando as ideias e contribuições de vários colegas e empresários de confiança, cujos trabalhos e constatações apresentamos ao longo deste livro.

Meu coautor **Taddy Hall** integrou meu primeiro curso na Harvard Business School. Ao longo dos anos, trabalhamos juntos em vários projetos, um dos quais com o coautor Scott Cook, fundador da Intuit, no artigo "Marketing Malpractice", na *Harvard Business Review* (*HBR*), que apresentou pela primeira vez a teoria do trabalho a ser feito nas páginas da *HBR*. Atualmente, ele é diretor no Cambridge Group (que faz parte da Nielsen Company) e um dos líderes do projeto Nielsen Breakthrough Innovation. Nesses cargos, ele trabalhou intimamente com algumas das maiores empresas do mundo, várias delas mencionadas neste livro. Mais importante, durante anos ele utilizou a teoria dos trabalhos em sua atividade de consultoria em inovação.

Karen Dillon é ex-editora da *Harvard Business Review* e coautora do livro *How Will You Measure Your Life?* Você verá os pontos de vista dela refletidos neste livro, frutos de uma longa experiência como executiva sênior de organizações que se esforçam para compreender adequadamente a inovação. Por meio de nossa colaboração, o papel que ela cumpriu foi representar você, leitor. Além disso, ela é uma das minhas aliadas mais confiáveis na construção de pontes entre o mundo acadêmico e o mundo profissional.

David S. Duncan é sócio majoritário da Innosight, empresa de consultoria que ajudei a fundar em 2000. Ele é um pensador e consultor líder para executivos seniores da área de estratégia de inovação e crescimento, e ajuda na condução de mudanças disruptivas, na criação de crescimento sustentável e na transformação de organizações para a prosperidade de longo prazo. Os clientes com os quais trabalhou dizem ter mudado completamente sua forma de pensar a respeito de seus negócios e transformado a cultura da empresa para que se tornasse verdadeiramente orientada para os trabalhos dos clientes. (Um cliente até deu o nome dele a uma sala de reunião.) Na última década, seu trabalho para ajudar a desenvolver e implementar a teoria dos trabalhos o tornou um dos profissionais mais instruídos e inovadores nesse âmbito.

Ao longo deste livro, optamos por usar principalmente a primeira pessoa – "eu" – apenas com objetivo de torná-lo mais acessível aos leitores. Mas escrevemos este livro como verdadeiros parceiros; é um produto de um "nós" colaborativo e de nosso conhecimento coletivo.

Para concluir, segue um breve roteiro deste livro. A Seção 1 oferece uma introdução à teoria dos trabalhos como mecanismo causal que fomenta a inovação bem-sucedida. A Seção 2 muda da teoria para a prática e descreve o grande esforço necessário na aplicação da teoria dos trabalhos às conturbações do mundo real. A Seção 3 delineia as implicações organizacionais e de liderança, os desafios e as compensações apresentadas pelo enfoque do trabalho a ser feito. Para facilitar seu percurso pelas seções do livro e para maximizar a importância deste conteúdo, no princípio de cada capítulo incluímos o título "A Grande Ideia" e no final, uma breve recapitulação, denominada "Pontos-chave do Capítulo". No final dos Capítulos 2 a 9, incluímos uma lista de perguntas para os líderes levarem para a organização, com a finalidade de ajudar os executivos a colocarem essas ideias em prática.

Preferimos *mostrar*, com exemplos, a *dizer*, em forma de declaração ou opinião. Como ocorre na descoberta de um trabalho a ser feito, acreditamos que essas histórias são um mecanismo mais eficaz para ensinar você a pensar, em contraposição a apenas dizer o que você deve pensar – histórias que entrelaçaremos do começo ao fim deste livro, do qual esperamos que você saia com uma nova percepção sobre como ampliar o sucesso de sua inovação.

Para que trabalho você contratou esse produto?

Muitas organizações de todo o mundo dedicaram inúmeros recursos – como tempo, energia e participação na mente dos altos executivos – ao desafio da inovação. E, obviamente, elas otimizaram o que fazem em prol da eficiência. Entretanto, se a intenção com todas essas iniciativas for responder às perguntas erradas, a base sobre a qual isso se assenta é bastante tênue.

Como W. Edwards Deming teria dito, todo processo é perfeitamente desenvolvido para gerar os resultados que obtém. Se acreditarmos que a inovação é conturbada, imperfeita e incompreensível, desenvolveremos processos que operacionalizarão essas convicções. E foi isso que muitas empresas fizeram: desenvolveram involuntariamente processos de inovação que produzem com perfeição a mediocridade. Elas investem tempo e dinheiro na compilação de modelos ricos em dados que as tornam mestres em descrição e um fracasso em previsão.

Não precisamos nos conformar com isso. Existe uma pergunta mais adequada a fazer – uma que nos ajude a compreender a causalidade subjacente à decisão do cliente de introduzir um novo produto em sua vida. **Para que trabalho você contratou esse produto?** A boa notícia é que, se você construir um alicerce para buscar compreender os trabalhos de seus clientes, sua estratégia não mais precisará confiar na sorte. Na verdade, você está *lutando contra a sorte*, enquanto outros ainda se fiam nela. Você verá o mundo com novos olhos. Diferentes concorrentes, diferentes prioridades e, mais importante, diferentes resultados. Você pode deixar para trás a inovação fortuita.

NOTAS

1. Jaruzelski, Barry, Schwartz, Kevin & Staack, Volker. "Innovation's New World Order". *strategy+business*, October 2015.
2. Anderson, Chris. "The End of Theory: The Data Deluge Makes the Scientific Method Obsolete". *Wired*, June 23, 2008.
3. Meu filho Spencer era de fato um bom arremessador na pequena liga de nossa cidade. Ainda me lembro de suas mãos grandes envolvendo a bola, sua tranquilidade diante de rebatedor difícil, o modo como ele costumava refazer o arremesso com um enfoque renovado. Ele ficava imperturbável em momentos decisivos. Em algum lugar existem dados que informam o número de jogos que ele ganhou e perdeu, quantas bolas ruins e quantos acertos ele obteve, e assim por diante. Entretanto, nada disso nos informará por quê. Os dados não são o fenômeno. Eles representam o fenômeno, mas não muito bem.
4. Durante a década de 1950, a Força Aérea dos Estados Unidos constatou que os pilotos tinham problemas para controlar os aviões. Como relatado por Todd Rose, diretor do programa Mind, Brain and Education na Harvard Graduate School of Education, em *The End of Average*, a Força Aérea presumia que o problema fosse treinamento deficiente ou erro do piloto. No entanto, uma avaliação revelou a origem do problema. As cabines tinham um defeito de projeto: elas haviam sido pensadas para um piloto de estatura "média" na década de 1920. Como era óbvio que os americanos haviam ganhado estatura desde então, a Força Aérea decidiu atualizar as medidas desse "piloto médio". Para isso, foi necessário tirar a medida de mais de 4 mil pilotos em mais ou menos 12 dimensões de tamanho para examinar como eles se amoldavam à cabine. Se essas cabines pudessem ser reprojetadas para se amoldar ao piloto médio da década de 1950, o problema provavelmente seria resolvido, concluiu a Força Aérea. Mas quantos pilotos de fato se enquadravam na definição de médio? Nenhum, relata Rose. Todo piloto tinha o que Rose chamou de "perfil irregular". Alguns tinham pernas longas, enquanto outros tinham braços longos. A altura nunca correspondia com um tórax ou uma cabeça de mesmo tamanho. E assim por diante. As cabines projetadas para todos não se ajustavam a nenhum. Quando a Força Aérea finalmente desprezou as suposições básicas, surgiu a poltrona ajustável. Essa questão de "médio" não existe no mundo real. E inovar em direção à média é uma receita para o fracasso. Rose, Todd. *The End of Average: How We Succeed in a World That Values Sameness*. Nova York: HarperCollins, 2015.
5. Ao longo desse livro, empregamos alternadamente teoria do trabalho a ser feito ou teoria dos trabalhos. Elas significam a mesma coisa.

SEÇÃO I
INTRODUÇÃO À TEORIA DO TRABALHO A SER FEITO

Estamos perdidos, mas estamos fazendo um bom tempo!

–YOGI BERRA

CAPÍTULO 1

O dilema do *milk-shake*

A GRANDE IDEIA

Por que é tão difícil prever – e manter – a inovação? Porque não estamos fazendo as perguntas certas. Apesar do êxito e da contínua utilidade da inovação de ruptura como modelo de resposta competitiva, essa teoria não informa onde podemos procurar novas oportunidades. Ela não oferece um roteiro que indique onde ou como uma empresa deve inovar para enfraquecer líderes já consolidados ou criar novos mercados. Já a teoria do trabalho a ser feito (*jobs to be done* – JTBD) faz isso.

Por que é tão difícil manter o sucesso?

Essa pergunta sempre me importunou. Nos primeiros anos de minha carreira, tive oportunidade de trabalhar intimamente com várias empresas em dificuldades, primeiramente como consultor do Boston Consulting Group e depois como diretor executivo de minha própria empresa, a CPS Technologies, que fundei com alguns professores do Instituto de Tecnologia de Massachusetts (MIT) para fabricar produtos com um conjunto de matérias-primas avançadas que eles haviam desenvolvido. E comprovei que várias pessoas inteligentes eram incapazes de solucionar problemas de empresas antes notáveis. Ao mesmo tempo, assisti à ascensão de uma empresa de Boston, a Digital Equipment Corporation (DEC), que se tornou uma das mais admiradas do mundo. Sempre que lemos explicações sobre seu êxito, ele é inevitavelmente atribuído à genialidade da equipe executiva da empresa. Entretanto, em 1988 a Digital Equipment despencou e começou a descarrilar muito rapidamente. Quando lemos explicações sobre o motivo do fracasso, ele sempre é atribuído à inaptidão da equipe executiva, as mesmas pessoas na direção da empresa que por tanto tempo foram irrefreavelmente aplaudidas. Durante algum tempo, eu via isso e me perguntava: "Nossa, como uma pessoa inteligente pode ficar tão obtusa tão rapidamente?". E foi assim que a maior parte das pessoas consentiu com o fim da DEC: de algum jeito, a mesma equipe executiva que em determinado momento atuou de forma organizada e eficiente estava em descompasso em outro momento. A hipótese do "gestor burro" de fato não se sustentou quando vimos que praticamente todas as empresas de minicomputadores do mundo desmoronaram simultaneamente.

Desse modo, quando retornei à Escola de Negócios Harvard (Harvard Business School, HBS) para fazer o doutorado, levei comigo alguns quebra-cabeças para tentar responder como acadêmico. Algum outro fator, além da má administração, teria influenciado na falência dessas empresas notáveis? Será que no começo elas foram bem-sucedidas porque tiveram sorte? Será que essas empresas consolidadas ficaram para trás, confiaram em produtos antiquados e simplesmente perderam o passo com o aparecimento de concorrentes mais ágeis? Será a criação de novos produtos e negócios inerentemente um tiro no escuro?

Depois de mergulhar em minha pesquisa, percebi que minhas suposições iniciais estavam erradas. O que constatei foi que até os melhores gestores profissionais – que faziam tudo corretamente e seguiam os melhores conselhos – eram capazes de conduzir as empresas ao ápice de seus mercados e deixá-las despencar como que de um penhasco depois de chegar ao topo. Praticamente todas as empresas estabelecidas no setor que investiguei – fabricantes de unidades de disco – em algum momento foram sobrepujadas por novos concorrentes com produtos mais baratos e inicialmente bem inferiores – o que eu chamei de "inovações de ruptura".

Esse trabalho me conduziu à teoria das inovações de ruptura,[1] que explica o fenômeno pelo qual uma inovação transforma um mercado ou setor existente ao introduzir simplicidade, conveniência, acessibilidade e viabilidade financeira em cenários em que a complexidade e o alto custo tornaram-se *status quo* – e redefine completamente o setor.

Em essência, é uma teoria de *resposta competitiva às inovações*. Essa teoria explica e prevê o comportamento das empresas sob risco de disrupção, oferecendo percepções sobre os erros dos líderes de uma empresa consolidada em resposta ao que parece uma ameaça minúscula. Além disso, ela apresenta um caminho para as empresas consolidadas preverem quais inovações tendem a ser as maiores ameaças disruptivas. Nas últimas duas décadas, a teoria das inovações de ruptura foi tão mal interpretada e aplicada que passou a significar tudo o que é engenhoso, novo e ousado.

Contudo, ela não informa onde procurar novas oportunidades. Ela não prevê nem explica como, especificamente, uma empresa deve inovar para enfraquecer líderes já consolidados ou criar novos mercados. Ela não informa como evitar a frustração da inovação às vezes bem-sucedida e às vezes malsucedida, entregando nosso destino à sorte. Ela não diz como criar produtos e serviços que os clientes vão querer comprar – e não prevê quais dos novos produtos serão bem-sucedidos.

A teoria do trabalho a ser feito (*jobs to be done* – JTBD) faz tudo isso.

Milk-shakes de manhã

Em meados da década de 1990, dois consultores de Detroit me perguntaram se poderiam me fazer uma visita em meu escritório na Harvard Business School para obter mais informações sobre minha teoria das inovações de ruptura, então recém-publicada. Bob Moesta e Rick Pedi, seu sócio na época, estavam desenvolvendo um negócio de nicho prestando consultoria a padarias, confeitarias e fabricantes de lanches a respeito do desenvolvimento de novos produtos que as pessoas previsivelmente comprariam.

Ao discutirmos a teoria das inovações de ruptura, pude perceber que ela previa de modo bastante nítido o que as empresas estabelecidas fariam diante de uma ruptura iminente, proveniente de pequenos confeiteiros e empresas de petiscos. Com relação a isso, apresentei um enunciado claro sobre causa e efeito. Contudo, à medida que conversamos, tornou-se evidente que a teoria das inovações de ruptura não oferecia um roteiro para os clientes deles. A teoria das inovações de ruptura não oferece uma explicação causal clara sobre as ações ofensivas que uma empresa deve empregar para ser bem-sucedida: se fizer *isso*, e não *aquilo*, terá êxito. Na verdade, percebi que, se uma empresa tem a intenção de provocar rupturas em uma empresa consolidada, é provável que as chances de criar *exatamente* o produto ou serviço para alcançar esse intento sejam inferiores a 25%. Quando muito. Durante anos me concentrei em compreender o motivo do insucesso de empresas notáveis, mas constatei que eu nunca realmente refleti acerca do problema inverso: *como as empresas bem-sucedidas distinguem de que forma devem crescer?*

Só depois de alguns meses é que finalmente obtive uma resposta. Moesta conversou comigo sobre um projeto para uma cadeia de *fast-food*: como vender mais *milk-shakes*. Eles haviam passado meses estudando detalhadamente essa questão. A cadeia recorreu a clientes que se enquadravam no perfil de um consumidor perfeito de *milk-shake* e os bombardeou com perguntas: "Você poderia nos dizer o que poderíamos melhorar em nossos *milk-shakes* para que você compre mais? Você gostaria que eles fossem mais baratos? Mais espessos? Consistentes? Tivessem mais chocolate?" Até mesmo quando os clientes explicavam o que eles imaginavam querer, era difícil saber exatamente o que fazer. A cadeia experimentou várias coisas em resposta ao *feedback* dos clientes, inovações com o propósito específico de satisfazer ao maior número de possíveis consumidores de *milk-shake*. Após alguns meses aconteceu algo notável: nada. Mesmo depois de todas as iniciativas empreendidas pelos profissionais de *marketing*, não houve mudança nas vendas, na categoria de *milk-shakes* da cadeia.

Diante disso, fizemos a pergunta de uma forma totalmente diferente: *Que tipo de trabalho na vida das pessoas as motiva a vir a este restaurante para "contratar"* milk-shakes?

Imaginei que essa seria uma maneira interessante de pensar o problema. Esses clientes não estavam apenas comprando um produto; eles estavam contratando o *milk-shake* para um *trabalho* específico na vida deles. O que nos *motiva* a comprar produtos e serviços são as coisas que ocorrem conosco o dia todo, todo dia. Todos nos deparamos com trabalhos ou tarefas em nossa vida cotidiana que precisamos realizar. E ao realizá-los, contratamos produtos ou serviços para concluí-los.

Munida dessa perspectiva, a equipe permaneceu por 18 horas em um restaurante, observando as pessoas: em que horário compram *milk-shakes*?

O que estão vestindo? Estão sozinhas? Compram alguma outra comida para acompanhar? Tomam o *milk-shake* no restaurante ou o levam?

O que se constatou foi uma venda surpreendente de *milk-shakes* antes da 9h para pessoas que entravam sozinhas no restaurante. Esse era praticamente o único produto que elas compravam. Elas não paravam para tomá-lo lá; entravam no carro e dirigiam com ele na mão. Diante disso, perguntamos: "Com licença, mas preciso desvendar esse quebra-cabeça. Que trabalho você está tentando realizar para si mesmo que o motivou a vir aqui e a contratar esse *milk-shake*?"

A princípio, os próprios clientes tiveram dificuldade para responder essa pergunta, até o momento em que procuramos investigar o que mais eles contratavam ocasionalmente em vez de *milk-shake*. Não demorou muito para percebermos com clareza que os clientes do início da manhã tinham o mesmo trabalho a ser feito: tinham um longo e entediante percurso até o local de trabalho. Eles precisavam de algo para manter aquele percurso interessante. Na verdade, eles ainda não estavam com fome, mas sabiam que em algumas horas, no meio da manhã, o estômago começaria a roncar. Havia muitos concorrentes para esse trabalho, mas nenhum deles o fazia perfeitamente. "Algumas vezes contrato bananas. Mas pode acreditar no que digo: não consuma bananas. Elas são digeridas muito rapidamente – e você ficará com fome novamente no meio da manhã", um deles nos disse. Os *doughnuts* se desfaziam com muita facilidade e os clientes ficavam com os dedos grudando, sujavam as roupas e o volante ao tentar comê-los e dirigir ao mesmo tempo. Os *bagels* eram sempre secos e sem sabor, e isso forçava as pessoas a dirigir o carro com o joelho para passar requeijão e geleia nos pães. Outro cliente confessou: "Certa vez contratei uma barra de Snickers. Mas me senti tão culpado por comer doce no café da manhã que nunca mais voltei a fazer isso". Mas *milk-shake*? Era o que havia de melhor. Levava-se um tempo para consumir um *milk-shake* espesso com um canudo fino. E o *milk-shake* era suficientemente nutritivo para evitar os acessos de fome no meio da manhã. Um cliente foi mais longe: "Este *milk-shake*. Ele é muito espesso! Com certeza levo uns 20 minutos para sugá-lo com este canudo. Quem se importa em saber quais são os ingredientes? Eu não. Só sei é que fico satisfeito a manhã inteira". "E ele se encaixa direitinho no meu porta-copo", disse ele erguendo a mão desocupada. O que se constata é que o *milk-shake* cumpre melhor essa função do que qualquer um dos concorrentes – os quais, na mente dos clientes, não são apenas *milk-shakes* de outras cadeias, mas bananas, *bagels*, *doughnuts*, barras de cereais, sucos vitaminados, café etc.

Quando a equipe reuniu todas essas respostas e examinou os diferentes perfis dessas pessoas, outro fator ficou claro: o que esses consumidores de *milk-shake* tinham em comum não tinha nada a ver com seus dados demográficos individuais. Na verdade, todos eles tinham um trabalho em comum que precisavam realizar de manhã.

"Ajudar a me manter acordado e ocupado e ao mesmo tempo tornar mais agradável meu percurso até o local de trabalho." Tínhamos a resposta!

Infelizmente, não era tão simples.

Acontece que muitos *milk-shakes* são comprados à tarde e à noite, fora do contexto da locomoção para o trabalho. Nessas circunstâncias, os mesmos clientes podiam contratar um *milk-shake* para um trabalho completamente diferente. Os pais têm de dizer "não" para os filhos com relação a um grande número de coisas ao longo de toda a semana. *"Nada de brinquedo novo. Não, você não pode ficar acordado até tarde. Não, você não pode ter um cachorro!"* Percebi que eu era um desses pais, e procurei por um momento me relacionar com meus filhos. Estava procurado algo inofensivo para o qual pudesse dizer "sim"– para me sentir um pai afável e amoroso. Lá estava eu na fila com meu filho no final da tarde. Pedi uma refeição. Meu filho então fez uma pausa e ergueu os olhos para mim, do modo que só um filho consegue fazer, e perguntou: "Papai, posso tomar um *milk-shake* também?" E o momento então chegou. Não estávamos em casa, onde prometi para minha esposa restringir lanches não saudáveis por volta da hora de refeição. Estávamos em um lugar em que podia finalmente dizer "sim" para meu filho porque aquela era uma ocasião especial. Estendi o braço para baixo, coloquei a mão sobre o ombro dele e disse": "Claro, Spence, você pode tomar um *milk-shake*". Nesse momento, o *milk-shake* não está competindo com uma banana ou uma barra de Snickers ou um *doughnut*, tal como o *milk-shake* compete de manhã. Ele está competindo contra uma passada em uma loja de brinquedos ou a possibilidade de eu encontrar tempo para brincar de beisebol com ele mais tarde.

Pense em como esse trabalho é diferente do trabalho de quem está se locomovendo para o local de trabalho – e no quanto o concorrente para realizar esse trabalho é diferente. Imagine nosso restaurante *fast-food* convidando um pai como eu para oferecer *feedback* em uma de suas pesquisas com os clientes e fazendo a pergunta levantada anteriormente: "O que poderíamos melhorar nesse *milk-shake* para que você compre mais?" O que esse pai vai dizer a eles? A mesma coisa que o cliente da manhã diria?

O trabalho da parte da manhã necessita de um *milk-shake* mais viscoso, com tempo maior para ser tomado durante o longo e entediante percurso para o trabalho. Seria possível acrescentar pedaços de fruta, mas não para torná-lo mais saudável. Não é por esse motivo que ele é contratado. Na verdade, pedaços de fruta ou mesmo pequenos flocos de chocolate poderiam oferecer alguma "surpresa" toda vez que se sugasse o canudo e ajudar a manter o percurso interessante. Seria possível também mudar a máquina de servir de lugar, colocando-a na frente do balcão, e não atrás, e fornecer um cartão magnético para que as pessoas que estão indo trabalhar possam entrar rapidamente, servir-se de *milk-shake* e sair depressa.

Na parte da tarde, sou a mesma pessoa, mas em circunstâncias bem diferentes. À tarde, o trabalho de apaziguar as crianças e se sentir um pai bacana é bem diferente. Talvez à tarde o *milk-shake* deva ter metade do tamanho para que seja consumido mais rapidamente e os pais não se sintam tão culpados. Se essa empresa de *fast-food* tivesse se concentrado apenas em procurar "melhorar" o produto de forma geral – mais espesso, mais doce e maior –, teria se concentrado na unidade de análise incorreta. É necessário compreender que *trabalho* o cliente está tentando realizar em determinada circunstância. Se uma empresa simplesmente tivesse tentado equiparar todas as respostas dos pais e das pessoas que viajam diariamente para trabalhar, teria chegado a um produto totalmente inadequado, que não atende bem a nenhum dos trabalhos.

E é exatamente aí que reside a "sacação".

As pessoas contratavam *milk-shakes* para dois trabalhos distintos durante o dia, em duas circunstâncias bem diferentes. Cada trabalho tem um conjunto de concorrentes bastante distinto. De manhã, *bagels*, barras de proteína e suco natural em garrafa, por exemplo; à tarde, os *milk-shakes* concorrem com outros fatores, como passar em uma loja de brinquedos ou ir para a casa depressa para bater bola com os filhos, e por isso foram avaliados como a melhor solução com base em critérios extremamente diferentes. Isso indica que provavelmente *não* existe uma única solução para a cadeia de *fast-food* que está tentando vender mais *milk-shakes*. Existem duas. Uma solução genérica (indiferenciada) não funcionaria para nem um nem outro.

Um currículo para a margarina

Para mim, enquadrar os desafios da inovação em lentes dos trabalhos que os clientes estão tentando realizar foi um avanço fundamental e estimulante. Isso oferecia o que a teoria das inovações de ruptura não podia oferecer: uma percepção do que motiva os clientes a levarem produtos ou serviços para sua vida.

O ponto de vista do trabalho a ser feito fazia tanto sentido para mim, intuitivamente, que não via a hora de testá-lo em outras empresas que estavam buscando inovação. Não demorou muito para que isso ocorresse, e de uma forma inesperada. Foi a margarina, conhecida por um nome não muito atraente no setor – "*yellow fats*" (pastas de gordura amarela) – que ofereceu essa oportunidade. Logo depois que lidamos com o dilema do *milk-shake*, estava me preparando para receber a visita de alguns executivos da Unilever em minha sala na Harvard Business School. Um dos objetivos naquela semana era falar sobre inovação em outra categoria – a margarina –, na época um negócio avaliado em vários bilhões de dólares. A Unilever controlava algo em torno de 70% do mercado nos Estados Unidos. Quando certa empresa tem uma participação de mercado tão grande e já desenvolveu uma ampla variedade de produtos na categoria de margarina, é difícil perceber de onde o crescimento pode vir. Havia um otimismo quanto à possibilidade de a teoria do trabalho a ser feito oferecer à Unilever uma oportunidade para reavaliar seu potencial de crescimento, mas não foi isso o que ocorreu. Na verdade, o dilema da Unilever me ajudou a compreender por que um dos princípios mais importantes na inovação – o que *motiva* os clientes a fazer as opções que fazem – não parecia ganhar ímpeto na maior parte das organizações.

Veja a seguir como tudo transcorreu. Inspirados pelas percepções que o *milk-shake* nos havia oferecido, eu e minha filha nos sentamos na cozinha de casa para imaginar os trabalhos para os quais contrataríamos a margarina. No nosso caso, normalmente contratávamos a margarina para umedecer a pipoca o suficiente para fazer o sal grudar. Mas não tanto como a "manteiga" de melhor sabor. Partimos então para o trabalho de campo, em nosso supermercado local Star Market, a fim de ver se poderíamos entender melhor por que as pessoas compram esse substituto da manteiga. Ficamos imediatamente impressionados com a impressionante variedade de produtos oferecida. Havia 21 marcas diferentes de margarina exatamente ao lado da respectiva oponente, a manteiga. Imaginávamos saber quais eram os benefícios básicos da margarina: por ter menor teor de gordura, talvez fosse considerada mais saudável na época.[2] E era mais barata do que a manteiga. Sim, embora essas 21 opções fossem levemente distintas, as diferenças pareciam se concentrar apenas na melhoria de um atributo – a porcentagem de gordura – que era irrelevante para qualquer trabalho para o qual poderíamos contratar a margarina. Enquanto permanecemos lá para observar as opções que as pessoas faziam, não conseguimos entender muito bem por que escolhiam uma em detrimento de outra. Não havia correlação óbvia entre a demografia dos consumidores e suas opções, tal como ocorrera com os *milk-shakes*.

Ao observar o que as pessoas escolhiam, pensávamos: "Que trabalho estamos percebendo?" Depois de algum tempo, ficou mais claro que a decisão não se resumia simplesmente à contraposição entre margarina e manteiga. Como estávamos no corredor de alimentos frios, percebemos também que não estávamos vendo todos os possíveis concorrentes da margarina. A margarina poderia ser contratada para o trabalho de "umedecer o pão para facilitar a mastigação." As margarinas e manteigas são em sua maioria muito firmes e despedaçam o pão. Uma grande porção da pasta fica concentrada no meio do pão, onde já é fácil de mastigar, e não se distribui bem para a beirada, justamente a parte que precisa ser umedecida. Alguns dos concorrentes para esse trabalho poderiam ser manteiga, queijo cremoso, azeite de oliva, maionese etc., embora em minha opinião todos sejam essencialmente insípidos.[3] Ou será que a margarina estava sendo contratada para um trabalho completamente diferente, como "ajudar a evitar que a comida queime enquanto cozinho". Com relação a esse trabalho, alguns dos concorrentes poderiam ser Teflon e *spray* antiaderente para cozinhar, produtos que estavam em dois corredores completamente diferentes e que não podíamos ver da seção de alimentos frios.

Quando consideramos o mercado da margarina do ponto de vista dos produtos com os quais ela estava de fato concorrendo na mente dos consumidores, novas possibilidades de crescimento se abrem. Quando um cliente decide comprar um produto em detrimento de outro, ele tem na mente uma espécie de currículo dos produtos concorrentes que evidencia qual deles realiza melhor o trabalho pretendido. Imagine, por exemplo, redigir um currículo para cada produto concorrente. A manteiga – produto que originalmente pensamos ser o principal concorrente da margarina – poderia ser contratada para dar um sabor especial à comida. Mas a manteiga nem sempre é concorrente da margarina. Poderíamos também redigir um currículo para o Teflon. Para o azeite de oliva. Para a maionese. As pessoas podem contratar o mesmo produto para diferentes trabalhos em diferentes momentos da vida – de modo muito semelhante ao *milk-shake*. A Unilever provavelmente já detém uma grande participação de mercado de um segmento que as empresas definiram como segmento de *yellow fats*, mas nenhum cliente entra em um supermercado dizendo: "Preciso comprar algo que pertença à categoria de *yellow fats*". Eles entram tendo em mente um trabalho específico.

Talvez não tenhamos identificado corretamente todos os outros produtos com os quais a margarina estava concorrendo naquele dia em nosso supermercado, mas uma coisa ficou clara: observando através das lentes da teoria do trabalho a ser feito, o mercado de margarina era provavelmente mais amplo do que a Unilever calculara.

Eu tinha tanta certeza do potencial dessa percepção que apresentamos essa ideia aos executivos da Unilever que haviam ido à Harvard Business School para o programa de formação de executivos. Propus que, se eles conseguissem determinar todos os trabalhos para os quais os clientes estavam contratando a margarina, poderiam imaginar uma forma diferente de incrementar os negócios.

Infelizmente, essa conversa não deu muito certo. Talvez na época não tivéssemos a linguagem correta para explicar nosso raciocínio, mas os executivos da Unilever que estavam na sala não ficaram empolgados com o que estávamos tentando dizer. Na verdade, interrompi e sugeri que mudássemos para outro assunto. Não voltamos ao tema do trabalho a ser feito.

Não tenho dúvida de que os executivos da Unilever que estavam na sala naquele dia eram líderes capacitados e esclarecidos. Contudo, sua reação morna me fez perguntar quantas empresas estariam atuando de acordo com suposições fixas a respeito de como pensar a inovação. Por isso, é difícil dar um passo atrás e avaliar se elas estão fazendo as perguntas corretas. Os executivos são bombardeados com dados sobre seus produtos. Eles sabem muito bem qual é a participação de mercado, como os produtos estão vendendo em diferentes mercados, a margem de lucro de centenas de produtos distintos e assim por diante. Todos esses dados, porém, giram em torno dos clientes e dos produtos em si – e *não* de como o produto está oferecendo uma solução para os trabalhos pretendidos pelos clientes. Nem as medidas de satisfação dos clientes, que revelam se um cliente está contente ou não com um produto, oferecem dicas sobre como é possível melhorar. Mas é assim que a maior parte das empresas controla e mensura o sucesso.

Nos anos subsequentes à visita dos executivos da Unilever à Harvard, o segmento de *yellow fats* (mais recentemente chamado de *spreads* – pastas ou cremes) não se saiu particularmente bem. Meu ponto de vista é apenas de um observador externo, mas pelo que posso dizer a Unilever seguiu mais ou menos a mesma estratégia adotada em 1997: a empresa continuou diferenciando seus produtos de maneira tradicional. Em meados da década de 2000, a manteiga sobrepujou a margarina nos domicílios americanos – em parte por preocupações com a saúde relacionadas à gordura transgênica presente na margarina.[4] A margarina precisa se restabelecer. Em 2013, um analista chegou a insinuar que a Unilever havia colocado sua categoria de *spreads* em evidência para que fosse detonada. "Questionamos se está chegando o momento de a Unilever considerar a possibilidade de abrir mão dessa categoria persistentemente decepcionante", escreveu Graham Jones, diretor executivo de pesquisa de ações no segmento de bens de consumo de primeira necessidade. Por volta do final de 2014, a Unilever anunciou sua intenção de separar sua divisão de *spreads*, que se movia com grande esforço, e transformá-la em uma empresa independente para ajudar a estabilizar as vendas em um segmento que havia se tornado um obstáculo ao crescimento de forma geral porque a margarina havia caído em descrédito entre os consumidores. No início de 2016, o diretor do grupo de margarinas da Unilever foi substituído e a especulação a respeito do futuro da Unilever no segmento de margarinas recomeçou.

Em contraposição, o mercado global de azeite de oliva é um dos que mais cresce no setor de alimentos. A Unilever é uma empresa de classe mundial que já fez muita coisa certa nas últimas duas décadas. Contudo, preciso perguntar se uma perspectiva diferente sobre o cenário competitivo teria alterado o caminho da Unilever.

Teoria do trabalho a ser feito e inovação

Essa experiência me fez perceber que parte do problema é que estamos perdendo o vocabulário correto para falar sobre inovação de uma maneira que nos ajude a compreender o que realmente *motiva* seu sucesso. Os inovadores costumam combinar, correlacionar e, normalmente, empregar mal terminologias e conceitos inadequados elaborados com outros propósitos. Estamos imersos em dados, sistemas de referência, categorias de clientes e medidas de desempenho destinados a outros propósitos com base na suposição de que eles também são úteis para a inovação.

Como acadêmico, temo que tenhamos de assumir parte da culpa. Nas escolas de negócios, ensinamos uma miríade de formas de análise – regressão, análise fatorial, análise dos componentes principais e análise conjunta. Existem cursos sobre *marketing* na base da pirâmide e de *marketing* para organizações sem fins lucrativos. Um curso que durante anos foi popular na Harvard Business School usava tomografias cerebrais por emissão de pósitrons para mostrar como diferentes imagens de propaganda afetavam o fluxo sanguíneo no cérebro. Não demos esse curso aos nossos alunos e aos gerentes nas linhas de frente da inovação, mas sim as ferramentas corretas, e os forçamos a tomar essas ferramentas emprestadas e a adaptá-las para outros propósitos. E, não obstante tudo isso, muitas iniciativas de inovação são, no fundo, consideradas consequência da sorte. Com que frequência você ouve falar de um sucesso menosprezado simplesmente como o produto certo no momento certo? Podemos fazer melhor do que isso.

Passei as últimas duas décadas tentando aprimorar a teoria do trabalho a ser feito para que realmente ajudasse os executivos a transformar a inovação. Muitos aficionados também aderiram à teoria do trabalho a ser feito, como os sócios da Innosight, empresa de consultoria em estratégia e crescimento que fundei, e Bob Moesta, cujo trabalho de consultoria concentra-se exclusivamente nessa teoria. David Duncan, sócio majoritário da Innosight, e Taddy Hall, da Nielsen, dois coautores deste livro, usaram essa teoria quase que diariamente durante anos com seus clientes. Juntos, com a ajuda de colegas e líderes inovadores cujos pontos de vista valorizamos profundamente, moldamos a teoria que apresentamos aqui.

Reconhecemos que existem outras opiniões no espaço em desenvolvimento da teoria do trabalho a ser feito e acolhemos com satisfação esse diálogo. Podemos até empregar palavras levemente distintas ou enfatizar métodos levemente diferentes para descobrir as soluções de trabalho corretas, mas esperamos que este livro sirva para criar uma linguagem comum em torno da teoria do trabalho a ser feito para que assim possamos fortalecer e aperfeiçoar nossa interpretação coletiva. Em essência, acreditamos que a teoria do trabalho a ser feito constitui um meio eficaz para compreender o *mecanismo causal* do comportamento dos clientes, uma compreensão que, por sua vez, é o determinante mais fundamental do sucesso da inovação.

Se levarmos em consideração alguns dos sucessos mais surpreendentes nos últimos anos em termos de inovação, aposto que todos eles identificaram, implícita ou explicitamente, um "trabalho a ser feito" – e ofereceram um produto ou serviço que realizava esse trabalho extremamente bem. Pense no êxito da empresa Uber, que conseguiu se sair extraordinariamente bem, não obstante a forte resistência de concorrentes arraigados e apoiados pelo governo. Tal como analisaremos posteriormente neste livro, o que a empresa Uber fez foi reconhecer e, em seguida, definir precisamente o trabalho de transporte urbano então atendido de modo pouco satisfatório.

É sempre tentador olhar para as histórias de sucesso em inovação e retroajustar a explicação sobre seu êxito (embora acredite que na essência da maior parte das histórias de sucesso em inovação havia implicitamente um trabalho bem definido). Não pretendemos examinar esses sucessos retrospectivamente e nos apoiar nisso. Em vez disso, mostraremos como a teoria do trabalho a ser feito (que explicaremos nos capítulos posteriores) pode melhorar a inovação e torná-la previsível e reproduzível por meio de exemplos reais de empresas que empregaram conscientemente essa teoria para criar inovações de ruptura. A importância *para você* da teoria do trabalho a ser feito não se encontra na explicação de êxitos passados, mas na previsão de novos sucessos.

Você deve estar se perguntando: se a teoria do trabalho a ser feito é tão eficaz assim, por que mais empresas ainda não a estão empregando? Primeiro, como explicaremos mais adiante, a definição do que pretendemos dizer com trabalho é extremamente específica e precisa. Não se trata de uma frase feita que é usada de forma generalizada para indicar algo que um cliente deseja ou necessita. Não é apenas um novo jargão. Descobrir e conhecer trabalhos – e depois criar o produto ou serviço correto para solucioná-los – exige esforço.

Existem vários níveis no constructo da teoria do trabalho a ser feito para assegurar que você crie não apenas produtos que os clientes desejarão comprar, mas também produtos pelos quais eles estão dispostos a pagar preços *premium*, como veremos ao longo deste livro. Identificar e compreender o "trabalho a ser feito" é fundamental, mas é apenas o começo.

Depois que compreendemos qual é o trabalho, precisamos transformar essas percepções em um esquema, a fim de orientar o desenvolvimento de produtos e serviços que os clientes vão adorar. Para isso é necessário criar o conjunto correto de *experiências* que acompanham o produto ou serviço ao decifrar uma solução para o trabalho (como veremos no Capítulo 6). E, finalmente, você deve ter certeza de que os recursos e processos internos de sua empresa foram integrados para focalizar o trabalho sistematicamente (Capítulo 7). Criar as experiências corretas e, em seguida, fazer a sua integração para identificar um trabalho é fundamental para obter vantagem competitiva. Isso porque, ainda que os concorrentes possam copiar facilmente um produto, é difícil copiar *experiências* que estão *bem integradas* nos processos de sua empresa.

Entretanto, para realizar tudo isso de forma adequada é necessário um esforço holístico – da percepção original que conduziu à identificação do trabalho ao momento em que o produto chega às mãos do consumidor – em torno das decisões e influências de praticamente *todas as pessoas* na empresa. Até os grandes inovadores que percebem com nitidez para que trabalho seus clientes estão contratando seus produtos e serviços podem se perder com facilidade. A pressão do retorno sobre os ativos líquidos (*return on net assets* – Rona), os orientadores de eficiência bem-intencionados e as decisões diárias na linha de frente das empresas podem ter um profundo efeito na entrega bem-sucedida (ou malsucedida) de uma excelente solução para um trabalho (como analisaremos no Capítulo 8). Existem muitas formas de tropeçarmos no caminho. Mas a compensação, quando acertamos, é enorme.

As lentes através das quais a maior parte dos inovadores mais bem-sucedidos do mundo enxerga os problemas são diferentes daquelas pelas quais o restante de nós enxerga. Por que a Hertz não foi a primeira a idealizar um produto semelhante ao Zipcar? A Kodak chegou perto de criar uma espécie de produto como o Facebook muito antes de Mark Zuckerberg fazê-lo. Os principais fabricantes de iogurte sabiam que podia haver demanda por iogurtes gregos bem antes de Hamdi Ulukaya, fundador da Chobani, lançar o que hoje se transformou em um negócio de US$ 1 bilhão. A AT&T lançou o videotelefone "picture phone" na Feira Mundial de 1964, décadas antes do iPhone, da Apple. Em vez de observar a forma como o mundo é e pressupor que esse é o melhor indicador da forma como o mundo será, os grandes inovadores se forçam a enxergar além das suposições arraigadas para indagar se por acaso existe uma forma melhor.

E existe.

PONTOS-CHAVE DO CAPÍTULO

A inovação de ruptura, teoria de resposta competitiva às inovações, oferece percepções valiosas aos gestores que estão procurando se posicionar em relação a ameaças e oportunidades. Contudo, essa teoria não responde *como* uma empresa deve inovar para crescer de maneira sistemática. Ela não indica *onde* especificamente procurar novas oportunidades ou *quais* produtos e serviços que você criar os clientes desejarão comprar.

Este livro apresenta a teoria do trabalho a ser feito (ou teoria dos trabalhos) para responder a essas perguntas e oferecer orientações bem delineadas para as empresas que estão procurando crescer por meio da inovação. Em essência, a teoria dos trabalhos explica *por que* os clientes introduzem determinados produtos e serviços em suas vidas: eles fazem isso para encontrar uma solução para trabalhos extremamente importantes ainda não atendidos. E isso, por sua vez, explica por que algumas inovações são bem-sucedidas e outras não.

A teoria dos trabalhos não apenas fornece orientações eficazes para a inovação, mas também analisa a concorrência de maneira a permitir uma diferenciação real e uma vantagem competitiva de longo prazo, oferece uma linguagem comum para as organizações compreenderem o comportamento dos clientes e até possibilita que os líderes expressem com maior precisão o propósito de suas empresas.

NOTAS

1. Christensen, Clayton M. *The Innovator's Dilemma: When New Technologies Cause Great Firms to Fail.* Boston: Harvard Business School Press, 1997.

2. As evidências já então apontavam para os efeitos adversos da gordura transgênica (assunto sobre o qual eu e minha filha estávamos confessadamente desinformados na época). A teoria dos trabalhos ajuda a compreender por que os clientes fazem as opções que fazem – e não se você *deve* oferecer uma solução para o trabalho desses clientes. O cigarro, por exemplo, pode ser contratado para satisfazer um conjunto de trabalhos, mas não é bom para a saúde dos clientes. Como seria de esperar, é igualmente importante fazer escolhas éticas acertadas.

3. Talvez "sem sabor" seja um pouco injusto. Recentemente, minha família passou um fim de semana prolongado em Bar Harbor, Maine – uma das capitais mundiais da lagosta. Em toda esquina parece haver um tipo diferente de restaurante com lagostas. Como adoramos frutos do mar, imaginamos que esse lugar fosse o paraíso! Quando nos sentamos em um dos locais, vi "hambúrgueres de lagosta" no cardápio. Ora, adoro hambúrgueres. E adoro lagostas. Então imaginei que essa combinação seria perfeita. Entretanto, quando me serviram o hambúrguer de lagosta, percebi que era simplesmente um pão com uma cauda de lagosta dentro. Sem nenhum molho. Sem molho tártaro. Sem manteiga. Quando dei uma mordida, tive uma revelação surpreendente: a lagosta em si não tinha absolutamente nenhum sabor! Normalmente o motivo de ser tão saborosa é que ao pedir uma lagosta você tem o direito de mergulhá-la na manteiga. É a manteiga que é saborosa, não a lagosta. Essa experiência me fez refletir: quantos outros "substratos" eu estava ingerindo sem saber que eles em si não tinham absolutamente sabor! Percebi que todas essas coisas – os substratos – são essencialmente plataformas sobre as quais se criam sabores e texturas maravilhosos. Por isso, talvez o setor esteja pegando o caminho errado! Poderíamos vender substratos, mas também vender "ampliações" com lucro.

4. Atualmente, a Associação Americana do Coração recomenda que se comprem *spreads* suaves sem gordura transgênica, em vez de manteiga normal ou margarina em tablete.

CAPÍTULO 2

Progresso, não produtos

A GRANDE IDEIA

Quanto mais pensamos que sabemos, mais frustrados ficamos toda vez em que interpretamos incorretamente a inovação. Mas não é necessário deixar o destino à própria sorte. O êxito das inovações não depende de conhecer os traços de clientes, criar penduricalhos e balangandãs novos e espalhafatosos para seus produtos, identificar tendências da moda ou imitar os concorrentes. Para que a inovação transite do aleatório para o previsível, é preciso conhecer o mecanismo causal subjacente – o progresso que um cliente está tentando fazer ou obter em determinadas circunstâncias particulares. Bem-vindo à teoria do trabalho a ser feito (*theory of jobs to be done* – JTBD).

Quando ouvimos o nome de Louis Pasteur, a maioria de nós lembra que esse químico francês teve algo a ver com o processo que tornou o leite mais seguro para beber. No que talvez constitua o símbolo supremo de seu impacto sobre o mundo, seu nome deu origem a um verbo: "pasteurizar". Contudo, Pasteur é responsável por muito mais.

Para ter uma noção do quão revolucionárias foram as contribuições de Pasteur, pense nas teorias populares que tentavam explicar por que as pessoas ficavam doentes. Durante quase 2 mil anos, os médicos acreditavam que quatro diferentes fluidos corporais – sangue, fleuma, bílis amarela e bílis negra – controlavam a saúde e os humores das pessoas. Quando eles estavam em harmonia, tudo estava certo com o mundo. Quando estavam fora de sincronia, as pessoas ficavam doentes ou "mal-humoradas". Essa teoria era conhecida como humorismo. Os médicos nunca tinham muita certeza do que provocava o desequilíbrio entre esses humores – as opiniões giravam em torno de estações do ano, dieta alimentar e maus espíritos. Portanto, por meio de tentativa e erro, eles tentavam restaurar a harmonia necessária dos fluidos – com frequência com métodos hoje aparentemente rudimentares, como a sangria (flebotomia), que, com base no que se dizia na época, curava centenas de doenças. Às vezes, as pessoas melhoravam. Na maior parte das vezes, porém, pioravam. E os médicos nunca tinham certeza do motivo.

Por volta do século XIX, as pessoas começaram a atribuir a culpa das doenças aos "miasmas" ou "maus cheiros" que pairavam perigosamente nos arredores. Por mais temerária que pareça atualmente, a "teoria do miasma" na verdade era um aprimoramento do humorismo porque gerou reformas sanitárias cujo efeito foi eliminar os agentes de doença reais – as bactérias. Em 1854, por exemplo, quando a cólera tomou conta de Londres, a explicação do miasma inspirou uma iniciativa gigantesca de limpeza do ar, patrocinada pelo governo, por meio da drenagem dos esgotos. Um médico da época, John Snow, conseguiu isolar o padrão dos novos casos de cólera e concluir que os novos casos estavam associados com a proximidade de uma bomba de água específica na Broad Street. A doença, concluiu ele, tinha correlação com essa bomba – e, portanto, a cólera não era transmitida por meio do miasma, mas provavelmente da água contaminada. O trabalho de Snow salvou inúmeras vidas – ele, posteriormente, foi reconhecido como um dos médicos mais importantes da história.

Embora tenha sido um avanço, a análise de Snow não chegou à *causa básica* da doença das pessoas.

Em seguida veio Louis Pasteur que, em meados de 1800, conduziu experimentos fundamentais que determinaram que as bactérias – ou mais simplificadamente os "germes" – eram a causa de várias doenças comuns. A ampla aceitação do trabalho de Pasteur rapidamente abriu caminho para os primeiros antibióticos e vacinas, bem como para uma técnica que tornou os laticínios seguros para consumo.

Por que Pasteur teve tanto êxito, depois de centenas de anos de busca de explicações para os mistérios das doenças humanas? Em poucas palavras, foi porque seu trabalho ajudou a desenvolver *uma teoria* – a teoria dos germes –, que descrevia os verdadeiros mecanismos causais da transferência da doença. Antes de Pasteur, havia suposições ou declarações grosseiras e não testáveis de correlação genérica, sem um mecanismo causal subjacente. O trabalho de Pasteur demonstrou que os germes eram transmitidos por meio de um processo: micro-organismos que vivem no ar, na água, em objetos e na pele – e invisíveis a olho nu. Eles podem invadir os hospedeiros (nesse caso, os seres humanos) e se desenvolver e reproduzir dentro desses hospedeiros. A identificação do processo pelo qual as pessoas ficam doentes possibilitou o desenvolvimento de formas de prevenir sua disseminação – a rigor, de interromper esse processo, mais notadamente por meio de medidas de higiene pessoal e social. Todos nós devemos muito a Pasteur, mas sua contribuição foi muito maior do que os resultados diretos de seu trabalho – como a pasteurização e a penicilina. Ele ajudou a mudar nosso conhecimento da biologia e desempenhou um papel crucial na rápida evolução da medicina de arte para ciência, salvando milhões de vidas.

A mudança de nosso conhecimento de conjecturas e correlações para um mecanismo causal subjacente é profunda. Descobrir verdadeiramente um mecanismo causal muda tudo no que diz respeito à maneira pela qual solucionamos os problemas – e, talvez, mais importante do que isso, ajuda a evitá-los. Pense, por exemplo, em uma arena mais moderna: a fabricação de automóveis.

Qual foi a última vez em que você entrou em seu carro e se preocupou com a possibilidade ou não de ele pegar na partida? A boa notícia é que provavelmente a última vez em que essa possibilidade passou por sua mente é mais remota do que você é capaz de se lembrar. Entretanto, na década de 1980, o que não faz muito tempo, não era esse o caso.

Muitos bons carros eram fabricados em Detroit, mas havia também um número alarmante de abacaxis, carros conhecidos como *lemons* nos Estados Unidos, que nunca pareciam funcionar corretamente. Tão logo um técnico fazia um reparo ou substituía um componente que havia deixado de funcionar em um desses carros, um segundo componente e, em seguida, um terceiro pareciam fazer o mesmo. Várias falhas de sistema conspiravam para impossibilitar um reparo completo. Era uma situação frustrante, tanto para os fabricantes quanto para os consumidores.

Sob determinado aspecto, não é de surpreender que os *lemons* fossem comuns. Um carro normal contém aproximadamente 30 mil peças individuais, no total. Muitas delas são recondicionadas – como o motor de arranque ou os assentos. Contudo, uma linha de montagem de automóveis comum recebe milhares de peças específicas de várias centenas de fornecedores distintos, provenientes de até 17 diferentes países. A complexidade de receber tantos componentes de tantas fontes diferentes e transformá-los em um carro funcional é, por si só, um milagre. Aliás, durante anos a explicação dada para os carros de baixa qualidade era de que existe uma aleatoriedade inerente na fabricação. Não é possível acertar tudo o tempo todo. Atualmente, as empresas pensam sobre a inovação quase da mesma maneira.

Os fabricantes persistiram, tentando corrigir o problema da melhor forma possível. Eles acrescentaram estoque extra, inspetores e estações de retrabalho para gerenciar todos os problemas que a linha de montagem infalivelmente gerava. Infelizmente, os custos e a complexidade cresceram. Embora os processos criados tenham atenuado os problemas, eles estavam longe de chegar à causa raiz dos *lemons*. Na verdade, as montadoras americanas de automóveis criaram inadvertidamente um processo *extremamente eficaz* para produzir automóveis caros, inconsistentes e não confiáveis.

Surpreendentemente, contudo, isso não é mais assim. As montadoras japonesas de automóveis, inspiradas pelo trabalho de W. Edwards Deming e Joseph M. Juran, melhoraram de maneira radical a qualidade de seus automóveis nas décadas de 1970 e 1980.

A resposta foi encontrada na teoria. Os japoneses experimentaram muito até descobrir a *causa* dos defeitos de fabricação. Se pudessem ao menos identificar a causa raiz de cada um dos problemas, acreditavam eles, poderiam desenvolver um processo para impedir que aquele erro fosse recorrente. Dessa forma, os erros de fabricação raramente se repetiram, a qualidade melhorou continuamente e os custos caíram de modo abrupto. Em resumo, o que os japoneses provaram é que, não obstante a complexidade inerente, é possível produzir carros de qualidade de maneira confiável e eficiente quando a ênfase incide sobre a melhoria do *processo* de fabricação. Os fabricantes japoneses não podiam se dar ao luxo de tentar corrigir os *lemons* depois que eles saíam da linha de montagem. Se quisessem fabricar um carro para o consumidor médio japonês, a Toyota e outras montadoras precisariam desenvolver um processo bem diferente do convencional de então: eles precisariam *eliminar* os defeitos do processo.

Quando os japoneses se deparavam com um defeito, eles o tratavam do modo como um cientista trata uma anomalia: uma oportunidade para compreender o que o havia provocado; nesse caso, melhorar o processo de fabricação. Foi constatado que os defeitos tinham causas bastante específicas e, assim que identificadas e compreendidas, elas foram corrigidas e o processo, alterado ou removido.

A Toyota desenvolveu processos que garantiram que todo defeito fosse identificado e corrigido assim que fosse gerado. Como a Toyota procura identificar continuamente quaisquer "anomalias" no processo de fabricação, todo defeito é visto como oportunidade para melhorar o processo. Existe um conjunto de regras que garantem isso. Por exemplo, um funcionário nunca deve agregar valor a uma peça enquanto ela não estiver pronta para ser usada na etapa seguinte do processo de agregação de valor. Isso deve ser feito da mesma maneira, sempre. Dessa forma os gerentes sabem, precisamente, que a etapa de agregação de valor funcionou na etapa seguinte do processo. Com isso, cria-se um ambiente de experimentação científica reiterada. Toda vez que o procedimento é seguido à risca, serve como teste para verificar se esse modo de proceder, seguindo as especificações em questão, resultará em perfeição a cada ocasião.

No caso da Toyota, essa teoria estava incorporada ao conjunto dos processos que a empresa desenvolveu para alcançar uma fabricação isenta de defeitos. Toda atividade pode ser vista como uma declaração "se... então" (causa e efeito) específica: "Se fizermos *isto*, então o resultado será *este*". Foi por meio dessa teoria de fabricação que o movimento da qualidade se originou. Em consequência disso, os americanos levaram a sério o que haviam aprendido com os concorrentes japoneses e hoje o setor de automóveis dos Estados Unidos conta com um processo de fabricação ágil que produz carros extremamente confiáveis.

Na realidade, a inovação existe em um estado "pré-revolução da qualidade".[1] Os gerentes encaram os defeitos, os passos equivocados e as falhas como parte inevitável do processo de inovação. Eles ficaram tão acostumados a colocar Band-Aid no sucesso irregular da inovação que quase sempre não param para pensar nas causas disso.

Como pensar, e não o que pensar

Como acadêmico, sou solicitado centenas de vezes por ano a oferecer minhas opiniões a respeito de desafios empresariais específicos em setores ou organizações nos quais não tenho conhecimento especial. Contudo, consigo fornecer informações elucidativas porque existe um amplo conjunto de teorias que me ensinam não o que pensar, mas *como* pensar. Usar uma boa teoria é a melhor maneira que conheço de abordar os problemas, de modo a fazer as perguntas corretas e alcançar as respostas mais úteis. A intenção na adoção de uma teoria não é nos atolarmos em minúcias acadêmicas, mas o oposto. É nos concentrarmos em uma pergunta prática: *o que causa o quê?*

A teoria tem uma voz, mas nenhum plano. Uma teoria não muda de mentalidade: ela não se aplica a algumas empresas ou pessoas, e não a outras. As teorias não são certas ou erradas. Elas oferecem previsões precisas, com base nas circunstâncias.

Em meu curso de MBA, "Building and Sustaining a Successful Enterprise" (Desenvolvendo e Mantendo um Empreendimento Bem-sucedido), estudamos teorias relacionadas às diversas dimensões do trabalho dos gerentes. Quando os alunos entendem essas teorias, elas são "acionadas" – como um par de lentes – para examinar um caso de uma empresa. Analisamos o que cada uma das teorias pode dizer sobre o motivo dos problemas e das oportunidades em determinada empresa. Em seguida, utilizamos as teorias para prever que problemas e oportunidades podem ocorrer no futuro para aquela empresa e que medidas os gerentes precisarão tomar para abordá-los. Acredito que uma boa teoria é fundamental para uma prática de gestão eficaz, e o instrumento mais eficiente que eu posso oferecer aos meus alunos.

Com o passar dos anos, cheguei à conclusão de que uma boa teoria é o que tem faltado nas discussões sobre como as empresas podem criar inovações bem-sucedidas. A inovação é de fato um empreendimento de risco? Ou a inovação é difícil porque não sabemos o que está por trás de seu sucesso? Já vi muitos gestores inteligentes e competentes pelejando com todos os tipos de desafio e questões torturantes relacionados à inovação, mas raramente com a pergunta fundamental: *O que leva um cliente a comprar e usar um determinado produto ou serviço?*

Acreditamos que a teoria dos trabalhos, finalmente, tem a resposta.

Definindo o trabalho

Existe uma constatação simples, mas convincente, no cerne de nossa teoria: os clientes não compram produtos ou serviços; eles os introduzem em sua vida para avançar. O que chamamos de progresso é o "trabalho" que eles estão tentando realizar. Em nossa metáfora, dizemos que os clientes "contratam" produtos ou serviços para ajudá-los a fazer esses trabalhos. Quando compreendemos esse conceito, a ideia de descobrir trabalhos para os consumidores faz sentido. Entretanto, tal como propusemos, nossa definição de "trabalho a ser feito" é precisa – e precisamos retroceder e decompor os elementos para desenvolver uma teoria dos trabalhos completa.

Progresso

Definimos "trabalho" como o *progresso que uma pessoa está tentando fazer em determinada circunstância*. Essa definição de trabalho não é simplesmente uma nova forma de categorizar os clientes e seus problemas. É fundamental compreender *por que* eles fazem as escolhas que eles fazem. A escolha da palavra "progresso" é premeditada. Ela representa *movimento* em direção a uma meta ou aspiração. Um trabalho sempre é um processo para progredir. Raramente é um evento descontínuo. Um trabalho não é necessariamente nem meramente um "problema" que surge, embora a resolução de um problema específico e o esforço que isso envolve possam ser vistos como progresso.

Circunstância

A ideia de "circunstância" é intrínseca à definição de trabalho. Somente é possível definir um trabalho – e criar uma solução bem-sucedida – em relação ao *contexto específico* em que ele surge. Existem inúmeras perguntas importantes que devem ser respondidas durante a definição da circunstância de um trabalho. *"Onde você está?" "Que momento é esse?" "Quem está com você?" "Está fazendo o que enquanto isso?" "O que você estava fazendo meia hora atrás?" "O que você fará em seguida?" "Que pressões sociais, culturais ou políticas exercem influência?"* E assim por diante. Nossa ideia de circunstância pode se ampliar para outros fatores culturais também, como estágio de vida (*"acabou de terminar a faculdade?", "está atolado em uma crise de meia-idade?", "está para se aposentar?"*), estado civil (*"casado, solteiro, divorciado?", "tem filho recém-nascido, tem filhos jovens ainda em casa, tem parentes adultos para cuidar?"*) ou situação financeira (*"está atolado em dívidas?", "patrimônio líquido elevadíssimo?"*), entre vários outros. A circunstância é fundamental para a definição do trabalho (e a identificação de uma solução para ele), porque a natureza do progresso desejado sempre será influenciada pela circunstância.

A ênfase sobre a *circunstância* não é um detalhe sem importância nem meramente uma questão semântica. Ela é fundamental para o "trabalho a ser feito". De acordo com nossa experiência, os gestores normalmente não a levam em conta. Na verdade, eles geralmente seguem um entre quatro princípios primordiais de organização em sua busca por inovação – ou alguma combinação disso:

- Atributos do produto
- Características do cliente
- Tendências
- Resposta competitiva

A questão aqui não se resume ao fato de alguma dessas categorias ser ruim ou errada – e elas são apenas uma amostragem das mais comuns. Entretanto, elas são insuficientes e, por isso, não preveem os comportamentos dos clientes.

Complexidade funcional, social e emocional

Concluindo, o trabalho traz uma complexidade inerente: ele não tem somente dimensões funcionais; tem também dimensões *sociais* e *emocionais*. Em muitas inovações, a ênfase com frequência recai totalmente sobre a necessidade funcional ou prática. Contudo, na realidade, as necessidades sociais e emocionais dos consumidores podem sobrepujar em muito quaisquer desejos funcionais. Pense em como você contrataria uma creche. Sim, as dimensões funcionais desse trabalho são importantes – a solução tomará conta de seus filhos de uma maneira segura em um local e de uma maneira que se enquadram à sua vida –, mas as dimensões sociais e emocionais provavelmente pesam bastante em sua escolha. *"Com quem deixarei meus filhos?"*

O que constitui um trabalho?

Para resumir, as principais características de nossa definição são:

- Trabalho diz respeito ao progresso que um indivíduo procura em determinada circunstância.
- As inovações bem-sucedidas possibilitam o progresso desejado por um cliente, resolvem dificuldades e satisfazem aspirações ainda não atendidas. Elas realizam trabalhos para os quais anteriormente só havia soluções inadequadas ou para os quais não havia solução.
- Os trabalhos nunca estão relacionados somente com as dimensões funcionais – eles têm dimensões sociais e emocionais importantes, que podem ser até mais influentes do que as funcionais.
- Como os trabalhos têm lugar no fluxo da vida cotidiana, a *circunstância* é essencial para sua definição e torna-se uma unidade indispensável do trabalho de inovação – não são características do cliente, atributos do produto, novas tecnologias ou tendências.
- Os trabalhos a serem realizados são contínuos e recorrentes. Raramente eles são "eventos" descontínuos.

O que não constitui um trabalho?

Um trabalho bem definido oferece um esquema ou modelo de inovação, por assim dizer. Essa ideia é bem diferente do conceito de marketing tradicional de "necessidade" porque requer um grau bem maior de especificidade com relação àquilo que você está tentando resolver. As necessidades estão sempre presentes, e isso as torna obrigatoriamente mais genéricas. *"Preciso comer"* é uma afirmação quase sempre verdadeira. *"Preciso me sentir saudável."* "Pre-

ciso economizar para a minha aposentadoria." Essas necessidades são importantes para os consumidores. Por serem genéricas, no entanto, a orientação que elas oferecem aos inovadores a respeito de como satisfazê-las é vaga. As necessidades são análogas às tendências – direcionalmente úteis, mas totalmente insuficientes para definir de maneira exata o que motivará o cliente a escolher um produto ou serviço em detrimento de outro. A necessidade de comer pura e simplesmente não me levará a escolher uma solução em detrimento de outra. Ou mesmo a introduzir alguma solução em minha vida. De modo algum. Posso ficar sem uma refeição. Além disso, a necessidade, por si só, não explica todos os comportamentos: posso comer quando não estou com fome por uma série de razões.

Nos trabalhos, leva-se em conta um cenário bem mais complexo. As *circunstâncias* nas quais necessito comer, e o outro conjunto de necessidades que talvez seja fundamental para mim naquele momento, podem variar amplamente. Pense novamente no nosso exemplo do *milk-shake*. Posso optar por contratar um *milk-shake* a fim de resolver um trabalho que surge em minha vida particular. O que me motivará a escolher o *milk-shake* são as necessidades que estão em jogo *naquelas circunstâncias específicas*. Esse conjunto abrange não apenas as necessidades que são puramente funcionais ou práticas (*"Estou com fome e preciso de alguma coisa para o café da manhã"*). Elas são também sociais e emocionais (*"Estou sozinho no meu longo e desinteressante percurso para o trabalho e desejo algo para me entreter, mas ficaria constrangido se um dos meus colegas me pegasse com um* milk-shake *na mão logo de manhã"*). Nessas circunstâncias, algumas de minhas necessidades têm maior prioridade do que outras. Por exemplo, eu poderia optar por passar pelo *drive-through* (onde não seria visto) de uma cadeia de *fast-food* para pegar um *milk-shake* durante meu trajeto para o trabalho de manhã. No entanto, em circunstâncias diferentes – estou com meu filho, está na hora do jantar e quero me sentir um bom pai –, a importância relativa das minhas necessidades pode me motivar a contratar o *milk-shake* por um conjunto de razões inteiramente diferente. Ou a procurar outra solução para o meu trabalho.

Muitas invenções maravilhosas foram involuntariamente desenvolvidas em torno da satisfação de uma "necessidade" extremamente genérica. Pense, por exemplo, no Segway, veículo elétrico de duas rodas de autoequilíbrio inventado por Dean Kamen. Não obstante o frenesi da mídia em torno do lançamento dessa invenção "secretíssima" de Kamen que presumivelmente mudaria o transporte para sempre, de acordo com a maioria dos indicadores o Segway foi um fracasso. Esse veículo foi concebido pensando na necessidade de um transporte pessoal mais eficiente. Mas necessidade de quem? Quando? Por quê? Em quais circunstâncias? O que mais importa no momento em que alguém pode estar tentando chegar a algum lugar mais eficientemente? O Segway foi uma invenção bacana, mas não solucionou "o trabalho a ser feito" que muitas pessoas tinham em comum. Eu os vejo de tempos em tempos em pontos turísticos em Boston ou em nosso *shopping center* local. Porém, com base especialmente no alarde antes do lançamento, pouquíssimas pessoas sentiram-se compelidas a introduzir o Segway em sua vida.

No outro extremo do espectro das necessidades estão o que chamo de princípios norteadores da minha vida – temas que estão sempre presentes, do mesmo modo que as necessidades estão. Desejo ser um bom marido, desejo ser um membro valorizado da minha Igreja, desejo inspirar meus alunos etc. Existem princípios norteadores fundamentalmente importantes para as escolhas que faço na vida, mas eles não são meus trabalhos a serem feitos. Ajudar a me sentir um bom pai não é um trabalho a ser feito. Isso é importante para mim, mas não vai me incitar a colocar um produto em minha vida, em detrimento de outro. Esse conceito é extremamente abstrato. Uma empresa não poderia criar um produto ou serviço para me ajudar a me sentir um bom pai sem conhecer as circunstâncias particulares nas quais estou tentando conseguir isso. Os trabalhos que *estou* contratando para isso são aqueles que me ajudam a superar os obstáculos que interferem no progresso em direção aos temas presentes em minha vida – em circunstâncias específicas. O conjunto completo de trabalhos a serem feitos com os quais me defronto na vida pode se transformar, conjuntamente, nos principais temas da minha vida, mas eles não são a mesma coisa.

Divisando o trabalho?

Em virtude da complexidade inerente dos trabalhos, as constatações obtidas ao observar os clientes no momento em que eles estão enfrentando uma dificuldade não se decompõem facilmente em dados que possam ser inseridos em planilhas para análise. Na prática, enxergar o trabalho claramente e caracterizá-lo plenamente pode ser complicado. As percepções sobre os trabalhos são delicadas – elas estão mais para história do que para estatística. Quando desconstruímos episódios coerentes dos clientes em dígitos binários, como "masculino/feminino," "grande empresa/pequena empresa," "cliente novo/cliente existente", destruímos significados nesse processo. A teoria dos trabalhos não se importa se um cliente está entre as idades de 40 e 45 e que sabor eles escolheram naquele dia. A teoria dos trabalhos não se concentra primordialmente em "quem" fez determinada coisa ou "o que" essa pessoa fez – mas no "por quê". Compreender um trabalho significa *agrupar* constatações e percepções em um quadro coerente, em vez de segmentá-las em partes cada vez mais tênues.

Quando divido a teoria dos trabalhos com as pessoas, com frequência elas a consideram intuitiva e reveladora. Ela simplesmente faz sentido. Elas conseguem facilmente pensar em trabalhos na própria vida delas e em suas tentativas mal direcionadas para satisfazê-los. Entretanto, sei também que compreendê-los suficientemente bem para implementá-los na prática requer algum empenho. Isso vai contra os hábitos que tantos gestores aperfeiçoaram durante anos de prática.

Um exercício de raciocínio que achamos útil para realmente captar um trabalho é imaginar que estamos filmando um minidocumentário de uma pessoa se esforçando para progredir em uma circunstância específica.

Seu vídeo deve capturar os elementos essenciais:

1. **Em que essa pessoa está tentando progredir?** Quais são as dimensões funcionais, sociais e emocionais do progresso desejado?

    Por exemplo, um trabalho que ocorre na vida de muitas pessoas: *"Quero ter um sorriso que produza uma ótima primeira impressão em minha vida profissional e pessoal"*; ou uma dificuldade que provavelmente está relacionada com muitos gerentes: *"Desejo que a equipe de vendas que gerencio fique mais bem equipada para ter êxito em seu trabalho e, desse modo, a rotatividade de funcionários diminua"*.

2. **Quais são as circunstâncias desse desafio?** Quem, quando, onde e enquanto faz o quê?

    "Vou ao dentista duas vezes por ano e faço tudo o que é preciso para manter meus dentes limpos, mas, na minha opinião, eles nunca parecem suficientemente brancos" ou *"Parece que toda semana um membro diferente*

da minha equipe pede demissão porque está emocionalmente esgotado, e por isso passo metade do meu tempo recrutando e treinando novas pessoas."

3. **Quais obstáculos estão impedindo que a pessoa progrida?**

    Por exemplo, *"Experimentei alguns cremes dentais de branqueamento e na verdade eles não foram eficazes – são só enganação"* ou *"Experimentei tudo o que fui capaz de imaginar para motivar minha equipe de vendas: programas de bonificação, dias fora da empresa para formar elos entre os integrantes, e comprei uma variedade de ferramentas de treinamento para eles. E mesmo assim eles não conseguem me dizer o que está dando errado".*

4. **Os consumidores estão se contentando e se virando com soluções imperfeitas por meio de algum tipo de comportamento compensatório?** Eles estão comprando e usando um produto que executa o trabalho imperfeitamente? Eles estão juntando descuidadamente vários produtos para ter uma solução paliativa? Eles não estão fazendo absolutamente nada para solucionar o dilema deles?

    Por exemplo, *"Comprei um daqueles kits caros de branqueamento dental para usar em casa, mas é necessário usar aquele protetor bucal horrível, e parece que ele queima meus dentes..."* ou *"Passei um tempo enorme fazendo visitas de vendas – e não tenho tempo para isso!".*

5. **De que forma eles explicariam o que significa "qualidade" para uma solução melhor e quais concessões eles estão dispostos a fazer?**

    Por exemplo, *"Desejo a eficácia de branqueamento de um tratamento dental profissional, mas sem o custo e a inconveniência em questão"* ou *"Existem inúmeros 'produtos' e serviços que posso comprar. Mas nenhum deles de fato me ajuda a realizar o trabalho em questão".*

Esses detalhes não são arbitrários – eles são ricos em contexto e significado – e responder a essas perguntas nos possibilita dissecar totalmente a complexidade do trabalho. Nesse sentido, a teoria dos trabalhos é uma ferramenta de integração. Quando identificamos um esforço para progredir, podemos começar a inferir não somente as dimensões práticas, mas também as dimensões sociais e emocionais indispensáveis e inobservadas ou implícitas do trabalho a ser feito. Lembre-se de mim na cadeia de *fast-food* à tarde, com meu filho. Esse vídeo é completamente diferente daquele em que entro no restaurante para pegar um *milk-shake* de manhã.

Pense em algumas das histórias de sucesso empresarial recentes através das lentes do trabalho a ser feito. Considere o Airbnb, por exemplo. O Airbnb poderia ser reduzido à sua função: oferecer opções de hospedagem para quem está viajando. Nesse nível, o Airbnb concorre com os hotéis. E com base nas medidas tradicionais de qualidade no setor hoteleiro, o Airbnb é uma opção muito inferior. Quem pagaria para dormir em um colchão de ar no chão do apartamento de um estranho – ou dormir na cama extra de um estranho –, em vez de ficar na privacidade de um quarto de hotel?

Ao que consta, muitas pessoas.

As pessoas não estavam contratando o Airbnb apenas porque oferece lugares para ficar hospedado. Elas estavam contratando o Airbnb porque ter um lugar para se hospedar permite que elas fiquem em algum lugar em que possam participar de algo do qual desejam fazer parte – e porque essa opção oferece uma experiência local mais autêntica do que uma cadeia de hotéis indiferenciada e de aparência idêntica no mundo inteiro. O princípio da existência do Airbnb foi marcado pela identificação de um trabalho a ser feito na própria vida de seu cofundador Brian Chesky. Assim que se formou na faculdade, em San Francisco, Chesky mal podia arcar com o aluguel, muito menos ter dinheiro para frequentar um congresso de design local. Quando percebeu que todos os hotéis na região estavam lotados – e que provavelmente havia outros aspirantes a designer com a mesma dificuldade que a dele –, ele teve a ideia de "alugar" três colchões de ar em seu apartamento para ajudar a custear sua participação no congresso. Ele conseguiu se imaginar como uma das pessoas que alugariam um colchão se ele se encontrasse na mesma circunstância em outra cidade. Ele provavelmente desejava intensamente participar de algo, mas não queria se sentir como um turista ou aumentar a dívida do cartão de crédito para que isso ocorresse.

Apenas pelo fato de o Airbnb não se comparar bem com os hotéis urbanos ou de beira de estrada, de acordo com medidas tradicionais, não significava que não houvesse um esforço bastante real por progredir e para o qual o Airbnb era uma opção mais apropriada. As circunstâncias nas quais os consumidores poderiam contratar o Airbnb são muito diferentes daqueles nas quais eles contratariam um hotel.[2] O Airbnb não está apenas concorrendo com os hotéis; está concorrendo com a possibilidade de ficar com amigos. Ou simplesmente não fazer a viagem.

À primeira vista, era uma história de sucesso improvável: "No começo as pessoas diziam: 'Você é doido de criar essa empresa. Ninguém vai usar isso. Somente pessoas loucas vão alugar um cômodo no apartamento de uma pessoa qualquer'", lembra-se Reid Hoffman, fundador do LinkedIn e investidor do Airbnb. "Mas algumas vezes", afirma hoje Hofmann, "é um trabalho que você não consegue ver no momento".

Ao longo deste livro, vamos nos referir aos trabalhos de forma abreviada, em termos simplistas, para facilitar a consulta, mas é importante enfatizar que um trabalho bem definido é multifacetado e complexo. E isso, na verdade, é bom. Por quê? Porque significa que, para satisfazer com perfeição o trabalho de alguém, provavelmente é necessário não apenas criar um produto, mas idealizar e fornecer um conjunto completo de experiências que enfoquem as várias dimensões do trabalho e depois integrar essas experiências nos processos da empresa (como veremos a fundo mais adiante neste livro). Quando bem-feito, é praticamente impossível isso ser copiado pelos concorrentes.

Mudando o cenário competitivo

É importante observar que não "criamos" trabalhos; nós os descobrimos. Os trabalhos em si são duradouros e contínuos, mas a maneira como os solucionamos pode mudar de modo radical com o passar do tempo. Pense, por exemplo, no trabalho de trocar informações a longas distâncias. Esse trabalho básico não mudou, mas nossas soluções para ele mudaram: do correio Pony Express, telégrafo e correio aéreo ao *e-mail*, e assim por diante. Por exemplo, durante séculos os adolescentes tiveram o trabalho de se comunicar uns com os outros sem a intromissão curiosa dos pais. Tempos atrás, eles costumavam passar bilhetinhos no corredor da escola ou puxar o fio do telefone até o canto mais distante da sala. Nos últimos anos, os adolescentes começaram a contratar o Snapchat, um aplicativo para *smartphone* que permite que as mensagens sejam entregues e depois desapareçam quase instantaneamente e oferece várias outras coisas que nem mesmo imaginadas há algumas décadas. Os criadores do Snapchat conheciam o trabalho suficientemente bem para desenvolver uma solução de alto nível. Isso não significa que o Snapchat não seja vulnerável a outros concorrentes que estão chegando com um conhecimento melhor do complexo conjunto de necessidades sociais, emocionais e funcionais dos adolescentes *em circunstâncias particulares*. Nosso conhecimento sobre o trabalho a ser feito sempre pode ser melhor. A adoção de novas tecnologias pode melhorar nossa abordagem para solucionar os trabalhos a serem feitos. No entanto, o importante é que nos preocupemos em conhecer o trabalho básico, em vez de nos apaixonarmos pela solução que temos para ele.

Para os inovadores, conhecer o trabalho é compreender o que mais interessa aos consumidores no momento em que estão tentando progredir. A teoria dos trabalhos possibilita que os inovadores analisem detalhadamente uma série de prós e contras com relação aos benefícios que são essenciais e àqueles que são irrelevantes para um novo produto ou serviço. O conhecimento dos critérios de contratação *específicos às circunstâncias* desencadeia uma gama de constatações fundamentais, uma delas é que a arena competitiva tende a ser completamente diferente do imaginado.

Veja um exemplo. Quando um fumante faz uma pausa para o cigarro, por um lado ele simplesmente está procurando a nicotina que o corpo dele deseja. Essa é a dimensão funcional. Contudo, não é só isso que está ocorrendo. Ele está contratando cigarros para obter um benefício emocional: se acalmar e relaxar. E se ele trabalhar em um edifício de escritórios, provavelmente será forçado a sair para uma área de fumantes designada. Mas essa escolha é também social – ele pode fazer uma pausa do trabalho e passar o tempo com os amigos. Desse ponto de vista, as pessoas contratam o Facebook por vários dos mesmos motivos. Eles entram no Facebook na metade do dia para fazer uma pausa do trabalho, relaxam durante alguns minutos enquanto pensam sobre outras coisas e reúnem-se em torno do bebedouro com amigos de outras áreas. Em determinados aspectos, o Facebook na verdade está competindo com o cigarro pelo mesmo trabalho. O que o fumante escolherá depende das circunstâncias desse momento específico.

Os gerentes e analistas do setor gostam de manter simples a forma como enquadram a concorrência – colocam empresas, setores e produtos nas mesmas cestas. Coca *versus* Pepsi. Sony PlayStation *versus* Xbox. Manteiga *versus* margarina. Esse ponto de vista convencional do cenário competitivo coloca rígidas restrições em torno de qual inovação é relevante e possível, visto que enfatiza a análise comparativa (*benchmarking*) e a imitação. Através dessas lentes, as oportunidades para abocanhar participação de mercado podem ser finitas, e a maior parte das empresas contenta-se em ganhar alguns pontos percentuais em um jogo de soma zero.

Entretanto, do ponto de vista da teoria dos trabalhos, a concorrência raramente está restrita a produtos que o mercado escolhe agrupar em uma mesma categoria. Reed Hastings, diretor executivo da Netflix, deixou isso claro quando o lendário capitalista de risco John Doerr lhe perguntou recentemente se a Netflix estava competindo com a Amazon. "Na verdade competimos com tudo o que você faz para relaxar", disse ele a Doerr. "Competimos com *videogames*. Competimos com o consumo de uma garrafa de vinho. Essa é particularmente difícil! Competimos com outras redes de vídeo. Com os jogos de tabuleiro."

O cenário competitivo muda para algo novo, talvez desconfortavelmente novo, mas com um potencial renovado quando vemos a concorrência através das lentes dos trabalhos a serem feitos.

Por exemplo, a BMW durante muito tempo se definiu como uma empresa de "carros de alto desempenho", e foi suficientemente longe a ponto de se anunciar como um "carro de homem". Contudo, em virtude da queda súbita do setor automobilístico no início da recessão de 2008, a equipe de liderança da BMW deu um passo atrás para avaliar para quais trabalhos os consumidores estavam contratando carros. O que eles constataram transformou completamente o ponto de vista da empresa a respeito do cenário competitivo. Com uma demanda crescente por carros a biocombustível (a Califórnia acabou de aprovar uma legislação que efetivamente proíbe o uso de motores de combustão no futuro próximo, por exemplo), uma tendência de urbanização e o fato de os jovens estarem cada vez menos preocupados em tirar sua carteira de habilitação, a BMW percebeu que o trabalho real era *mobilidade*. Leve-me sem sofrimento do ponto A ao ponto B. Sim, a BMW estava concorrendo com os carros de luxo tradicionais, mas estava concorrendo também com a Tesla, Uber e Zipcar, e com os projetos de carro elétrico autodirigível do Google (e divulgado pela Apple). "Percebemos que estávamos concorrendo com empresas cujo nome não conhecíamos 18 meses atrás", lembra-se Steven Althaus, diretor global de serviços de gestão de marca e marketing da BMW. "Precisávamos começar a fazer uma avaliação comparativa fora de nossa categoria."

Isso motivou não somente o lançamento da linha elétrica e híbrida BMWi, mas também o DriveNow da BMW, um programa piloto de compartilhamento de carros semelhante ao da Zipcar que foi lançado em Berlim, Viena, San Francisco e Londres. "Mudamos da perspectiva de oferta para a perspectiva de demanda", afirma Althaus – o que, a rigor, significa deixar de vender produtos e passar a responder aos trabalhos. Esse enquadramento em si é uma grande mudança para uma montadora de automóveis acostumada a ver suas concessionárias como seus principais clientes. Com esse salto, há uma mudança sensível em quem são os "clientes" e pelo que eles se interessam – tal como ocorreu com a perspectiva da BMW sobre inovação.

E a BMW não é a única. A disputa, sem dúvida, reside em estabelecer quem de fato conhece os trabalhos que os consumidores necessitam que sejam feitos. Mark Fields, diretor executivo da Ford, passou grande parte do ano de 2015 dizendo às pessoas que eles "se consideravam não apenas uma empresa de automóveis, mas também uma empresa de mobilidade". A General Motors (GM) investiu em um serviço de carros alternativos, o Lyft, e então anunciou o lançamento de seu próprio serviço de carros compartilhados, o Maven, no início de 2016. Um dos objetivos da GM ao investir no Lyft é empenhar-se para desenvolver uma rede sob demanda de carros autodirigíveis, uma área de pesquisa à qual empresas como Google, Tesla e Uber já começaram a dedicar enormes recursos. Pense no caminho que há pela frente através das lentes da teoria dos trabalhos.[3] Toda empresa precisará conhecer o trabalho a ser feito em toda a sua ampla complexidade. Em seguida, as empresas precisarão considerar e moldar seus produtos ou serviços em torno das experiências que os consumidores procurarão ao tentar encontrar soluções para seus trabalhos – e ajudá-los a transpor qualquer obstáculo que se interponha no caminho quando eles estão tentando progredir. A vantagem competitiva será conferida a quem conhecer e oferecer a melhor solução para o trabalho em questão.

O que cada uma dessas empresas fizer em relação a essa nova perspectiva determinará quanto suas novas iniciativas serão bem-sucedidas a longo prazo. Se não sabemos com quem estamos de fato concorrendo, como podemos esperar criar algo que os consumidores desejem contratar em detrimento de outras possíveis soluções?

Os limites da teoria dos trabalhos

Isso não quer dizer que a teoria dos trabalhos seja a resposta para todas as indagações. A natureza do problema ditará a melhor teoria para compreender o que está provocando determinada coisa. Isso se aplica a toda e qualquer teoria.

Uma teoria consistente – do tipo que explica verdadeiramente e previsivelmente o que levará o que a ocorrer – não se desenvolve da noite para o dia. Ela precisa ser moldada, testada e aperfeiçoada, e é necessário saber em que contexto ela não se aplica. Contudo, mesmo que a teoria não se aplique a um determinado propósito, ainda assim tem valor, porque saber quando uma teoria não ajuda a explicar algo nos permite recorrer a outras para encontrar respostas. Esse é um dos atributos de uma boa teoria. Ela oferece orientações nas declarações de causa e efeito ("se... então").

Pense na primeira tentativa do homem de voar. Os primeiros pesquisadores observaram uma forte correlação entre penas e asas e o voo. Por esse motivo, em suas primeiras tentativas, eles tentaram reproduzir o que acreditavam permitir que os pássaros se elevassem. Só quando o matemático suíço-holandês Daniel Bernoulli delineou o que viria a se tornar conhecido como princípio de Bernoulli que compreendemos a importância da sustentação – a ideia de que, quando o ar flui através de um mecanismo chamado aerofólio, este é empurrado para cima. As asas dos pássaros funcionam como aerofólios e, por esse motivo, o ar que flui através delas os impele para cima. Essa mesma constatação deu origem aos modernos aerofólios que vemos como asas de avião.

Entretanto, mesmo após a constatação de que a sustentação, e não as asas e penas, permitiam o voo, os cientistas ainda precisaram aprimorar as lentes causais por meio da experimentação de tentativa e erro para projetar uma aeronave eficaz. Quando um avião sofria um acidente, os pesquisadores costumavam perguntar: "Teria sido o projeto da aeronave ou a matéria-prima usada o responsável? Ou teria sido algo relacionado à situação enfrentada pelo piloto – uma situação que exigia um conjunto diferente de regras e técnicas para evitar o acidente?" Atualmente, na aviação as lentes causais são tão avançadas que os engenheiros e pilotos conseguem não apenas garantir o voo, mas também definir com precisão que regras os pilotos necessitam seguir para terem êxito em praticamente todas as circunstâncias possíveis – se o clima estiver ruim, se a pressão atmosférica estiver baixa ou alta etc. As circunstâncias têm importância.

No processo de construção de qualquer teoria, precisamos estar abertos para encontrar fatores que a teoria não consegue explicar – anomalias – e usá-los como oportunidade para fortalecê-la. Por exemplo, sabemos que a teoria dos trabalhos não é útil quando não existe dificuldade real para um consumidor ou as soluções existentes são suficientemente boas. Ela não é útil quando a decisão a ser tomada depende quase totalmente de uma análise matemática, como a comercialização de *commodities*. Nem o custo nem a eficiência são um elemento essencial para um trabalho. Nessas circunstâncias, não existe um conjunto complexo de necessidades sociais e emocionais na busca por progresso. Existem decisões racionais a se tomar – e do tipo que simplesmente pode ser tomada por um computador.

Na essência, teoria é uma proposição: propomos esse conjunto de processos que ajudarão a desenvolver inovações que terão êxito. Entretanto, se alguém tiver um conjunto de processos de melhor qualidade para gerar inovações de maneira mais sistemática, vamos acolhê-la em nossa busca para aperfeiçoar ainda mais essa teoria.

Até lá, acreditamos que a teoria dos trabalhos fará uma enorme diferença na busca por transformar a inovação de jogo de loteria a empreendimento previsível. Embora as oportunidades, os concorrentes e o que mais importa para nossos clientes possam parecer bem diferentes, serão igualmente claros. Seu ponto de vista mudará irreversivelmente, mas para melhor.

Uma revolução copernicana

Durante quase 18 séculos, Aristóteles dominou o pensamento científico. Suas observações e teorias sobre o universo tiveram tão ampla aceitação que posteriormente foram consideradas pela instituição de mais alto poder do mundo medieval ocidental – a Igreja Católica – como verdade definitiva. Entre as constatações importantes de Aristóteles destaca-se: todos os "corpos celestes" movem-se em círculos perfeitos em torno da Terra. Desse modo, foi possível prever como os outros planetas se moviam por meio da observação de seu curso pelos círculos de Aristóteles, nos quais a Terra se encontrava no centro. Aristóteles foi um pensador e filósofo tão influente que durante séculos seu trabalho permaneceu quase incontestado.

Mas havia um problema. Quando os astrônomos antigos tentavam cartografar e prever o curso dos planetas em torno da Terra, não funcionava muito bem. Por isso, eles criaram uma explicação um tanto tortuosa. Os planetas de fato giravam em círculos em torno da Terra, mas dentro desses círculos eles também se moviam de acordo com o que Ptolomeu chamou de "epiciclos" – pequenas órbitas dentro dos círculos. Com um padrão complexo de círculos dentro de círculos, ainda era possível prever o movimento dos planetas em torno da Terra. Mas mesmo os cálculos mais precisos, quando se consideravam combinações complexas de epiciclos, conseguiam apenas prever os movimentos dentro de uma margem de erro. Os melhores modelos continuavam apresentando um desvio de oito minutos de arco – em torno de um a três graus de distância de um círculo de 360 graus perfeito. Suficientemente exato para ser considerado preciso. Porém, ao que parece, não realmente correto.

Como as lentes de Aristóteles sobre o universo eram as lentes aceitas, séculos de cientistas e pensadores medievais se esforçaram ao máximo para que os epiciclos funcionassem. Foi somente no século XVI, com uma observação simples, mas profunda, que o astrônomo renascentista Nicolau Copérnico reformulou nosso ponto de vista do universo. Os planetas não giravam em torno da Terra, mas em torno do Sol. Concluindo, esse conhecimento oferecia um fundamento para alguns dos avanços mais importantes da história e para a astronomia e o cálculo diferencial.

Foram necessários 18 séculos para alguém como Copérnico observar e enunciar as falhas na lógica de Aristóteles. E ele morreu sem saber que o mundo reconheceria que ele estava certo. A mudança de um ponto de vista bem fundamentado a respeito do mundo raramente ocorre da noite para o dia – e quando isso ocorre, leva tempo para aprimorar e aperfeiçoar a nova perspectiva considerada correta.

No universo da inovação, muitas empresas estão imobilizadas em um mundo de criação de "epicentros": aproximações, estimativas e extrapolações elaboradas. Como coletamos, ajustamos e relacionamos dados de todos os tipos, parece que estamos ficando cada vez mais competentes para prever sucessos. Porém, se não compreendermos *por que* os clientes fazem as escolhas que fazem, simplesmente ficaremos cada vez mais aptos a um processo essencialmente imperfeito. Sem o conhecimento correto do *mecanismo causal* que se encontra no centro do universo da inovação, as empresas na verdade estão tentando dar sentido ao universo que gira em torno da Terra. Elas são forçadas a se fiar em um conjunto de práticas recomendadas que foram tomadas emprestadas, em ferramentas probabilísticas e em dicas e truques que funcionaram para outras empresas, mas que não conseguem garantir o sucesso. Quando observamos a inovação através das lentes da teoria dos trabalhos, o que vemos não é o *cliente* no centro do universo da inovação, mas o *trabalho a ser feito* para esse cliente. Pode parecer uma pequena diferença – apenas alguns minutos de arco –, mas isso tem uma enorme importância. Na verdade, muda tudo.

PONTOS-CHAVE DO CAPÍTULO

- Embora no mundo dos negócios muitas pessoas associem a palavra "teoria" com algo puramente acadêmico ou abstrato, nada poderia estar mais distante da verdade. As teorias que explicam a causalidade estão entre as ferramentas mais importantes e práticas que os empresários podem ter.
- O campo da inovação necessita de uma teoria melhor, especialmente para responder a esta pergunta fundamental: "o que motiva um cliente a comprar e usar determinado produto ou serviço?".
- A teoria dos trabalhos responde a essa pergunta afirmando que os clientes compram e usam (ou "contratam", de acordo com a metáfora que empregamos em relação aos trabalhos) produtos e serviços para atender aos trabalhos que surgem na vida deles. Definimos trabalho como o *progresso que um cliente deseja fazer em uma circunstância em particular.*
- Essa definição é específica e importante: para compreender plenamente o trabalho desejado por um cliente é necessário entender que progresso esse cliente está tentando fazer *em circunstâncias particulares* e conhecer todas as suas dimensões funcionais, sociais e emocionais – bem como as concessões que ele está disposto a fazer.
- Assim que compreendemos o "trabalho a ser feito" do cliente, a verdadeira concorrência que enfrentamos para que ele seja contratado torna-se muito nítida. Isso oferece informações fundamentais sobre como você deve inovar para tornar sua solução mais atraente do que a de qualquer concorrente.

PERGUNTAS PARA OS LÍDERES

- Você conhece o verdadeiro motivo *pelo qual* seus clientes escolhem seus produtos ou serviços? Ou por que eles preferem escolher alguma outra coisa?
- Em que sentido seus produtos ou serviços ajudam seus clientes a progredir na vida? Em quais circunstâncias eles estão tentando progredir? Quais são as dimensões funcionais, emocionais e sociais desse progresso?
- Que produtos e serviços estão concorrendo com os seus para atender a esses trabalhos? Existem outros concorrentes além daqueles incluídos no ponto de vista tradicional de seu setor?

NOTAS

1. Um progresso significativo foi alcançado no sentido de compreender o que é necessário para sistematizar a inovação nas grandes organizações. David Duncan, coautor deste livro, e seu colega Scott Anthony, sócio-diretor da Innosight, descreveram detalhadamente as operações e os componentes fundamentais de qualquer sistema de inovação em bom funcionamento, o que eles chamam de "fábrica do crescimento" (*growth factory*). O trabalho de ambos orientou as iniciativas de algumas das empresas mais bem-sucedidas da *Fortune* 100 no desenvolvimento de seus recursos globais de inovação. Outros autores também contribuíram para o conhecimento a respeito de como sintetizar a inovação, particularmente Vijay Govindarajan, da Escola de Negócios de Tuck. Entretanto, a teoria dos trabalhos está preocupada com uma indagação diferente: "O que leva um cliente a comprar e usar um produto ou serviço específico?". É fundamental ter uma teoria para responder a essa pergunta e desse modo assegurar que o sistema de inovação que você estabeleceu esteja apontado para a direção correta e tenha efeito sobre as inovações com mais probabilidade de sucesso. Anthony, Scott D. & Duncan, David S. *Building a Growth Factory*. Boston: Harvard Business Review Press, 2012.
2. Foi isso o que ocorreu com o Airbnb nos primeiros anos. Nos últimos anos, o Airbnb identificou outros trabalhos na extremidade superior do mercado – e está concorrendo bem-sucedidamente aí também.
3. Existe uma ferramenta, denominada "planejamento orientado à descoberta", que pode ajudar as empresas a testar se sua estratégia para responder ao trabalho que elas identificaram como frutífero assim será, antes de injetarem muitos recursos em qualquer um dos caminhos. Ela os força a enunciar as suposições

que precisam ser confirmadas para que a estratégia tenha êxito. Os acadêmicos que criaram esse processo, Ian MacMillan e Rita McGrath, chamaram essa ferramenta de planejamento orientado à descoberta, mas talvez seja mais fácil imaginá-la como uma pergunta: "O que é necessário ser confirmado para esse trabalho?". As empresas raramente pensam na possibilidade de ir atrás dessas oportunidades fazendo essa pergunta. Na verdade, elas com frequência marcam as cartas involuntariamente logo no princípio. Elas tomam as decisões de levar um investimento adiante com base no que as projeções iniciais indicam que ocorrerá, mas na realidade elas nunca testam se essas projeções iniciais são precisas. Por isso, normalmente, bem mais à frente, elas são obrigadas a ajustarem as projeções e suposições para que se enquadrem ao que de fato está ocorrendo, em vez de testarem e fazerem opções ponderadas antes de irem longe demais.

Em praticamente todos os casos de insucesso de um projeto, os equívocos ocorreram em uma ou mais suposições essenciais nas quais as projeções e decisões se basearam. Contudo, a empresa só percebeu isso quando já estava longe demais. Dinheiro, tempo e energia foram designados ao projeto; a empresa está 100% comprometida e agora a equipe está a postos para fazê-lo funcionar. Ninguém deseja voltar à administração e dizer: "Sabem aquelas suposições que fizemos? Acabamos de constatar que elas não eram tão exatas assim...". Os projetos acabam sendo aprovados com base em conjecturas incorretas, em vez de se indagar qual projeto de fato apresenta a maior probabilidade de dar certo.

CAPÍTULO 3

Trabalhos na prática

A GRANDE IDEIA

A teoria dos trabalhos não é apenas outro modelo ou abordagem de marketing, mas lentes eficazes que motivaram inovações de ruptura e o crescimento transformacional de algumas das organizações mais bem-sucedidas do mundo – em esferas extremamente diversas. Essa teoria transforma a maneira como definimos o ramo de negócio em que atuamos, o tamanho e a configuração do mercado no qual concorremos e quem são nossos concorrentes. Com isso, podemos ver clientes onde antes não havia nenhum, ideias de soluções onde havia apenas problemas e oportunidades onde menos esperamos. Veja como.

Em pé diante da turma que colava grau na Southern New Hampshire University (SNHU) em 2015, o reitor Paul LeBlanc resolveu sair do roteiro. Era sua terceira cerimônia de entrega de diplomas naquele dia. Como o número total de formandos e famílias era muito grande para caber no auditório em uma única sessão, até mesmo na Verizon Wireless Arena, com 12 mil lugares, a escola foi obrigada a realizar três eventos separados. Em vez de recorrer às piadas e trivialidades usuais das cerimônias de graduação, um amplo sorriso abriu-se no rosto de LeBlanc quando ele se dirigiu aos graduandos de beca e toga diante dele. "Aqueles entre vocês que já cumpriram ou estão cumprindo o serviço militar e estão se formando hoje, por favor, levantem-se por um momento", pediu ele. Metade dos formandos se levantou. "Aqueles entre vocês que, tal como eu, são a primeira geração da família a obter um diploma universitário, levantem-se." Metade do grupo ficou em pé. "Aqueles entre vocês que estão se formando hoje e também já têm filhos, por favor, levantem-se." Àquela altura, praticamente todos os membros da turma de formandos já estava em pé. Normalmente um orador seguro de si e elegante, LeBlanc calou-se por um momento, emocionado, enquanto a plateia se alvoroçava. Chegar a um diploma, não obstante as condições desfavoráveis, era uma enorme conquista para aquelas pessoas. "Elas perceberam o que haviam conseguido", lembrou-se LeBlanc posteriormente. "Ninguém nessa cerimônia de graduação havia chegado até ali sem esforço. Muitas coisas podem impedir isso – questões financeiras, vida atarefada, falta de preparação acadêmica, o sentimento de não ser bem-vindo. Elas, de fato, conquistaram aquele momento."

As pessoas que estavam no auditório naquele dia eram apenas a ponta do *iceberg*. Na verdade, a grande maioria dos alunos da SHNU nunca colocará os pés em seu modesto *campus* em Manchester, New Hampshire. Mas isso não impediu que esses alunos progredissem em direção aos seus objetivos. Na realidade, tantos alunos haviam escolhido a SHNU que a universidade estava encerrando o ano fiscal de 2016 com uma receita de US$ 535 milhões – uma taxa de crescimento anual composta de 34% nos seis meses anteriores. Geralmente enaltecida pela *U.S. News & World Report* (e por outras publicações) como uma das faculdades mais inovadoras dos Estados Unidos, essa escola destaca-se também por ser classificada como uma das melhores para trabalhar pela *Chronicle of Higher Education*. Em 2012, a revista *Fast Company* indicou a SHNU como uma das organizações mais inovadoras *do mundo* – à frente de nomes como LinkedIn, Starbucks e Liga Nacional de Futebol (NFL).

Uma década antes, nada disso parecia possível – tanto para os alunos quanto para LeBlanc. Em 2003, quando LeBlanc tornou-se pela primeira vez presidente da SHNU,[1] essa faculdade de 27 anos de idade era uma obscura instituição de segundo nível. Originalmente fundada como uma escola de contabilidade e secretariado, tornou-se uma mistura de especialidades – artes culinárias, negócios e programas de direito – com apenas alguns milhares de alunos.

Em todo o restante do país, faculdades semelhantes enfrentavam problemas financeiros, fechando ou recorrendo a fusões para se manter em pé. O começo da recessão, cinco anos depois, piorou ainda mais as coisas. O número de inscritos começou a cair e as pressões do orçamento apenas para se manter no mesmo lugar eram espantosas.

Por essa época, LeBlanc fez parte de um grupo de trabalho na Harvard Business School em que eu procurava ajudar empresas líderes de mercado a evitar seu próprio dilema de inovação. Ao longo do dia, examinávamos a história do *milk-shake* e a teoria do trabalho a ser feito (ou teoria dos trabalhos), que imediatamente chamou a atenção de LeBlanc.

Assim como a maior parte das instituições de ensino superior, em essência a SHNU tratava todos os alunos igualmente. A estratégia feijão com arroz da universidade já de longa data procurava atrair um corpo discente tradicional: alunos de 18 anos que haviam acabado de concluir o ensino médio e que continuariam sua trajetória educacional tradicional. Em essência, "venha estudar neste *campus* pitoresco em New Hampshire e obtenha sólida educação por um preço razoável". O marketing e o alcance eram genéricos para todos, independentemente das respectivas circunstâncias, e os planos de ação e modelos de fornecimento que atendiam à escola haviam sido projetados para atrair um aluno "típico" que, na verdade, não existia. Essa perspectiva genérica traz à lembrança o dilema do *milk-shake* – exceto que, nesse caso, eles tentavam propor uma educação genérica para um aluno "típico".

Para que trabalho os alunos estavam realmente contratando a SHNU? Fazer essa pergunta para si mesmo, afirma LeBlanc, levou a uma percepção importante: não havia apenas uma resposta a essa pergunta – havia duas.

Durante décadas, praticamente nada mudou na abordagem da SHNU para recrutar recém-formados do ensino médio. A universidade apoiava-se no marketing tradicional e no boca a boca para atrair interessados para o *campus*, onde costumava falar docemente sobre a assistência acadêmica e financeira, além das perspectivas de carreira. Entretanto, através das lentes dos trabalhos, LeBlanc ressalta, a escola percebeu que, quando esses potenciais alunos davam um giro pelo *campus*, faziam poucas perguntas a respeito desses assuntos. Seus *pais* talvez fizessem essas perguntas, mas os alunos estavam preocupados com algo inteiramente diferente. As perguntas dos alunos giravam em torno das experiências que esperavam ter na faculdade

– experiências pelas quais estavam aguardando havia anos. *"Vocês têm uma equipe esportiva para a qual eu possa torcer? Vocês têm paredões de escalada? Eu poderei interagir com professores de tempo integral com os quais eu possa ter longas conversas a respeito do significado da vida?"* Esses potenciais alunos – recém-formados no ensino médio e diante da perspectiva de saírem de casa pela primeira vez – não estavam preocupados com as *dimensões funcionais* da educação que receberiam; eles estavam contratando a SHNU para uma experiência de passagem para a maioridade. E a universidade tinha concorrentes em número suficiente para os 3 mil alunos, aproximadamente, que a escola esperava ver inscritos anualmente. Existem muitas faculdades locais já estabelecidas, como a University of New Hampshire ou a Franklin Pierce University, que todos os anos disputam mais ou menos o mesmo grupo de candidatos. Nessa disputa, a SHNU sabia exatamente como normalmente se sairia – ganharia alguns, perderia alguns e atrairia outros. Essa proporção permaneceu a mesma durante anos. Não havia potencial de crescimento significativo.

Por outro lado, a SHNU tinha um programa acadêmico *on-line* conhecido como aprendizagem a distância. Era "uma operação morosa em um canto desinteressante do *campus* principal", descreve LeBlanc, mas que havia conseguido atrair um fluxo constante de alunos que desejava retomar em uma fase posterior da vida uma formação escolar abandonada. O programa *on-line* fora lançado uma década antes, mas era tratado como um projeto paralelo, e a universidade não dedicava praticamente recurso algum a ele.

No papel, todos os alunos pareciam semelhantes, e eram agrupados em uma única categoria com base no ponto em que estavam em relação à conclusão do curso. Um aluno de 35 anos de idade que deseja se formar em contabilidade necessita das mesmas disciplinas que um aluno de 18 anos que deseja a mesma formação, correto? Ambos precisam de educação de qualidade por um preço acessível, correto?

Concorrendo com o nada

As lentes do trabalho a ser feito, porém, mostraram a LeBlanc e sua equipe que o trabalho para o qual esses alunos não tradicionais estavam contratando a SHNU nada tinha em comum com o trabalho para o qual os alunos de graduação então na maioridade a estavam contratando, e que esse trabalho estava emoldurado por uma circunstância bem diferente. O aluno *on-line* típico tem 30 anos e está tentando conciliar trabalho e família e, ao mesmo tempo, se ajustar aos estudos no pouco tempo que lhe sobra. Muitos deles têm alguns créditos acadêmicos, mas interromperam sua formação por uma série de motivos. Normalmente, eles ainda trazem dívidas dessa experiência inacabada. Contudo, a vida deu sinais de que chegou o momento de voltar para a escola; eles percebem que precisam outros diplomas para melhorar suas perspectivas profissionais e, por conseguinte, a vida da família. Eles já passaram por todas as experiências da maioridade com as quais podem lidar. Além disso, eles precisam que a instituição de ensino lhes ofereça: conveniência, atendimento ao cliente, certificados/diplomas e tempos de conclusão mais rápidos. Tal como a equipe de LeBlanc percebeu, era uma enorme oportunidade.

O programa *on-line* da SHNU não competia com os concorrentes locais. Estava concorrendo com outros programas *on-line* nacionais – por exemplo, faculdades tradicionais e alguns dos programas de especialização com fins lucrativos, como Kaplan, University of Phoenix, ITT Technical Institute etc. –, criados e desenvolvidos para oferecer aos alunos formação e diplomas que possam ajudá-los a obter um emprego melhor. Mais do que isso, a SHNU estava também concorrendo com o *nada*: o não consumo. As pessoas que preferem nada fazer para melhorar sua formação acadêmica nessa fase da vida. Diante dessa perspectiva, de repente o mercado, antes com um tamanho aparentemente finito e pelo qual dificilmente valeria a pena lutar, revelou um potencial enorme e inexplorado. Quem não gostaria de concorrer com o *nada*?

LeBlanc e sua equipe logo perceberam que pouco do que dizia respeito aos planos de ação, às estruturas e aos procedimentos existentes da SHNU estava configurado para apoiar o trabalho real dos estudantes *on-line*. A divisão havia conseguido gerar uma receita respeitável de US$ 32 milhões, mas na verdade era praticamente um milagre o fato de tantos estudantes terem descoberto a universidade – e resistido até a formatura.

Considere, por exemplo, a maneira como a SHNU (e muitas outras universidades) normalmente conversavam sobre assistência financeira com os potenciais alunos. Para um aluno típico do ensino médio, essa conversa começava em algum momento do penúltimo ano. Tanto o aluno como a universidade planejavam fornecer mais detalhes um ano após, quando da inscrição formal e posterior aceitação do aluno pela escola. O processo de assistência financeira na SHNU foi estruturado em torno da possibilidade de promover uma conversa tranquila e sem pressa com os potenciais alunos.

Quando um possível candidatos fazia uma consulta pelo *site* da SNHU, costumava receber uma resposta padronizada em 24 horas: "Prezado Clayton, agradecemos por seu interesse...". Mais ou menos uma semana depois, um pacote de informações – o mesmo enviado para todos que haviam feito a consulta – chegava pelo correio. Depois disso, SNHU, do mesmo modo que várias universidades, simplesmente esperava os candidatos ligarem ou entrarem em contato de alguma forma. E para muitos candidatos de graduação, particularmente para o segmento de alunos que estavam entrando na maioridade, esse sistema funcionava a contento. Porque, como eles constataram, a decisão sobre assistência financeira poderia ser importante para os pais, mas não era fundamental para aquilo para o qual os *alunos propriamente ditos* estavam contratando a universidade.

Em contraposição, os fatores financeiros eram extremamente importantes para os estudantes adultos *on-line*. Eles estavam contratando a universidade para o trabalho de oferecer o diploma que melhoraria suas perspectivas profissionais o mais rápido e eficientemente possível. Quando os líderes da SNHU pensaram a respeito desses alunos, ficou claro quão falha era a resposta genérica da escola a todos os candidatos. Quando um estudante adulto ficava ativamente *on-line*, procurando informações a respeito de algum programa de educação continuada, ele estava pronto, naquele exato momento, para tomar uma decisão sobre o que fazer em seguida. Ele provavelmente já havia pensado longamente sobre a possibilidade de obter outras qualificações educacionais e, por esse motivo, o momento de tomar uma decisão não estava longe. A SNHU sabia que seus alunos normalmente eram mães e pais que ficavam diante do notebook até tarde da noite, depois que os filhos iam para a cama, tentando antes de mais nada encontrar tempo para procurar e coletar informações. Nenhuma resposta morosa e calculada atenderia às suas necessidades nessas circunstâncias. Para a SNHU, aguardar 24 horas para enviar uma resposta genérica e semanas depois fornecer aos candidatos informações específicas sobre opções de assistência financeira equivalia a não responder. O que os estudantes *on-line* necessitavam era completamente diferente daquilo que os alunos tradicionais recém-formados no ensino médio necessitavam, mas a SNHU estava oferecendo uma solução única e "mediana" para todos eles.

Para LeBlanc e sua equipe, foi o momento "aha!" O segredo era *finalmente fazer a pergunta certa* que os conduzisse a melhores respostas. "Estávamos frustrados e lutando com nossa incapacidade de crescer", afirma ele, "e nos concentrarmos no trabalho a ser feito parecia óbvio." O que precisava mudar na SHNU em consequência disso? "Provavelmente tudo", lembra-se LeBlanc, e em duas trajetórias diferentes, correspondentes aos dois trabalhos distintos.

LeBlanc e sua equipe de liderança concentraram-se em mudar o *status* de segunda classe atribuído à parte *on-line* da universidade. Eles mudaram a pequena equipe *on-line* de recrutamento e administração para novos escritórios a mais ou menos 3 quilômetros de distância, no espaço de uma antiga fábrica em Manchester – um clássico posicionamento "disruptivo" que possibilitou que a equipe *on-line* crescesse livre das limitações físicas e estruturais impostas pelos planos de ação e procedimentos da universidade. Em seguida, LeBlanc e sua equipe conduziram uma sessão com cerca de 20 dos principais docentes e administradores *on-line* e esboçaram todo o processo de admissão – da primeira consulta à primeira aula – em um quadro branco. "Parecia um diagrama esquemático de submarino nuclear!", afirma ele. A equipe circulou todos os obstáculos que a SHNU estava levantando – ou que ela não estava ajudando a superar – nesse processo, com atenção para o trabalho exclusivo dos estudantes *on-line*, suas circunstâncias específicas e as dimensões funcionais, sociais e emocionais do trabalho que eram importantes para eles. Em seguida, eles eliminaram esses obstáculos, um por um, e os substituíram por experiências que satisfariam plenamente esse trabalho. Com essa nova ênfase, surgiram dezenas e dezenas de decisões, mas destacaremos algumas, através das lentes do trabalho:

1. **Que experiências os clientes procuram a fim de progredir?** *Não houve mais respostas morosas às consultas sobre assistência financeira. O e-mail genérico enviado no prazo de 24 horas foi substituído pelo contato telefônico de uma pessoa da SNHU no prazo de 10 minutos após a consulta. No competitivo universo da aprendizagem on-line, a primeira instituição de aprendizagem on-line que de fato atrai o potencial aluno tem mais chance de fechar a venda. Portanto, em vez de um acompanhamento superficial, o telefonema propriamente dito, afirma LeBlanc,*

foi considerado uma oportunidade fundamental para remover obstáculos. "É possível descobrir e trazer à tona várias questões relacionadas à ansiedade", ressalta ele, "e é isso o que esses telefonemas fazem por meio de um orientador psicológico bem preparado, com todas as informações que necessita à mão [para ajudar o aluno a superar quaisquer obstáculos que estiver enfrentando]. Esses telefonemas podem durar de uma hora a uma hora e meia. Ao final da chamada, o aluno se sente mobilizado e envolvido. E sabemos que assim se torna mais propenso a se matricular."

2. **Que obstáculos precisam ser removidos?** *As decisões sobre o programa de assistência financeira do potencial aluno e sobre as disciplinas acadêmicas anteriores a serem consideradas para obter um diploma na SNHU passaram a ser resolvidas no prazo de dias* – em vez de semanas ou mesmo meses.

3. **Quais são as dimensões sociais, emocionais e funcionais?** *Os anúncios da universidade para o programa* on-line *foram completamente reorientados para concentrar-se em como seria possível fazer o trabalho desejado por alunos em idade avançada.* Os anúncios eram direcionados para encontrar ressonância não apenas junto às dimensões funcionais do trabalho, como para obter a formação necessária para progredir profissionalmente, mas também junto às dimensões emocionais e sociais, como a satisfação de atingir uma meta ou cumprir um compromisso com uma pessoa querida. Um anúncio apresentava um ônibus de grande porte da SNHU percorrendo o país e distribuindo diplomas grandes emoldurados para os alunos *on-line* que não podiam estar no *campus* para a colação. "Para quem você obteve esse diploma?", pergunta o locutor em *off*, enquanto o comercial mostra a imagem dos formandos entusiasmados no ambiente doméstico. "Para mim", afirma uma mulher, abraçando seu diploma. "Fiz isso por minha mãe", diz radiante um homem de trinta e poucos anos de idade. "Fiz isso por você, filho", relata um pai, tentando conter as lágrimas, enquanto seu filhinho diz com a voz estridente: "Parabéns, papai!"

Mais do que isso: a SNHU percebeu que matricular os potenciais alunos em um primeiro curso era apenas o começo. Para realmente fazer o trabalho para o qual esses candidatos estavam contratando a educação continuada, a universidade precisava oferecer condições para que eles alcançassem suas metas pessoais. A SNHU atribui a cada novo aluno *on-line* um tutor pessoal, que mantém contato constante – e dá sinais de alerta antes mesmo que os próprios alunos percebam – a fim de ajudá-los a continuar obtendo o progresso que desejam. Já é quinta-feira e a tarefa da semana não foi entregue? O tutor entrará em contato com o aluno. Não se saiu bem no teste do módulo? O aluno pode contar com o telefonema do tutor para entender não apenas o que está acontecendo com a aula, mas também o que está ocorrendo na vida do aluno. Está tendo problemas com o notebook? O tutor pode simplesmente enviar outro novo.

O crescimento descomunal da SNHU indica que LeBlanc e seus colegas conhecem profundamente o trabalho a ser feito. Existem hoje 1.200 funcionários no College of Online and Continuing Education (COCE), nas instalações da antiga fábrica em Manchester, e mais de 75 mil alunos em mais de 36 estados e países ao redor do mundo. "Houve momentos em que quase desbancamos a máquina, estávamos crescendo muito mais do que nossos sistemas", lembra-se LeBlanc. Quando o crescimento se deu com essa rapidez, a universidade diminuiu suas iniciativas de recrutamento até poder reforçar o suporte e os sistemas internos. LeBlanc sabe que, se a SNHU não fizer o trabalho, os alunos não hesitarão em dispensá-la e em procurar quem faça melhor.

Hoje, a universidade tem um superávit de 10%, o que, por sua vez, permitiu investimentos consideráveis em infraestrutura, condições de trabalho reconhecidas para seus funcionários e uma mensalidade baixa para os alunos (aliás, para os alunos *on-line*, nos últimos quatro anos não houve aumento na mensalidade). Além disso, possibilitou que o investimento contínuo em inovação, como o programa baseado em competências de US$ 2.500 por ano. Nele os alunos podem alcançar um diploma se demonstrarem competência em temas variados, em vez de ficarem horas conectados às aulas ou cumprirem o número correto de disciplinas obrigatórias. Em uma palestra em 2013, na Universidade de Buffalo, o então presidente Barack Obama fez questão de dar destaque à SHNU por criar programas que oferecem aos alunos opções financeiramente acessíveis em cursos de pós-graduação.

LeBlanc e sua equipe teriam se deparado com uma solução melhor para crescer *on-line* se não tivessem feito as devidas perguntas a respeito do trabalho a ser feito? LeBlanc acredita que não. "Foi o jeito de começar a falar sobre isso em nossa equipe de liderança e mais extensamente no *campus*", afirma ele. "Foi uma heurística realmente útil para examinar o que tínhamos que fazer."

Profundidade e amplitude da aplicação

Na última década, trabalhamos intimamente com várias empresas para oferecer esclarecimentos úteis sobre como a teoria do trabalho a ser feito ajudou a transformar a inovação. Como a teoria dos trabalhos revela o motivo pelo qual os consumidores escolhem o que eles escolhem, ela é útil em uma variedade de setores e organizações – dos produtos de consumo mais simples a complexas soluções *business to business*. Em todo caso, a revelação da razão das escolhas dos clientes permite que as organizações criem as soluções que serão contratadas. Optamos por destacar apenas alguns aqui – e no restante do livro –, para evidenciar a amplitude da aplicabilidade dos trabalhos a serem feitos.

Por exemplo, nada soa menos inovador do que uma empresa de queijos que lança mais um tipo de queijo. No entanto, a Sargento obteve US$ 50 milhões em seu primeiro ano com suas fatias ultrafinas pré-embaladas, o que motivou um enorme crescimento na categoria, superior a US$150 milhões, no segundo ano. Por que esse produto cresceu, enquanto a ampla maioria dos outros 3,4 mil produtos de consumo lançados no mesmo ano nem sequer sobreviveram aos seus primeiros 12 meses no mercado? O queijo fatiado ultrafino da Sargento era uma solução para um trabalho com o qual os consumidores estavam se esforçando: *"Como posso curtir plenamente a deliciosa experiência de comer queijo no meu sanduíche diário, que eu adoro, sem as calorias, a gordura e a culpa decorrente?"* A teoria dos trabalhos, explica Rod Hogan, vice-presidente de desenvolvimento de novos negócios da Sargento, "nos força a definir o produto no contexto de uma dificuldade extremamente específica enfrentada pelo consumidor. E isso não é fácil nem natural para a maioria das organizações de grande porte".

Em seu relatório anual Breakthrough Innovation Report, de 2012–2016, a Nielsen acompanhou mais de 20 mil novos lançamentos de produto e identificou que somente 92 venderam mais de US$ 50 milhões no primeiro ano e mantiveram as vendas no segundo ano (excluindo as extensões de linha próximas). À primeira vista, a lista dos vencedores em inovações de ruptura pode parecer aleatória – International Delight Iced Coffee, Reese's Minis da Hershey's e Tidy Cats Lightweight, entre muitos outros –, mas eles têm algo em comum: todos acertaram em cheio ao focar um trabalho a ser feito que era desempenhado de maneira deficiente.

Trabalhos no universo B2B

Na outra extremidade do espectro de complexidade encontra-se a Franklin-Covey. Resultado da fusão de 1997 entre a Franklin Quest e o Centro de Liderança Covey (Covey Leadership Center) – este último fundado por Stephen R. Covey, famoso autor de *Os 7 Hábitos das Pessoas Altamente Eficazes*) –, durante anos a empresa vinha se esforçando para obter uma posição segura. A receita atingiu um pico de US$ 589 milhões em 2000, mas por volta de 2009 – após a venda de alguns negócios (como seu famoso Franklin Planner e outros negócios a ele relacionados), de uma operação de simplificação, de demissões e de um novo enfoque –, caiu para US$ 130 milhões. A empresa havia conseguido se manter em pé durante alguns anos bem difíceis, mas naquele momento tinha intenção de acelerar seu crescimento.

No decorrer de três anos, Bob Whitman, ex-presidente do conselho da empresa que havia assumido o cargo de diretor executivo, visitou pessoalmente em torno de 400 clientes, entre existentes e potenciais, para a linha de produtos de treinamento B2B (*business to business*) da empresa. Em sua visita ao oitavo cliente, houve um clique – algo ficou claro. Ele estava se reunindo com o diretor executivo de aprendizagem de uma empresa listada na *Fortune* 500 que havia usado o conteúdo da FranklinCovey para treinar 350 funcionários para melhorar sua eficiência pessoal e profissional. Entretanto, essa empresa tinha *35 mil* funcionários que provavelmente também poderiam ter sido beneficiados pelas opções de treinamento vendidas pela FranklinCovey. "Por que somente 350 pessoas foram treinadas até agora?" Perguntou Whitman. O diretor executivo de aprendizagem explicou que havia comprado o material de treinamento da FranklinCovey para ajudar a criar uma mentalidade e recursos que eram fundamentais para a cultura da empresa. Mas havia muitos produtos que poderiam tê-lo ajudado a realizar isso.

Os profissionais de recursos humanos precisavam de uma variedade de opções – como o teste e análise de Myers-Briggs, treinamento em resolução de conflitos, delegação, gestão de conversas difíceis, gerenciamento de projetos etc. – para implementação dentro da organização. Na época, as opções oferecidas pela FranklinCovey eram apenas umas das várias alternativas que o pessoal de RH poderia utilizar. Tal como a FranklinCovey aprendeu a duras penas, os orçamentos para aprendizagem e desenvolvimento são cortados quando os tempos ficam difíceis. Não havia um potencial ilimitado para a FranklinCovey criar outros produtos novos e diferentes que fizessem mais ou menos as mesmas coisas que todas as demais opções já disponíveis no mercado.

Mas Whitman investigou mais a fundo: para que o diretor executivo de aprendizagem estava de fato contratando os produtos fornecidos pela FranklinCovey e por outras empresas? Usando uma estrutura de trabalhos na discussão, afirma Whitman, foi possível desvelar um quadro bem mais complexo – um quadro que apontava nitidamente para um trabalho ainda não atendido. Embora a equipe do diretor de aprendizagem adorasse os produtos da FranklinCovey para aprendizagem e desenvolvimento, ainda não estava claro para os clientes internos – líderes dentro da empresa – como esses produtos os ajudavam nas suas prioridades: promover a lealdade do cliente e possibilitar o crescimento.

Em suas demais visitas aos clientes, Whitman constatou que estava ouvindo a mesma coisa repetidamente: para as pessoas que *compravam* os produtos da FranklinCovey, o maior desafio de todos era fazer com que os gerentes de linha e outras pessoas influentes dentro da empresa reconhecessem que o que eles haviam feito em aprendizagem e desenvolvimento era mais do que essencial. Eles queriam ser vistos como membros vitais que estavam contribuindo para as metas de longo prazo da empresa. No entanto, nem sempre havia sido possível correlacionar o trabalho que eles estavam fazendo com algo que os líderes de negócio reconhecessem como um fator que os ajudava a concretizar seus objetivos. Esses profissionais de RH e de aprendizagem desejavam que seu trabalho tivesse importância – *e que essa importância fosse reconhecida* – na implementação das prioridades da empresa.

Essa constatação resultou em vários anos de análise, reconsideração e reposicionamento das opções oferecidas pela FranklinCovey em torno dos principais trabalhos que seus clientes precisavam. "Isso foi fundamental para a nossa forma de pensar", revela Whitman. A FranklinCovey costumava vender cursos, em geral para o diretor executivo de recursos humanos ou de aprendizagem. A equipe de vendas da FranklinCovey preocupava-se em identificar e vender cursos que um cliente poderia precisar ao longo de um ano qualquer. Havia um problema com essa abordagem. Se o diretor executivo anunciasse um conjunto de prioridades e metas que não correspondessem a esses cursos, eles não seriam contratados. Diante disso, a FranklinCovey alterou sua abordagem: em vez de vender cursos, a empresa agora vende assinaturas de acesso praticamente ilimitado a todos os cursos e conteúdo. Além disso, esse conteúdo pode ser transformado em cursos, pequenos módulos de aprendizagem e aulas para objetivos específicos que um líder possa desejar para uma reunião de equipe etc., e pode ser usado em uma variedade de modalidades de transmissão. Dessa maneira, o diretor executivo de aprendizagem tem acesso a qualquer ferramenta de que precisa, em qualquer circunstância que possa surgir. *"Esta é nossa coleção completa! Como podemos ajudar você a resolver qualquer trabalho que possa surgir em sua vida este ano?"*

Além disso, a FranklinCovey vende experiências e *processos* completos com o objetivo de satisfazer determinado trabalho a ser feito. Nos níveis mais altos, as opções oferecidas são agrupadas em torno de diversas categorias de trabalho – por exemplo, liderança, execução, lealdade do cliente, desempenho de vendas –, mas abaixo de cada uma dessas categorias encontram-se opções direcionadas a trabalhos específicos, que são medidos em resultados comerciais.

Por exemplo, depois de contratada por uma importante empresa de equipamentos de tecnologia da informação para ajudar a melhorar as vendas, a FranklinCovey criou um produto que incluía não apenas treinamento, mas também encaminhar um orientador em tempo integral para a sede da empresa do cliente com a finalidade de garantir que as melhorias de processo fossem respeitadas em todos os negócios com perspectivas de venda acima de US$ 500 milhões. "Uma empresa não obtém muitas oportunidades com contratos desse tamanho", afirma Whitman. "Por isso, a responsabilidade pelos resultados é nossa. Nossa entrega é na verdade um processo, e não um produto." Uma entrega com retorno sobre o investimento (ROI) mensurável.

Que significado teve para a FranklinCovey a inovação em torno de trabalhos? Entre outras mudanças fundamentais de perspectiva, essa abordagem está transformando o cenário competitivo. A questão não se resume mais a simplesmente competir com outras empresas que fornecem conteúdo de treinamento de classe mundial. Trata-se de competir em seu próprio campo.

"Tentamos nos posicionar em torno de trabalhos que não têm concorrentes", ressalta Whitman. Quando uma empresa está procurando mudar sua estratégia, normalmente esse trabalho é realizado por uma empresa de consultoria convencional. Contudo, quando as empresas desejam assessoria para implantar essa estratégia, contratar grande número de pessoas para executar melhor ou mais sistematicamente alguma coisa a fim de implantar com êxito uma nova estratégia ou concretizar uma meta de negócio específica, como vendas multimilionárias de complexidade crescente, a FranklinCovey tem poucos concorrentes.

Na verdade, ressalta Whitman, as empresas de consultoria tradicionais tornaram-se uma fonte de trabalho para eles – a FranklinCovey é chamada para ajudar a compreender claramente uma nova estratégia. Tal como ainda examinaremos neste livro, obtém-se vantagem competitiva não apenas conhecendo os trabalhos dos clientes, mas criando as experiências que eles procuram ao comprar e ao usar um produto ou serviço – e, fundamentalmente, desenvolvendo processos internos para assegurar que essas experiências sejam sempre oferecidas de maneira confiável ao cliente. É exatamente isso que os concorrentes têm dificuldade de copiar.

E isso significa que o potencial de crescimento é bem superior ao que era quando a FranklinCovey estava concorrendo apenas com outros fornecedores de produtos de treinamento. Em 2015, a receita da FranklinCovey atingiu US$ 220 milhões, uma taxa de crescimento anual composta de 9,2% nos seis meses anteriores.

Metade dos recursos pelo dobro do preço

Scott Cook, cofundador da Intuit, foi um dos primeiros a adotar a teoria dos trabalhos – e seu trabalho ajudou a definir e a moldar essa teoria. Na Intuit, ele se refere à "melhoria na vida do cliente mais importante ao escolher um produto". Contudo, concordamos que estamos falando da mesma coisa:

o progresso que o cliente procura em circunstâncias específicas. Eu e ele acabamos sendo coautores do primeiro artigo de apresentação da teoria do trabalho a ser feito na *Harvard Business Review*[2] (junto com Taddy Hall, um dos coautores deste livro). Essa teoria ajudou a Intuit a lançar o QuickBooks, *software* contábil extremamente bem-sucedido para o mercado de pequenas empresas – e desde então orientou a estratégia de inovação da empresa.

Curiosamente, Cook afirma que ele quase deixou escapar o *insight* que deu origem ao QuickBooks – um produto que se tornou fundamental para o crescimento de longo prazo da Intuit em relação ao seu produto original –, porque ele não estava concentrado na coisa certa. Durante anos, os clientes do segmento de pequenas empresas usaram o *software* financeiro *pessoal* da Intuit, o Quicken, para improvisar o controle das uma pequena empresa – uma manobra que não fazia absolutamente nenhum sentido. O Quicken não permitia que esses clientes realizassem várias coisas que outros *software* empresariais bem-sucedidos no mercado permitiam, como controle de diário, livro-razão, lançamentos, fechamentos, débitos e créditos, e também não permitia que eles o fizessem na linguagem reconhecida pelos contadores. Por que esse pessoal estava usando o Quicken se existia um *software* contábil mais sofisticado que podia ser facilmente obtido?

Ocorre que a última coisa que essas pessoas queriam era um *software* contábil. Elas só queriam ter certeza de que essa mecânica financeira estava funcionando eficientemente – se as faturas estavam sendo enviadas, as contas estavam sendo cobradas e pagas. O progresso que elas desejavam obter estava mais relacionado com o que elas *não* queriam fazer do que com o que elas faziam.

O que Cook e sua equipe identificaram foi a diferença entre uma tarefa (registrar um débito no livro-razão) e uma dificuldade real – em *circunstâncias específicas*. Esses empresários não precisavam conhecer as complexidades dos padrões contábeis aceitos. "Os 'cidadãos comuns' não conhecem essas coisas", lembra Cook. Eles simplesmente queriam fazer o dinheiro entrar e sair da empresa da maneira mais eficiente possível. "E nós fazíamos todos os truques nos bastidores", explica ele. Portanto, quando o proprietário de uma pequena empresa desejava pagar uma conta, ele via uma marca de seleção na tela e não precisava lidar com linguagens contábeis confusas e inconvenientes. "Se ele quisesse ver quais clientes estavam pagando com atraso, fazíamos isso rápido e facilmente."

Ficou claro que os concorrentes da Intuit nesse trabalho a ser feito não eram os outros *software* contábeis sofisticados que já se encontravam no mercado, mas, na verdade, a decisão de contratar outra pessoa apenas para realizar a escrituração contábil, fazer hora extra no escritório somente para preencher a papelada e descobrir como elaborar e usar um dos *software* genéricos de planilha disponíveis, ou mesmo uma caixa de sapato, na qual todos os recibos eram guardados na expectativa de realmente serem conciliados de forma apropriada. Portanto, o tamanho do mercado em potencial não podia nem mesmo ser estimado com precisão com base nas vendas atuais do *software* concorrente. A Intuit estava agarrando a oportunidade para atender às pessoas que ainda não haviam encontrado nenhuma solução satisfatória – um mercado com potencial significativamente maior.

Para os observadores externos, o QuickBooks talvez parecesse um sucesso improvável. Afinal de contas, o produto oferecia *metade* dos recursos dos *software* mais sofisticados pelo *dobro* do preço. Entretanto, o QuickBooks rapidamente se tornou – e assim permaneceu – o líder global em *software* contábil *on-line*. Os concorrentes estavam preocupados em produzir o melhor *software contábil* possível. Cook e sua equipe se concentraram no trabalho que os clientes estavam tentando realizar.

Para ter uma visão clara dos trabalhos dos clientes, a organização nunca deve ultrapassar o que esses clientes estão de fato dispostos a pagar. Ao contrário, acreditamos que, quando os clientes encontram o produto correto para atender ao trabalho que eles têm em mãos, normalmente estão dispostos a pagar *mais* – o que demonstraremos ao longo deste livro. Os US$ 4 bilhões em receita e os US$ 25 bilhões em capitalização de mercado da Intuit evidenciam que Cook e sua equipe têm consciência disso. "Tudo o que fazemos é nos preocuparmos em solucionar a dificuldade que o cliente está enfrentando", afirma Cook. "Isso é tudo o que fazemos e a única coisa que fazemos."

"Nós te *entendemos*"

A Intuit até pode ter topado por acaso com a teoria do trabalho a ser feito, mas a descoberta inicial de um trabalho não precisa ser acidental nem aleatória. Com um conhecimento aprofundado dessa teoria, as organizações têm possibilidade de mudar fundamentalmente sua maneira de inovar e crescer. Muitas inovações lançadas com grande expectativa e alarde fracassam porque se preocupam em melhorar o produto em dimensões irrelevantes para o trabalho real a ser feito para o consumidor, desperdiçando enormes recursos no processo. Isso ocorre porque as melhorias nessas dimensões não *motivam* o cliente a adotar o produto. Um produto desenvolvido especificamente para atender a um trabalho bem definido permite que você se coloque na pele do cliente e veja o mundo através dos seus olhos. Esse produto diz ao cliente, "Nós *entendemos* você".

Contudo, tal como examinaremos ao longo deste livro, desvelar um trabalho resolvido insatisfatoriamente é apenas o primeiro passo. As organizações devem desenvolver o conjunto correto de experiências com relação a como os clientes encontram, compram e usam seus produtos ou serviços – e integrar todos os processos correspondentes a fim de assegurar que essas experiências sejam fornecidas de maneira consistente. Quando estamos resolvendo o problema de um cliente, os produtos tornam-se basicamente *serviços*. Não importa o conjunto de atributos do produto que amarramos, mas as *experiências* que possibilitamos que ajudem nossos clientes a alcançar o progresso que eles desejam.

Acreditamos que o raciocínio presente neste livro tem potencial não somente para mudar os índices de sucesso da inovação, mas também para transformar as próprias empresas. Mas primeiramente os executivos precisam mudar o que eles acreditam ser possível. Durante um tempo demasiadamente extenso, as empresas acreditaram que o sucesso da inovação é pura e simplesmente aleatório, e por isso nos permitimos índices de insucesso que não toleraríamos em nenhum outro aspecto dos negócios. A inovação não precisa ser a menos bem-sucedida das coisas que as empresas fazem.

PONTOS-CHAVE DO CAPÍTULO

- As organizações que não têm clareza sobre os trabalhos reais para os quais seus clientes as contratam caem na armadilha de fornecer soluções indiferenciadas que acabam não satisfazendo ninguém.
- Conhecer a fundo os trabalhos abre novas possibilidades de crescimento e inovação, porque dessa forma focamos diferentes segmentos "baseados em trabalho" – entre os quais se incluem os grupos de "não consumidores" para os quais não existe no momento uma solução acei-

tável. Eles preferem não contratar a contratar algo que realize insatisfatoriamente o trabalho. O não consumo pode ser uma grande oportunidade.

- Quando você enxerga seus clientes através das lentes do trabalho, a concorrência real à sua frente, que normalmente engloba bem mais do que seus concorrentes tradicionais, se torna nítida.

PERGUNTAS PARA OS LÍDERES

- Para quais trabalhos *seus* clientes estão contratando seus produtos e serviços?
- Existe algum segmento com trabalho distinto ao qual você esteja atendendo inadequadamente com uma solução indiferenciada?
- Seus produtos – ou concorrentes – estão ultrapassando o que os clientes estão realmente dispostos a pagar por eles?
- Quais experiências os clientes procuram para progredir – e quais obstáculos devem ser eliminados para que eles sejam bem-sucedidos?
- O que seu conhecimento a respeito dos trabalhos que seus clientes necessitam revela acerca da concorrência *real* que você está enfrentando?

NOTAS

1. Integrei o conselho de administração da SNHU no passado e desde 2004 faço parte do conselho da FranklinCovey.
2. Christensen, Clayton M., Scott Cook & Taddy Hall. "Marketing Malpractice: The Cause and the Cure." *Harvard Business Review*, dezembro de 2005. <https://hbr.org/2005/12/marketing-malpracticethe-cause-and-the-cure>.

SEÇÃO II
O TRABALHO DIFÍCIL – E AS COMPENSAÇÕES – NA APLICAÇÃO DA TEORIA DOS TRABALHOS

Entrei pensando que estivéssemos no segmento de construção de casas novas. Mas percebi que na verdade estávamos no ramo de mudança de vida.

– BOB MOESTA

CAPÍTULO 4

Em busca de trabalho

A GRANDE IDEIA

Onde estarão então todos esses trabalhos à espera de serem descobertos – e como podemos encontrá-los? A solução não reside nas ferramentas usadas, mas no que estamos procurando e no modo como reunimos nossas observações. Se conseguirmos identificar barreiras ao progresso ou experiências frustrantes, estaremos diante de indícios de uma oportunidade de inovação. Oferecemos aqui uma amostragem de métodos para descobrir trabalhos: enxergar trabalhos em sua própria vida, encontrar oportunidades no "não consumo", identificar soluções provisórias, passar a prestar atenção às coisas que você não deseja fazer e identificar usos incomuns para os produtos. A inovação tem menos a ver com a produção de algo novo e mais a ver com a possibilidade de tornar factível algo novo e importante para os clientes. Veja como a procura de trabalho funciona.

Há uma década, Bob Moesta recebeu a incumbência de ajudar a aumentar a venda de novos apartamentos e residências para uma empresa de construção de porte médio de Detroit, em um mercado cada vez mais difícil.

O segmento-alvo dessa empresa eram pessoas que estavam procurando moradias menores – aposentados que queriam mudar da casa em que haviam criado a família e pessoas divorciadas vivendo sozinhas. As unidades construídas tinham um preço atraente para o segmento – de US$ 120.000 a US$ 200.000 – e toques sofisticados para passar uma sensação de luxo. Pisos que "não rangem". Porões triplamente impermeabilizados com a manta da marca Tyvek. Balcões de granito e peças de aço inoxidável. Os compradores podiam personalizar todos os detalhes imagináveis – dos puxadores dos armários aos ladrilhos do banheiro; a empresa oferecia uma lista de itens de 30 páginas com as opções possíveis. Havia uma boa equipe de vendas disponível seis dias da semana para qualquer possível comprador que passasse pela porta. Uma generosa campanha publicitária foi veiculada com destaque nos cadernos de imóveis de domingo.

Embora houvesse uma boa visitação às unidades, poucas acabavam se convertendo em venda. Não seria melhor usar *bay windows*? Acrescentar outros apetrechos? Para os participantes dos grupos focais, todas essas coisas pareciam bacanas. Por isso, o arquiteto correu para adicionar as janelas em algumas das unidades em exposição. Mas as vendas não melhoraram. A empresa firmou o pé a fim de encontrar uma solução para mudar sua trajetória. O mercado imobiliário da área de Detroit começou a enfrentar dificuldades bem antes de várias outras regiões do país sentirem o aperto. Com o setor automobilístico demitindo em massa há décadas, a taxa de desemprego de Detroit em meados da década de 2000 estava entre as piores do país – quase três vezes superior à média nacional. Além disso, diante do investimento na construção de residências novas em 14 locais diferentes, em um mercado difícil, a empresa precisava fechar vendas rapidamente.

Embora a empresa tivesse feito uma análise de custo-benefício de todos os detalhes presentes em cada unidade, tinha apenas uma ideia bastante vaga quanto à diferença entre atrair uma pessoa que fica apenas dando chutes nos pneus e um comprador autêntico. Era fácil especular sobre os inúmeros motivos do nível insatisfatório de vendas: clima ruim, subdesempenho da equipe de vendas, recessão iminente, arrefecimento no período de festas de fim de ano, produtos ou serviços concorrentes e a localização dos condomínios. Eles já tinham pensado no que acrescentar aos condomínios para torná-los mais atraentes para os compradores, e isso não estava funcionando.

Mas Moesta adotou uma abordagem diferente: ele se preparou para identificar o trabalho para o qual os condomínios eram contratados pelas pessoas que já haviam comprado uma unidade. "Pedi para que as pessoas esboçassem um cronograma que evidenciasse como haviam chegado até ali", lembra-se ele. O primeiro fator que ele identificou, ao compilar os padrões presentes em suas inúmeras entrevistas, foi o que *não* conseguiria explicar quem era mais propenso a comprar. Não havia um perfil demográfico claro ou mesmo psicográfico dos compradores, embora eles pudessem ser agrupados no segmento de pessoas à procura de moradias menores. Não havia um conjunto definido de atributos nas residências novas que os compradores valorizassem tanto a ponto de influenciar suas decisões. Aliás, esses atributos na verdade apresentavam um obstáculo: era muito complexo especificar cada um dos detalhes das novas residências.

Entretanto, uma pista incomum apareceu nessas conversas: a mesa da sala de jantar. Embora os potenciais clientes que visitaram as unidades por várias vezes tivessem dito à empresa que desejavam uma grande sala de estar, um quarto de hóspedes espaçoso e um balcão de café da manhã para tornar a convivência alegre, fácil e espontânea, eles não sabiam ao certo o que fazer com a mesa da sala de jantar que já possuíam. "Eles sempre diziam: 'Assim que eu conseguir ter uma ideia do que fazer com minha mesa de jantar, poderei me mudar'". Moesta e seus colegas não conseguiam entender muito bem por que a mesa de jantar era tão importante. Na maioria dos casos, o móvel ao qual as pessoas se referiam já era muito usado e ultrapassado e podia ser doado a uma instituição beneficente – ou descartado em algum aterro local.

Contudo, ao se sentar à mesa de jantar com a família no Natal, Moesta de repente entendeu. Todos os aniversários eram comemorados em torno daquela mesa. Todo Natal. As lições de casa ficavam espalhadas pela mesa. As crianças já haviam brincado de cabana embaixo dela. Até mesmo os defeitos e os arranhões tinham uma história. A mesa representava a família. A vida que eles haviam construído em torno dela. "Para mim, foi um momento de grande surpresa", lembra-se ele. "Percebi que isso era muito importante."

O que estava impedindo os compradores de tomarem a decisão de se mudar não tinha a ver com algo que a empresa de construção não havia conseguido oferecer, mas com a ansiedade decorrente de ser obrigado a se desfazer de algo que tinha um significado profundo. Uma entrevistada disse ter precisado de vários dias – e várias caixas de toalha de papel – para limpar um único armário em sua casa na preparação de sua mudança. Toda decisão sobre se havia espaço suficiente para guardar nesse novo local era emocional. Fotos antigas. Trabalhos artísticos dos filhos na escola elementar. Álbuns de recortes. "Ela estava refletindo sobre sua vida", afirma Moesta. "Toda escolha era um descarte da memória."

Essa constatação ajudou Moesta e sua equipe a começar a compreender o conflito que esses compradores estavam enfrentando. "Continuei acreditando que estávamos no segmento de construção de casas novas", lembra-se Moesta. "Mas percebi que na verdade estávamos no ramo de mudança de vida."

Com essa percepção do trabalho a ser feito, dezenas de mudanças, pequenas, mas importantes, foram feitas. Por exemplo, o arquiteto conseguiu criar um espaço nas unidades para uma sala de jantar clássica reduzindo em 20% o tamanho do segundo quarto. Além disso, a empresa preocupou-se em ajudar os compradores a lidar com a ansiedade da mudança, oferecendo, por exemplo, serviços de mudança, dois anos de armazenamento em guarda-móveis e um espaço na sala de triagem de suas instalações para que os novos proprietários pudessem decidir o que deveria ser mantido ou descartado, sem a pressão da mudança iminente. Em vez de 30 páginas de opções personalizadas, o que impressionava os compradores, a empresa passou a oferecer três variações de unidades acabadas – e isso reduziu rapidamente o número de contratos cancelados por "medo", de cinco a seis para um por mês. E assim por diante.

Tudo era concebido para sinalizar aos compradores: nós te entendemos. Entendemos o progresso que você está tentando e a dificuldade para chegar lá. Saber qual era o trabalho ajudou a empresa a chegar ao *mecanismo causal*, ao motivo pelo qual seus clientes provavelmente introduziriam essa solução na vida deles. Era algo complexo, mas não complicado. Isso, por sua vez, permitiu que a empresa de construção de residências diferenciasse seus produtos e serviços de uma maneira que os concorrentes não tendiam a copiar – ou mesmo compreender. Essa perspectiva de trabalho mudou tudo. Na realidade, a empresa aplicou um *acréscimo* de US$ 3.500 (lucrativamente), o que abrangia os custos de mudança e armazenamento.

Em 2007, quando as vendas do setor haviam apresentado uma queda de 49% e o mercado de modo geral estava caindo, os incorporadores obtiveram um crescimento de 25%.

A teoria dos trabalhos constitui uma ferramenta de integração – uma forma de dar sentido a um complexo amálgama de necessidades que estão determinando as escolhas dos consumidores em circunstâncias específicas. Essa teoria fornece as informações necessárias, em que sentido elas estão inter-relacionadas e como elas podem ser utilizadas para criar soluções que acertem em cheio no trabalho. A teoria dos trabalhos é eficaz porque permite concentrar na complexidade *correta*, decompô-la nos elementos que precisamos compreender para que a inovação tenha êxito. É a diferença entre ter uma história completa e abrangente e ter alguns quadros dispersos do filme, selecionados aleatoriamente como destaques. A teoria do trabalho a ser feito conta a história completa.

Onde estão os trabalhos?

Onde estarão, então, todos esses trabalhos, à espera de serem descobertos?

A seguir apresentamos algumas orientações àqueles que pretendem se tornar "caçadores de trabalho", compartilhando algumas das constatações e abordagens que descobrimos serem úteis ao longo dos nossos vários anos de trabalho com as empresas em desafios de inovação reais. Não pretendemos ser abrangentes nem oferecer um guia passo a passo. Aliás, como veremos ao longo deste livro, não acreditamos que haja apenas *um* método correto para identificar um trabalho a ser feito. Optamos por incluir aqui algumas ideias que podem oferecer um ponto de vista diferente, através das lentes dos trabalhos a serem feitos. Tal como Jeff Bezos, fundador da Amazon, gosta de citar: "A perspectiva vale 80 pontos no teste de QI".

Alguns dos avanços científicos mais significativos ocorrem logo depois que alguém com um novo olhar propõe uma ruptura ao observar um mesmo fenômeno acompanhado durante anos e anos com os mesmos instrumentos por algumas mentes brilhantes. Thomas Kuhn, influente filósofo e historiador científico, investiga esse fenômeno em *The Structure of Scientific Revolutions* (*A Estrutura das Revoluções Científicas*). Esses momentos de ruptura, conclui Kuhn, representam uma "mudança de paradigma" em que "os cientistas veem coisas novas e diferentes quando, empregando instrumentos familiares, olham para os mesmos pontos já examinados anteriormente".

O mesmo se aplica à descoberta de trabalhos: o problema não reside nos instrumentos que estamos usando, mas no que estamos procurando e na forma como associamos nossas observações. A análise de trabalhos não requer que abandonemos os dados e as pesquisas que já compilamos. *Personas*, pesquisas etnográficas, grupos focais, painéis de clientes, análise da concorrência etc., todos eles são pontos de partida perfeitamente válidos para trazer à tona constatações importantes – se você estiver olhando através das lentes corretas.

Lembra-se do exercício de raciocínio de realização de um minidocumentário que analisamos no Capítulo 2? Estamos tentando capturar a história dos clientes nos momentos em que eles estão enfrentando um conflito ou desejando progredir. As lentes do trabalho a ser feito mudam o que você vê: as prioridades e as concessões que os clientes estão dispostos a fazer podem parecer completamente diferentes, o cenário competitivo dá lugar a um elenco de personagens surpreendente e as oportunidades de crescimento surgem em lugares onde não parecia haver alguma. Os trabalhos estão todos ao nosso redor, mas é bom saber para onde devemos olhar e saber interpretar o que encontramos. Precisamos ter uma estratégia de procura de trabalho.

Apresentamos aqui cinco métodos para descobrir trabalhos que podem parecer adequados ao nos depararmos com eles quando sabemos o que estamos procurando: enxergar trabalhos em sua própria vida, encontrar oportunidades no não consumo, identificar soluções provisórias, passar a prestar atenção às coisas que você *não* deseja fazer e identificar usos incomuns para os produtos. Veja como isso funciona:

1. Encontrando um trabalho perto de casa

No contexto de um mundo obcecado por dados, talvez seja uma surpresa o fato de alguns dos inovadores mais brilhantes terem tido êxito com praticamente nada mais que sua intuição sobre o trabalho a ser feito para orientar suas tentativas. Akio Morita, fundador da Sony, na verdade alertou contra a pesquisa de mercado, recomendando que em vez disso deveríamos "observar com cuidado como as pessoas vivem, obter uma percepção intuitiva sobre o que elas podem vir a desejar e então seguir a corrente". O toca-fitas Walkman, inovação revolucionária da Sony, foi temporariamente adiado quando as pesquisas de mercado indicaram que os consumidores nunca comprariam um toca-fitas que não tivesse recurso de gravação e que o uso de fone de ouvido irritaria os usuários. Morita, entretanto, ignorou a advertência do departamento de marketing e, em vez diz disso, confiou em sua intuição. O Walkman foi levado adiante e foram vendidas mais de 330 milhões de unidades, dando origem a uma cultura mundial de dispositivos de música pessoais.

Ter consciência dos trabalhos em sua vida que ainda não foram resolvidos pode ser um solo fértil para a inovação. Basta olhar no espelho – sua vida é extremamente expressiva. Se algo é importante para você, é provável que o seja para os outros. Tome como exemplo os primeiros vídeos amadores de Sal Khan, fundador da Khan Academy, no YouTube para ajudar a ensinar matemática para sua prima adolescente. Esses vídeos não eram nem mesmo uma novidade – só no YouTube havia centenas de outros tutoriais de matemática *on-line*. A maior parte deles parecia de melhor qualidade. "Eles não usavam fone de ouvido USB como eu", lembra-se ele. "Minha versão era uma porcaria." Mas havia uma diferença fundamental. As outras aulas pareciam complicadas e pedantes. "Elas não se concentravam nas principais ideias conceituais – e sem dúvida não eram divertidas", afirma Sal Khan. Não era algo que sua prima pudesse ter dito a ele. "Ela tinha 12 anos. Não sei até que ponto ela era introvertida com relação ao processo", lembra-se ele. Para Nadia, prima de Khan, a forma como se ensinava matemática na sala de aula da escola em que estudava era estressante – assim como o eram a opção de receber assistência dos pais, que fariam o possível para ajudá-la a entender, ou de pedir reforço do professor. Mas, nos vídeos *on-line* para sua prima, os riscos eram baixos. Khan criou seus vídeos não somente para ensinar matemática para sua prima, mas para ajudá-lo a se manter conectado com a família e dividir sua paixão pela aprendizagem. Sua prima, entretanto, contratava seus vídeos para poder aprender conceitos matemáticos complexos de uma maneira que, na verdade, era divertida.[1]

A questão é que havia muitas pessoas que sentiam a mesma aflição que ela. Hoje, milhões de alunos ao redor do mundo aprendem em seu próprio ritmo por meio das aulas *on-line* da Khan Academy.

Uma das *start-ups* mais bem-sucedidas nos últimos anos originou-se do trabalho a ser feito do próprio fundador. Sheila Marcelo criou o Care.

com, serviço de "mediação" *on-line* de creche para crianças, idosos, animais de estimação etc., depois de ter lutado muito com suas próprias necessidades de creche infantil. Atualmente, essa instituição tem quase 10 milhões de membros em 16 países ao todo, e uma receita de aproximadamente US$ 60 milhões, menos de 10 anos após a fundação.

Se você estiver ansioso e começando a suar frio só de pensar que ainda não teve uma visão genial como esses empreendedores, não se preocupe. A boa notícia é que você não precisa se valer de sua inspiração pessoal para descobrir um trabalho que possa oferecer uma valiosa oportunidade de inovação para sua organização. É possível aprender muito apenas observando os clientes que você já tem – e ainda não tem. Mas você precisa saber o que está procurando.

2. Concorrendo com o nada

Você pode tomar conhecimento de um trabalho a ser feito com pessoas que estão contratando um produto ou serviço, ou com pessoas que *não estão* contratando. Referimo-nos ao "não consumo" – quando os consumidores não conseguem encontrar solução que realmente satisfaça o trabalho deles e optam por não fazer nada. É muito frequente as empresas pensarem onde capturar participação de mercado dos concorrentes, mas não onde é possível encontrar uma demanda não percebida. Elas podem nem *ver* isso porque os dados existentes não informam onde é possível encontrá-las. Entretanto, o não consumo normalmente representa as oportunidades mais férteis, tal como ocorreu com a Southern New Hampshire University.

Assim que uma empresa se livra dos grilhões da concorrência na categoria, o mercado para uma inovação de ruptura pode se tornar *bem* mais abrangente do que seria possível supor com base na magnitude do cenário competitivo considerado pela visão tradicional. Você não verá o não consumo se não estiver procurando por ele.

Chip Conley, diretor global de hospitalidade e estratégia do Airbnb, ressalta que 40% de seus "hóspedes" afirmam que não viajariam – nem se hospedariam com a família – se o Airbnb não existisse. E praticamente todos os "anfitriões" do Airbnb nunca considerariam a possibilidade de alugar um quarto vago ou mesmo sua casa. Com relação a esses clientes, o Airbnb está concorrendo com o nada.

A Kimberly-Clark já tinha uma imensa participação de mercado no segmento de produtos para incontinência quando percebeu que poderia haver uma oportunidade não vista. A linha de produtos Depend da Kimberly-Clark foi lançada na década de 1980, quando a empresa identificou a oportunidade de solucionar um problema difícil para os adultos que sofriam de incontinência, normalmente pessoas com alguma enfermidade ou idosas. Esse produto teve imenso sucesso em todos os aspectos. Contudo, havia ainda muitas pessoas que talvez preferissem se virar sem os produtos da linha Depend.

A empresa sempre tomou o cuidado de se referir a esses produtos como "roupa íntima", mas eles eram mais ou menos semelhantes à embalagem de fraldas para adulto. Eles vinham em embalagens de tamanho e formato similares aos das fraldas infantis e eram, pelo menos no começo, brancos, volumosos e, pior ainda, amassados. (O programa *Saturday Night Live* fez um esquete de humor que mostrava alguns adultos tentando persuadir os pais a usar roupas íntimas "Depend Legends" estampadas com o rosto de pessoas famosas.)

Com as lentes do trabalho a ser feito, a empresa constatou que ainda havia uma enorme oportunidade inexplorada. Aproximadamente 40% dos adultos com mais de 50 anos de idade sofrem de incontinência, de acordo com pesquisas da Kimberly-Clark, um número que deve aumentar com o envelhecimento populacional e a expectativa de vida mais longa. As pesquisas indicam que, embora uma em cada três mulheres acima de 18 anos sofra de algum problema de incontinência, somente uma pequena porcentagem delas usa algum produto para esse problema. Muitos consumidores preferem não fazer nada a entrar em uma loja e comprar uma embalagem de fraldas para adulto. "O estigma e a ansiedade impõem um enorme ônus à qualidade de vida das vítimas", explica Giuseppina Buonfantino, da Kimberly-Clark. Normalmente, as pessoas sofrem durante dois anos e só então acabam cedendo e comprando um produto para incontinência. No desespero, os consumidores recorrem a inúmeras soluções provisórias – por exemplo, uso de absorventes higiênicos femininos como medida paliativa. Ou, o que é pior, eles simplesmente se afastam do convívio social: não viajam, deixam de ir a restaurantes e espetáculos e param de passar o tempo com amigos e familiares. Havia claramente um trabalho a ser feito para essas pessoas que prefeririam ficar em casa a correr o risco de um constrangimento: ajudá-las a resgatar a sua vida.

Diante dessa constatação, afirma Buonfantino, a empresa procurou não apenas concentrar suas iniciativas na criação de um novo produto – Depend Silhouette Briefs para mulheres e Real Fit Briefs para homens –, mas também a eliminar o estigma e devolver às pessoas parte de sua dignidade para lidar com a questão. No topo dessa lista estava a necessidade de criar um produto que nem de longe parecesse ou passasse a sensação de uma fralda para adulto. Esse novo produto tinha de incentivar os clientes a superar sua ansiedade para comprar e vestir uma roupa íntima adulta.

Não se tratava simplesmente de uma questão de aparência ou de marketing. A empresa precisava criar matérias-primas e tecnologias completamente novas para fabricar algo com a aparência e a sensação de uma roupa íntima normal. A embalagem foi desenvolvida para que a compra fosse semelhante à de qualquer outra roupa íntima – com um espaço transparente para permitir que os clientes vissem que o produto em si de fato se parece com uma roupa íntima.

Depois de tentar entender o trabalho necessário, bem como os componentes emocionais essenciais, a empresa por fim marcou um golaço. Vencedor do Nielsen Breakthrough Innovation, em seu primeiro ano, o produto gerou US$ 60 milhões em vendas e crescimento de 30% no segundo ano –, sem prejudicar a participação de mercado dos produtos concorrentes. Isso motivou lançamentos internacionais subsequentes – todos em uma categoria já "madura".

A perspectiva da teoria dos trabalhos pode mudar tão significativamente nossa maneira de ver o mundo que oportunidades de crescimento novas e importantes surgem em lugares nas quais isso não parecia possível. Na verdade, se aparentemente não houver espaço para crescimento em um mercado, isso pode indicar que o trabalho não foi definido de forma adequada. Pode haver uma oportunidade de crescimento: inteiramente nova bem à sua frente.

3. Soluções provisórias e comportamentos compensatórios

Como inovador, distinguir os consumidores que estão tentando resolver um trabalho a ser feito associando soluções provisórias ou comportamentos compensatórios, do mesmo modo que a Kimberly-Clark fez com o Silhouettes, provavelmente fará seu coração bater um pouco mais depressa. Você conseguiu reconhecer clientes em potencial – clientes que estão tão descontentes com as soluções disponíveis para um trabalho que desejam profundamente resolver que farão o que estiver ao seu alcance para criar uma solução própria. Sempre que você observar um comportamento compensatório, preste muita atenção, porque é provável que seja um indício de que existe uma oportunidade de inovação esperando para ser explorada – uma oportunidade à qual os clientes dariam grande importância. Contudo, você nem mesmo verá essas anomalias – comportamentos compensatórios e soluções provisórias e improvisadas –, se não estiver *totalmente imerso no contexto do conflito dos clientes*.

Frustrado com o quanto os bancos haviam tornado a experiência de abrir uma conta poupança para um filho exageradamente difícil – e financeiramente punitiva –, um amigo meu fez um esforço extraordinário para criar um "Banco do Papai" simbólico para ajudar seus filhos a compreender o poder dos juros compostos. As mesadas e o dinheiro para gastos pessoais das crianças na realidade nunca foram depositados em um banco – os pais simplesmente os guardavam para os filhos –, mas todo mês o pai costumava creditar a mesada na conta e calcular e somar os juros acumulados, pagando uma taxa de juros razoável, diferentemente de um banco real.

Não é de surpreender que tantas pessoas tenham desistido totalmente de ter conta poupança. Durante décadas, os bancos tradicionais haviam deixado claro que o segmento de indivíduos com "patrimônio líquido pequeno" que queriam uma conta poupança simples era indesejável. Não eram lucrativos, segundo os modelos de negócio existentes dos bancos. Desse modo, os bancos fizeram de tudo para dissuadi-los: exigindo saldo mínimo e cobrando taxas e multas para todo serviço concebível. Os filhos desse meu amigo, com suas mesadas e os presentes que ganhavam da vovó e do vovô, não faziam parte do segmento que os bancos desejavam atrair. Entretanto, isso não significava que não houvesse uma valiosa oportunidade a ser explorada.

Surge então o ING Direct, que viu o mercado através de novas lentes.

Havia um trabalho a ser feito muito complexo, que tinha pouco a ver com a função de poupar dinheiro. No caso do meu amigo, ele desejava se sentir um bom pai ajudando os filhos a perceber a importância de poupar para cumprir metas definidas. O ING Direct eliminou os obstáculos. O serviço fornecido pelo ING é inacreditavelmente simples: esse banco oferece algumas contas poupança, alguns certificados de depósito e fundos mútuos. O ING não exige depósitos mínimos – você pode abrir uma conta com apenas 1 dólar, se desejar. É rápido, conveniente e mais seguro do que esconder notas de 10 e 20 no fundo da gaveta, deixá-las em cartões de aniversário e se esquecer delas – ou calcular as taxas de juros fora do comum no Banco do Papai.

O ING Direct precisava de uma estrutura de custos e de um modelo de negócio extremamente diferentes, se quisesse ter lucro. Porém, isso era bem fácil de fazer funcionar se compreendesse os trabalhos que os clientes estavam tentando realizar. Tudo no ING Direct estava relacionado a solucionar o trabalho a ser feito: pelo fato de ser um banco *on-line*, seus custos operacionais eram uma fração dos custos de seus concorrentes físicos. Além disso, não tinha custos indiretos referentes à contratação de especialistas para administração de patrimônio, empréstimos, serviços internacionais etc. Isso significava que a ênfase sobre a lucratividade e a eficiência partia de um ângulo completamente diferente – não dizia respeito à obrigação de arcar com os custos operacionais, mas à otimização, com o intuito de oferecer soluções para os trabalhos dos clientes.

O ING Direct rapidamente se tornou o banco de mais rápido crescimento nos Estados Unidos. Os bancos tradicionais devem ter todas as ferramentas para conquistar esse mercado, mas em vez disso eles se preocupam em segmentar os clientes, e não em conhecer os respectivos trabalhos a serem feitos. Em 2012, o ING Direct foi vendido para o Capital One por US$ 9 bilhões.

O OpenTable, serviço *on-line* e em tempo real de reserva de restaurantes, originou-se de uma solução provisória comum. Sempre detestei o fato de precisar arrumar um jeito para conseguir uma reserva em um restaurante. Quando temos a companhia de amigos na cidade, geralmente decidimos sair. Queremos levá-los ao nosso restaurante favorito. Todos checam a agenda e concordam. Você então telefona para o restaurante e constata que o restaurante está lotado no horário que combinou com os amigos. Você não poderia vir às 21h00? Você então precisa telefonar para seus amigos e ver se é possível. E então constata que um deles tem um problema – precisa de uma babá para tomar conta do filho. Muito bem, lá estamos nós de volta à estaca zero. Para que outro restaurante deveríamos ir? Não é de hoje que recorremos a essa saída para conseguir uma reserva em um restaurante, mas o OpenTable ofereceu uma solução para esse trabalho.

4. Procure identificar o que as pessoas *não* desejam fazer

Acho que tenho tantos trabalhos quanto aos quais *não* desejo tomar providências e quanto trabalhos que desejo fazer algo. Eu chamo os primeiros de "trabalhos negativos". De acordo com minha experiência, os trabalhos negativos normalmente representam as melhores oportunidades de inovação.

Que pai ou mãe não se identifica com esta dificuldade: seu filho acorda com dor de garganta. Com base em sua experiência, provavelmente é estreptococo. Você quer que seu filho se sinta melhor e sabe que é fundamental que ele tome algum remédio o mais rápido possível, mas, caramba, hoje *realmente* não é um bom dia para isso acontecer. Será um dia agitado no trabalho, será complicado arrumar um esquema na creche e a última coisa que deseja ser obrigado a fazer é dar uma passada no médico para o que, provavelmente em um rápido exame, ele confirme o que você já suspeita. Se você chamar o pediatra, ele lhe dirá em sã consciência que não pode receitar nada sem ver seu filho. Depois de conseguir um encaixe na agenda do médico, é provável que você tenha que aguardar por um bom tempo na sala de espera até que ele o veja. Horas depois do primeiro telefonema, quando você finalmente entra na sala, o médico examina seu filho, colhe rapidamente uma cultura e conclui que se trata de faringite estreptocócica. Ele solicita algo à farmácia, mas você precisa esperar 30 minutos para pegar o remédio. A tarde toda já se foi. Nesse caso, o trabalho a ser feito é "Eu *não* quero ir ao médico".

O ex-aluno da Harvard Business School Rick Krieger e alguns sócios decidiram criar a QuickMedx, precursora da CVS MinuteClinics, depois de Krieger ter passado algumas horas frustrantes na sala de emergência, para que seu filho fosse submetido a um exame de confirmação de faringite estreptocócica. A CVS MinuteClinic pode examinar imediatamente os pacientes que a procuram e os enfermeiros podem receitar medicamento para enfermidades comuns, como conjuntivite, infecções do ouvido e faringite estreptocócica. Como a maior parte das pessoas *não* gosta de ir ao médico quando não é preciso, hoje a MinuteClinic tem mais de mil unidades dentro das farmácias da CVS, em 33 estados.

5. Usos incomuns

Você pode aprender muito observando como seus clientes usam seus produtos, particularmente quando eles usam de uma maneira diferente daquela que a empresa imaginou. Uma história a qual sempre recorro para explicar aos meus alunos como é possível descobrir trabalhos que estão bem debaixo do nariz é a da Church & Dwight, na "categoria" bicarbonato de sódio. Durante praticamente um século, o bicarbonato de sódio Arm & Hammer, em sua inconfundível embalagem laranja, foi um gênero de primeira necessidade em todas as cozinhas americanas. Entretanto, no final na década de 1960, a alta administração da empresa teve oportunidade de observar as diversas circunstâncias nas quais os consumidores apanhavam essas caixas laranja na prateleira. Eles adicionavam bicarbonato ao sabão de lavar roupa, misturavam-no à pasta dental, salpicavam-no em tapetes e carpetes ou deixavam uma caixa aberta dentro da geladeira, além de outros usos incomuns. Até então não havia ocorrido à administração que esse produto de primeira necessidade talvez pudesse ser contratado para outros trabalhos, além dos assados convencionais. Contudo, essas observações deram origem a uma estratégia baseada em trabalhos com a introdução do primeiro sabão líquido sem fosfato e uma série de outros produtos novos bem-sucedidos, como caixa de areia para gatos, limpador de carpetes, purificadores de ar, desodorizantes etc.

Hoje, vemos a marca Arm & Hammer em uma ampla variedade de produtos, mas com trabalhos específicos:

Ajude-me a ter hálito fresco e limpo. Desodorize minha geladeira.

Ajude-me a manter a piscina limpa e fresca para mim e sem ferir o meio ambiente.

Ajude-me a manter as axilas limpas. Limpe e renove meus tapetes. Tire o mau cheiro da caixa de areia dos meus gatos!

Renove o ar desse quarto. Remova as manchas e o mofo do banheiro.

Isso não quer dizer que esses trabalhos fossem novos. Eles já existiam. A Church & Dwight só precisou descobri-los. A linha de negócios do bicarbonato de sódio da caixa laranja atualmente compõe menos de 7% da receita de produtos de consumo da Arm & Hammer; a observação de usos incomuns gerou milhões de dólares com a criação de novos produtos.

Alguns dos maiores sucessos em produtos de consumo nos últimos anos não provêm de produtos novos e vistosos, mas do trabalho feito pelo uso incomum de produtos consolidados. Por exemplo, o NyQuil estava há décadas no mercado como remédio para resfriado, mas alguns consumidores estavam tomando algumas colheradas para ajudá-los a dormir, mesmo quando não estavam doentes. Foi por esse motivo que o ZzzQuil nasceu, oferecendo aos consumidores a boa noite de sono reparadora que eles desejavam sem os outros ingredientes ativos dos quais não necessitavam.

Quando os profissionais de marketing conhecem a estrutura do mercado do ponto de vista do trabalho a ser feito do cliente, e não da perspectiva do produto ou de categorias de produto, o tamanho em potencial dos mercados aos quais eles atendem se torna *bastante* diferente. É possível encontrar crescimento onde nenhum parecia viável.

O "fator emocional"

Identificamos anteriormente cinco diferentes áreas férteis para garimpar trabalhos.[2] Entretanto, para fazer isso adequadamente, assim que encontramos um filão promissor, precisamos examinar ao redor para entender o *contexto* do trabalho em questão e, desse modo, poder inovar e solucioná-lo. Se você quiser criar produtos e serviços que os clientes desejarão introduzir em sua vida, terá de cavar fundo e ter um olhar abrangente, a fim de identificar não somente as dimensões funcionais, mas também as dimensões sociais e emocionais do progresso que seus clientes estão tentando fazer. Até mesmo os inovadores mais experientes podem perder oportunidades valiosas encobertas no contexto de conhecer bem um trabalho quando o foco é muito estreito.

Considere, por exemplo, Todd Dunn, que passou um tempo enorme pensando nas ferramentas que os médicos necessitam para fazer um bom trabalho. Como diretor de inovação do Intermountain Healthcare Transformation Lab,[3] Dunn é responsável por ajudar a promover a inovação em todos os cantos da organização, bem como por repensar a abordagem de práticas comuns de atendimento aos pacientes. Em um dia de outono, há alguns anos, ele se viu em um território desconhecido: como paciente e sendo cuidado por seu patrão. Já fazia muito tempo que Dunn vinha tratando de um joelho enfermo e, finalmente, resolveu consultar um dos melhores cirurgiões ortopédicos do Intermountain. Ele já havia estado várias vezes nas salas de exame do Intermountain, a trabalho, mas tudo o que estava relacionado a ser um paciente nessa pequena sala de exame lhe passou uma impressão diferente naquele dia. "Sentei-me naquela sala, sobre aquele papel amassado, enquanto esperava o médico – e pensei comigo mesmo: quem idealizou isso? Aquele papel amassado é desconfortável. Temos a impressão de que vamos escorregar da mesa de exame. O papel faz barulho toda vez que nos movemos. Ainda que pareça um detalhe insignificante, isso impede que fiquemos relaxados. Gera ansiedade", lembra-se Dunn.

Na qualidade de diretor de centenas de iniciativas de inovação ao longo de sua carreira, ele reconheceu imediatamente que aquele papel havia sido desenvolvido para uma finalidade – seu propósito era manter a mesa de exame limpa. Entretanto, do ponto de vista de paciente, na verdade aquele papel realçava sua sensação de vulnerabilidade. Juntando com a iluminação fria da sala, os raios X já sinistramente dispostos em uma mesa de luz e o som abafado de pessoas passando depressa pela porta, no momento em que o Dr. Holmstrom entrou, Dunn já estava impaciente.

Decorridos apenas alguns minutos da consulta, Holmstrom conseguiu acalmar a ansiedade de Dunn. Começou a dar o prognóstico esboçando em uma folha de papel o que poderia ser feito para corrigir o problema. Embora confortante, algo parecia estranho. Dunn sabia que havia um *software* avançadíssimo no computador justamente às costas de Holmstrom para ajudá-lo a registrar e passar seu diagnóstico durante o exame. Mas o médico preferiu não utilizar. "Por que você não está digitando essas informações no computador", perguntou Dunn.

Em resposta, Holmstrom girou-se na cadeira em direção ao computador para demonstrar. Em seguida, ele explicou que digitar as informações no computador não apenas tomaria muito tempo, mas também o obrigaria a dar as costas para seu paciente, ainda que apenas por alguns instantes, no momento de passar o diagnóstico. O médico não queria que seus pacientes tivessem essa experiência. Ele queria fazer contato visual, manter o paciente à vontade e lhe assegurar que estava em boas mãos. Naquele momento, o mais importante não era acessar uma imagem de computador de última geração, mas interagir e tranquilizar um paciente ansioso. "Desenvolvemos um sistema de *software* extraordinário para ajudar esse médico a realizar seu trabalho, mas, em vez disso, ele preferiu 'contratar' uma folha de papel e uma caneta", lembra-se Dunn. "Isso realmente fez sentido para mim – havíamos projetado tudo naquela sala de um ponto de vista funcional, mas negligenciamos o fator emocional."

Dunn e sua equipe já haviam examinado a teoria dos trabalhos para estimular a inovação, mas aquela visita, como paciente, de fato evidenciou a importância de compreender toda a complexidade de um trabalho e todas as suas dimensões sociais, emocionais e funcionais. Por mais que as ferramentas de *software* fossem avançadas, isso não era tudo. Algo estava ficando para trás.

A epifania experimentada por Dunn como um paciente real ajudou--o a perceber as deficiências do processo de inovação do Intermountain. O Intermountain sempre havia confiado amplamente em *software* exclusivos para realizar praticamente todas as atividades do hospital – desde a solicitação de exames pelos médicos a serviços de acompanhamento para os pacientes e programação de salas e horários. O desenvolvimento de um *software*, afirma Dunn, sempre costumava ocorrer depois que eles se reuniam com os médicos, por exemplo, perguntando o que eles precisavam. Os analistas anotavam o que ouviam e passavam as informações para um engenheiro, que, por sua vez, desenvolvia uma solução. A suposição fundamental, relata Dunn, era "de que o médico sempre está certo ou de que o médico consegue explicar de uma maneira suficientemente detalhada o que ele faz para responder a um 'trabalho' que ele precisa realizar". Por isso, o que os médicos pediam no *software*, os engenheiros faziam.

De certo modo, o que os médicos diziam nem sempre correspondia ao que eles de fato queriam fazer na realidade. E eles deixavam escapar o cliente-alvo, o paciente. Com demasiada frequência, os projetos exigiam extensas atualizações ou correções, atrasavam ou eram totalmente cancelados. "Durante muito tempo recorremos ao *design thinking*", afirma Dunn. "Mas, ainda assim, as coisas não funcionavam. Percebi que estávamos observando as pessoas – podíamos dizer muito sobre o comportamento delas e o que ocorria em primeiro lugar, em segundo etc. Mas não estávamos observando o *trabalho*."

Desde então, a equipe do Intermountain instituiu uma estrutura baseada em trabalho (conhecida internamente como Design for People) que requer a observação e a elucidação não apenas dos componentes funcionais, mas também dos componentes emocionais e sociais de um trabalho antes da elaboração do *briefing* de inovação. "Percebemos que as pessoas precisam ter uma visão mais ampla. Supõe-se que a 'experiência do usuário' esteja relacionada unicamente com uma bela tela e com a colocação de todos os botões nos lugares certos. Mas isso não tem quase nada a ver com a experiência de usar corretamente o *software* – no mundo real em que os médicos o utilizam. Não é possível resolver as especificações de *design* em uma sala de reunião. É necessário sair a campo e vivenciar isso."

Muitas empresas caem na armadilha de pedir aos consumidores que indiquem o que devem ajustar em seus produtos ou serviços para torná-los mais atraentes. Torná-los mais rápidos? Acrescentar mais cores? Torná-los mais baratos? Quando começamos com a suposição de que estamos meramente alterando o que já criamos, ou nos apoiando em definições de categoria aceitas no setor, é provável que já tenhamos perdido a oportunidade de descobrir o trabalho real de que necessitam os consumidores.

A Procter & Gamble (P&G) aprendeu a duras penas na introdução de fraldas descartáveis na China, supostamente sucesso garantido. A P&G sabia como fabricar e vender fraldas descartáveis aos consumidores ocidentais e havia milhões de bebês na China que, de acordo com os costumes locais, não usavam fraldas. Não seria esse um mercado cheio de clientes em potencial?

"A ideia era que, se pudéssemos produzir fraldas de uma maneira suficientemente barata nos mercados em desenvolvimento, poderíamos ampliar esse mercado de modo considerável", lembra-se David Goulait, que passou décadas com o grupo de pesquisa e desenvolvimento da P&G, conhecido no mundo inteiro. Grande parte dessa tentativa, recorda-se Goulait, resumiu-se a entender de que forma poderíamos fabricar "um recurso de contenção funcional" para crianças que custasse apenas dez centavos – chamado de "fralda de dez centavos". Supúnhamos que na China os pais comprariam versões de fraldas americanas e europeias de qualidade inferior se elas tivessem um preço suficientemente acessível.

Entretanto, para surpresa da P&G, as fraldas de preço reduzido não estavam saindo das prateleiras. Ao constatar que estava tentando criar um produto para um mercado que não percebia a importância das fraldas tradicionais, Goulait ficou ansioso para encontrar indícios do que estava dando errado. Seu primeiro passo foi pesquisar o que os consumidores dos mercados em desenvolvimento achavam dos recursos funcionais das fraldas, motivo de orgulho e excelência na P&G. As fraldas eram muito ásperas? Muito finas? Muito caras? Estava difícil encontrar uma resposta. Por não falar o idioma dos países em desenvolvimento nos quais a P&G estava realizando essa pesquisa, Goulait ficou na sala de observação de grupos focais, andando de um lado a outro enquanto escutava, fiando-se em seu tradutor. Enquanto o moderador seguia o protocolo de perguntas padrão – como foi a experiência, qual foi o ponto alto da semana etc. –, as respostas de uma mulher fizeram o grupo rir entusiasticamente. O que ela havia dito para provocar essa reação? O tradutor também deu uma risadinha. O destaque da semana daquela mulher, relatou ela com satisfação, foi um reaquecimento em suas relações íntimas com o marido – três vezes naquela semana. O que isso tinha a ver com as fraldas? Pelo fato de o bebê ter dormido a noite toda, ela também conseguiu dormir durante a noite toda. Por isso, se sentiu mais descansada. O restante da história então fazia sentido. Em seguida, o moderador lhe perguntou o que o marido achava da fralda. "Foram os melhores dez centavos que ele já gastou..."

Mais risadas.

Nesse momento, Goulait constatou que havia usado uma abordagem muito estreita, porque se restringiu principalmente às características funcionais da fralda. Mas o trabalho feito pela fralda era mais complexo e interessante do que isso; incluía as dimensões sociais relacionadas com seu impacto sobre a vida doméstica e o relacionamento de um casal e também diversas dimensões emocionais. Para Goulait, as lentes do trabalho a ser feito propiciaram uma espécie de elo perdido. "Antes da teoria dos trabalhos", recorda-se Goulait, "tínhamos um sólido constructo de percepções sobre os consumidores armado em torno da ideia de 'necessidade dos consumidores'. Nossa abordagem consistia em grande medida em definir essas necessidades por meio de pesquisas de mercado convencionais e, então, em satisfazê-las."

Contudo, na visão de Goulait, as "necessidades" identificadas muitas vezes se restringiam exclusivamente às necessidades "funcionais", sem levar em conta as dimensões sociais e emocionais da dificuldade enfrentada pelo cliente. "E a ideia de que em vários casos o emocional e o social poderiam estar no mesmo plano que as necessidades funcionais – e talvez até serem um fator determinante [...]", relata Goulait. "Para mim, essa foi a grande constatação, o 'aha!'. Não vamos separar essas três coisas. Elas estão integradas. Na verdade, elas são fundamentais para introduzir um produto realmente bem-sucedido." A teoria do trabalho a ser feito ofereceu não apenas a linguagem, mas o *constructo* – a ideia de que precisamos compreender e inovar em torno de todas essas três dimensões do trabalho de um cliente. "*De certo modo*, nós sabíamos disso, mas não tínhamos o constructo e a linguagem para lidar especificamente com isso e de fato tornar isso factível."

Diante disso, a P&G esforçou-se para garantir que os clientes em potencial reconhecessem que as fraldas de sua marca solucionavam plenamente e verdadeiramente o trabalho a ser feito na vida deles. Com a ajuda de um projeto de pesquisa de dois anos de duração, com o Centro de Pesquisa do Sono do Hospital Infantil de Pequim, a P&G relatou que os bebês que usavam as fraldas descartáveis Pampers adormeciam 30% mais rápido e dormiam 30 minutos a mais todas as noites. Esse estudo até estabeleceu uma correlação entre o sono extra e um melhor desenvolvimento cognitivo, um benefício significativo em uma cultura que dá grande importância ao rendimento escolar. Quando a P&G finalmente relançou as fraldas na China, os anúncios apresentaram explicitamente o benefício emocional e social – as pesquisas indicavam que os bebês que conseguiam ter uma boa noite de sono desenvolviam-se melhor.

Em 2013, a Pampers era a marca de fraldas descartáveis mais vendida na China,[4] com um volume de vendas estimado em US$ 1,6 bilhão, correspondendo a aproximadamente 30% do mercado em um país que uma década antes não usava fraldas descartáveis .

Se o consumidor não vir em seu produto o trabalho do qual ele necessita, isso quer dizer que o jogo já era. Pior ainda – se o consumidor contratar seus produtos por outros motivos que não sejam o trabalho a ser feito, você corre o risco de se indispor para sempre com esse consumidor. Como examinaremos posteriormente, é de fato importante indicar "este produto não é para você", porque do contrário os consumidores voltarão e dirão que seu produto é de baixa qualidade.

Método na loucura

Onde se encontra a sacada de gênio em todas essas histórias de sucesso? Em saber o que se está procurando. Existe método na loucura. O que elas têm em comum é a busca de uma *causa*. Por meio de uma teoria que prevê o que levará a que, as inovações revolucionárias não exigem sorte. Elas não precisam alguém que, ao ajustar o magnétron de emissão de micro-ondas, acidentalmente descubra que a barra de chocolate em seu bolso de repente derreteu nem alguma outra alquimia mágica ou genialidade e casualidade que se tornaram tradição e crença entre os inovadores. A mágica das lentes do trabalho a ser feito é que não existe a necessidade de magia. Embora as lentes permitam que você observe as mesmas coisas que todas as outras pessoas estão observando, elas possibilitam que você as *veja* diferentemente.

PONTOS-CHAVE DO CAPÍTULO

- Com a teoria dos trabalhos, temos orientações claras que viabilizam o sucesso da inovação porque possibilitam uma compreensão completa e abrangente de todas as informações necessárias para criar soluções que definem perfeitamente o trabalho.
- Existem várias formas para compreender a fundo um trabalho, entre as quais se incluem as técnicas tradicionais de pesquisa de mercado. Embora seja útil desenvolver uma estratégia de "procura de trabalho", o que mais importa não são as técnicas que usamos, mas as perguntas que fazemos ao aplicá-las e a forma como compilamos as informações resultantes.
- Uma fonte valiosa de *insights* para descoberta de trabalhos é sua própria vida. Nossa vida é bastante expressiva e nossas próprias experiências são um solo fértil para a descoberta de trabalhos a serem feitos. Algumas das inovações mais bem-sucedidas da história derivaram de experiências e da introspecção de determinados indivíduos.
- Ainda que a maioria das empresas utilize a maior parte de suas atividades de pesquisa de mercado para tentar compreender melhor seus clientes atuais, com frequência é possível reunir constatações importantes sobre os trabalhos observando as pessoas que *não* estão comprando nossos produtos, ou os produtos de qualquer outra empresa –, um grupo que chamamos de não consumidores.
- Se você observar pessoas utilizando uma solução provisória ou um "comportamento compensatório" para a realização de um trabalho, preste muita atenção. Normalmente, isso indica que você se deparou com uma oportunidade de inovação de alto potencial, porque o traba-

lho em questão é muito importante e o grau de frustração das pessoas é tão alto que elas estão, literalmente, inventando uma solução própria.

- Um estudo meticuloso sobre *como* os clientes usam os produtos normalmente oferece importantes constatações a respeito dos trabalhos, em particular se os clientes estiverem usando os produtos de maneira inusitada e inesperada.
- A maior parte das empresas preocupa-se desproporcionalmente com as dimensões funcionais dos trabalhos de seus clientes; mas você deve prestar uma atenção igualmente especial à descoberta das dimensões emocionais e sociais porque o tratamento de todas as três dimensões é essencial para que sua solução acerte em cheio no trabalho.

PERGUNTAS PARA OS LÍDERES

- Quais são os trabalhos fundamentais e ainda não satisfeitos em sua vida e na vida das pessoas mais próximas de você? Detalhe as circunstâncias desses trabalhos e as dimensões funcionais, emocionais e sociais do progresso que você está tentando obter – que oportunidades de inovação elas sugerem?
- Caso você seja consumidor dos produtos de sua própria empresa, para que trabalhos você usa esses produtos? Em que sentido você acha que eles não definem perfeitamente seus trabalhos e por quê?
- Quem *não* está consumindo seus produtos atualmente? Em que aspecto os trabalhos dessas pessoas diferem dos trabalhos de seus clientes atuais? O que está impedindo que esses não consumidores usem seus produtos para solucionar o trabalho deles?
- Saia a campo e observe os clientes que estão usando seus produtos. Em que circunstâncias eles os estão usando? Quais são as dimensões funcionais, emocionais e sociais do progresso que eles estão tentando obter? Eles estão usando esses produtos de uma maneira inesperada? Se sim, o que isso revela a respeito da natureza dos trabalhos em questão?

NOTAS

1. Em *Inovação na Sala de Aula,* que escrevi com meus colegas Michael Horn e Curtis Johnson, afirmamos que ir à escola não é um trabalho. O trabalho na vida de todo estudante é "eu desejo me sentir bem-sucedido todos os dias". E, para falar a verdade, a maior parte das escolas não foi projetada para realizar bem esse trabalho. Na realidade, nossos filhos voltam para casa no final do dia escolar intelectualmente dilapidados – com a sensação de que fracassaram. Os alunos podem contratar uma escola para dar conta de um trabalho, mas existem muitos concorrentes que eles poderiam contratar. Quando um aluno não está se sentindo bem-sucedido, por exemplo, ele pode dispensar uma escola e, em vez disso, contratar uma gangue. Ele poderia conseguir algum tipo de trabalho não qualificado para ganhar dinheiro e comprar um carro para se sentir bem-sucedido. São como guloseimas que concorrem com a escola, extremamente tentadores para os alunos que não veem a escola fazendo o trabalho em questão. Christensen, Clayton M., B. Horn, Michael e W. Johnson, Curtis. *Disrupting Class: How Disruptive Innovation Will Change the Way the World Learns*. Nova York: McGraw-Hill, 2008 (publicado pela Bookman Editora no Brasil como *Inovação na Sala de Aula: Como a Inovação Disruptiva Muda a Forma de Aprender*).

    Em contraposição, estou encantado com a abordagem que a Khan Academy está incorporando nesses produtos. Grande parte do material da Khan Academy é organizado para *impedir* que você seja reprovado. Quando um aluno fica paralisado diante de um problema, existem recursos facilmente acessíveis para ajudá-lo a compreender melhor o conceito. Se o aluno ficar frustrado e quiser passar para o problema seguinte, não conseguirá. Ele não pode avançar para a dificuldade posterior enquanto não compreender o problema atual. Outros recursos e dicas são disponibilizados com um clique no *mouse*, o que possibilita que o aluno supere a dificuldade e sinta que teve êxito.

2. Gosto de pensar nisso como uma espécie de "fraturamento" para trabalhos. Em perfuração de petróleo, o fraturamento (*fracking*) permite que as empresas se tornem bem mais produtivas na tentativa de encontrar petróleo. Quando a tecnologia de fraturamento não existia, as empresas tinham de escolher cuidadosamente onde perfurar. Quando um veio não gerava petróleo, elas simplesmente iam para outro lugar. Elas poderiam estar bem próximas do petróleo, mas se o veio em questão não levasse diretamente uma fonte, era considerado infrutífero. Com o fraturamento, as empresas podem fazer perfurações extremamente profundas, e também ampliar a busca horizontalmente, assim que chegam ao fundo, momento em que o fluido de fraturamento é bombeado a

uma alta pressão para encontrar e alargar as fendas. Isso possibilita que a perfuração de petróleo seja bem mais produtiva. O "fraturamento" para trabalhos fará a mesma coisa.

3. O Intermountain Healthcare é uma organização sem fins lucrativos em cujo conselho de administração atuo voluntariamente.

4. O efeito em cascata dos produtos da Kimberly-Clark para incontinência e das fraldas descartáveis da P&G na China é enorme. Pense em como a vida dos familiares, dos amigos e dos colegas ao redor daqueles que realmente usam esses produtos também se torna melhor.

CAPÍTULO 5

Como ouvir o que seus clientes não dizem

A GRANDE IDEIA

A maior parte das empresas tem interesse em manter uma estreita relação com seus clientes para ter certeza de que estão criando os produtos e serviços que estes clientes gostariam. Entretanto, raramente os clientes conseguem expressar suas necessidades de maneira exata ou completa – suas motivações são mais complexas e os caminhos que eles usam para comprar são bem mais elaborados do que costumam descrever. Mas você pode ir à raiz da questão. O que eles **contratam** (*hire*) – e, tão importante quanto, o que eles **dispensam** (*fire*) – contam uma história. Essa história está relacionada com as dimensões funcionais, emocionais e sociais do desejo que eles têm de progredir – e com o que impede que eles alcancem esse objetivo. O desafio é tornar-se em parte detetive e em parte diretor de documentário – reunindo indícios e observações – para revelar os trabalhos que os cientes estão tentando realizar.

Pleasant Rowland não conduziu pesquisa alguma quando pensou em criar o que se tornaria a empresa de bonecas American Girl em 1985. Ela aguentou um – e apenas um – grupo focal no processo de criação da empresa depois que o diretor de marketing insistiu na sua necessidade. Sentada atrás de um espelho bidirecional, Rowland observou algumas mães de pré-adolescentes em torno de uma mesa redonda torcer os lábios enquanto o entrevistador explicava a ideia – bonecas inspiradas em períodos históricos com livros e acessórios para respaldar suas "histórias". "Elas diziam para essa pessoa: 'Minha filha jamais gostaria de algo desse tipo, inspirado em história. E todos esses acessórios simplesmente acabariam no aspirador de pó'", lembra-se Rowland. Por sorte, Rowland confiava muito mais em sua própria percepção do trabalho a ser feito. A empresa teve tanto sucesso que 13 anos depois Rowland a vendeu para a Mattel por um valor descomunal – US$ 700 milhões.

Os consumidores nem sempre conseguem expressar o que desejam. E, mesmo quando conseguem, seus atos podem contar uma história diferente. Se eu perguntasse às pessoas se elas se preocupam com o meio ambiente, a maior parte delas responderia que sim. Conversaríamos então sobre reciclagem ou caminhar sempre que possível, em vez de usar o carro. Entretanto, sua despensa conta a mesma história? Quantos pais que você conhece dizem se importar com as mudanças climáticas, mas usam fraldas descartáveis em vez de fraldas de tecido? Você usa copos de plástico na máquina de café? As pesquisas mostram que uma parcela significativa dos consumidores está disposta a pagar mais pelos alimentos que trazem o rótulo "orgânico", uma palavra que é empregada de uma forma tão genérica que praticamente não faz sentido. O que explica essa disparidade? Ninguém é contra o meio ambiente. Porém, quando precisamos tomar a decisão de introduzir um produto em nossa vida, escolhemos a solução que melhor representa os valores e os prós e contras com os quais nos importamos *em determinadas circunstâncias*.

Muito bem. Então, se o que os consumidores afirmam é suspeito, não basta examinar os dados? Isso não seria objetivo? Bom, os dados podem levar a interpretações equivocadas. Os dados de vendas e marketing no setor de brinquedos indicaram para Pleasant Rowland que as garotas entre a faixa etária de 7 e 12 anos nunca brincariam de boneca. E a maior parte dos dados só monitora um dos dois momentos importantes na decisão de um cliente de contratar um produto ou serviço. O que é mais comumente observado é o que chamamos de "*big hire*" (grande contratação) – momento em que compramos o produto. Entretanto, existe um momento igualmente importante que não aparece na maior parte dos dados de venda: quando realmente "consumimos" o produto.

No momento em que um consumidor leva um produto para casa ou para a empresa, esse produto continua aguardando uma nova contratação – que chamamos de "*little hire*" (pequena contratação). Se um produto realmente oferecer solução para um trabalho, haverá diversos momentos de consumo. Ele será contratado várias vezes. É muito comum, porém, que os dados coletados pelas empresas reflitam somente a grande contratação, e não se na realidade ele atende ao trabalho a ser feito do cliente. Minha mulher pode comprar um novo vestido, mas ela na verdade não o consome enquanto não remove a etiqueta e o usa. É menos importante saber que ela preferiu o azul ao verde do que compreender por quê, diante de todas as demais opções, ela tomou a decisão de finalmente vesti-lo. Quantos aplicativos existem em seu celular que você baixou e nunca usou? Se o fornecedor do aplicativo simplesmente rastrear os *downloads*, ele não saberá se o aplicativo está ou não realizando um bom trabalho ao atender ao seu desejo de progredir.

Sempre existiram trabalhos a serem feitos. As inovações é que estão melhorando cada vez mais a forma de responder a eles. Não importa quão nova ou revolucionária é a ideia, as circunstâncias da luta já existem. Consequentemente, para contratar essa nova solução, por definição os clientes precisam dispensar algum comportamento compensatório atual ou uma solução com qualidade abaixo do ideal – inclusive dispensar a solução de nada fazer. Os relógios de pulso foram sumariamente dispensados assim que as pessoas começaram a transportar celulares que não apenas indicavam a hora, mas podiam ser sincronizados com agendas e oferecer alarmes e lembretes. Dispensei minha revista semanal *Sports Illustrated* quando de repente consegui sintonizar na ESPN. As pessoas que contratavam os produtos para incontinência Depend Silhouette dispensaram a opção de ficar em casa e, em vez disso, assumiram o risco de sair. As empresas não pensam suficientemente sobre isso. *O que precisa ser dispensado para meu produto ser contratado?* Elas pensam em fabricar um produto cada vez mais atraente, mas não sobre o que esse produto substituirá.

O processo de tomada de decisão de um cliente a respeito do que dispensar e contratar começa bem antes de ele entrar em uma loja – e é complexo. Sempre existem duas forças opostas disputando a predominância nesse momento de escolha, e o papel que elas desempenham é significativo.

- **As forças que impelem a mudança para uma nova solução:** primeiramente, a pressão da situação – a frustração ou o problema que um cliente está tentando solucionar – deve ser suficientemente intensa para levá-lo a tomar uma atitude. Um problema irritante pode ser suficiente para levar alguém a fazer algo de modo diferente. Em segundo lugar, a influência de um produto ou serviço novo e atraente para solucionar o problema em questão também precisa ser forte. A nova solução para o trabalho a ser feito deve ajudar os clientes a obter um progresso que melhorará a vida deles. É aí que as empresas tendem a concentrar seus esforços, fazendo indagações sobre recursos e benefícios, e elas pensam, justificadamente, que essa é a receita para a inovação. Como tornamos nosso produto inacreditavelmente atraente para ser contratado?

- **As forças que se opõem à mudança:** Existem duas forças invisíveis, mas inacreditavelmente influentes, que várias empresas ignoram por completo: as forças que refreiam o cliente. Primeiramente, os "hábitos do presente" pesam muito sobre os consumidores. *Estou acostumado a fazer isso dessa forma.* Ou a viver com o problema. *Não amo, mas me sinto tranquilo com minha forma de lidar com isso no momento."* E talvez ainda mais influente do que os hábitos do presente seja a segunda força: a "ansiedade para escolher algo novo". *E se isso não for melhor?*

Os consumidores normalmente ficam presos a hábitos do presente – a ideia de mudar para uma nova solução quase sempre é muito sufocante. Ficar com o demônio que elas conhecem, ainda que imperfeito, é tolerável. Há anos me recuso a atualizar meu celular, não obstante todas as coisas impressionantes que meu assistente me garantiu que o novo celular podia realizar, porque me sentia *satisfeito* com o telefone que eu já tinha. Isso ocorre em grande medida porque – tal como o vencedor do Prêmio Nobel Daniel Kahneman demonstrou – a principal influência do antigo é não exigir nenhuma decisão e apresenta alguma plausibilidade intuitiva como solução. A aversão à perda – tendência das pessoas de querer evitar a perda – é duas vezes mais influente psicologicamente do que a fascinação pelo lucro, tal como demonstrado por Kahneman e Amos Tversky.[1]

As ansiedades que entram em jogo são influentes: a ansiedade, em relação ao custo, a ansiedade para aprender algo novo e a ansiedade em relação ao desconhecido podem ser sufocantes. Por que muitos consumidores se apegam ao seu antigo celular, mesmo quando eles podem obter algum valor de troca na compra de um novo? *"E se os novos deixarem de funcionar em algum momento?" "E se eu me encontrar em uma situação inesperada em que precise de um telefone de reserva?" "E se...?"* As academias desportivas só recentemente aceitaram a ideia de que prender os clientes a contratos anuais cria tanta ansiedade que antes de mais nada acaba impedindo que eles se associem. Os inovadores com demasiada frequência se concentram exclusivamente nas forças que impelem a mudança – fazer com que a nova solução para solucionar a dificuldade dos clientes seja suficientemente atraente para levá-los a trocar. Entretanto, eles ignoram completamente as forças influentes que impedem essa mudança.

O ING Direct fez um esforço imenso para abrir cafés em vários lugares dos Estados Unidos e do Canadá para aliviar a ansiedade dos clientes em relação aos bancos virtuais. Você pode parar em um desses cafés, mas na verdade não faz transação em dinheiro em um caixa eletrônico tradicional. Você pode conversar com um funcionário ou usar o caixa eletrônico, mas o principal propósito do café é tranquilizar os consumidores de que se trata de um banco "real" – e construir a marca com sua presença. O fato de a Southern New Hampshire University ser uma organização sem fins lucrativos – e ter um *campus* físico – diminui a ansiedade dos alunos de que possa ser uma instituição financeiramente irresponsável, preocupada em tirar cada dólar possível dos alunos desinformados. Ajudar os clientes a superar suas ansiedades é muito importante.

Pense nisso da seguinte maneira: o trabalho precisa ter uma magnitude suficiente para levar as pessoas a mudar o comportamento delas –*Estou enfrentando uma dificuldade e desejo uma solução melhor que no momento não consigo encontrar* –, mas a influência do novo tem de ser mais do que a soma da inércia do antigo e das ansiedades em relação ao novo. Quase sempre existe algum atrito associado com a troca de um produto por outro, mas também isso quase sempre é desconsiderado pelos inovadores que têm certeza de que seus produtos são tão fabulosos que eliminarão qualquer uma dessas preocupações. É fácil dispensar coisas que oferecem somente soluções funcionais para um trabalho. Contudo, quando na decisão é necessário dispensar dimensões emocionais e sociais para solucionar o trabalho em questão, abrir mão desses fatores é bem mais difícil. Não importa até que ponto estamos frustrados com nossa situação atual ou até que ponto um novo produto é atraente; se as forças que nos impulsionam a contratar algo não sobrepujarem as forças restritivas, *não consideraremos nem mesmo a possibilidade de contratar algo novo.*

O progresso que os clientes estão tentando fazer deve ser compreendido com base *em um contexto*. Não consigo imaginar um trabalho claramente definido em que as forças emocionais e sociais – e as forças que impulsionam e se contrapõem à mudança – não sejam fundamentalmente importantes. Os clientes sempre hesitam em dispensar algo enquanto não têm certeza de que podem ter algo melhor, mesmo que isso envolva simplesmente não tolerar uma solução imperfeita. Isso é verdadeiro até mesmo no âmbito de *business to business* (B2B), em que geralmente as restrições de um processo de *procurement* deixariam pouco espaço para os fatores emocionais e sociais – e as ansiedades e os hábitos do presente. Pense em um gerente de fábrica que precisa tomar a decisão de comprar peças ou suprimentos. É importante que ele possa contar com os suprimentos dos quais necessita no momento exato em que necessita. Preocupações quanto a isso provocarão noites de insônia e, possivelmente, ansiedade em relação à profissão. Ou pense em um gerente de projeto em início de carreira com a responsabilidade de gerenciar uma empresa de consultoria externa. Ele vai querer parecer competente perante seus colegas e gerentes. Ele deseja ser visto como alguém que gerencia o projeto dentro do orçamento e do prazo e conseguiu desenvolver um sólido relacionamento com a empresa de consultoria para resolução de problemas.

Uma empresa que levou isso a sério é a Mercer, com a qual o coautor David Duncan trabalhou na tentativa de criar novos negócios para impulsionar o crescimento. Quando Jacques Goulet tornou-se presidente global da área de aposentadoria da Mercer, em 2013, o futuro parecia desafiador. Durante décadas, a Mercer, empresa de consultoria global de recursos humanos e serviços financeiros, ajudou seus clientes a estruturar planos de aposentadoria para os funcionários e isso se tornou uma parte significativa de seus negócios. Diante da mudança crescente das empresas de planos de benefícios definidos (nos quais a pensão é garantida pela empresa para os funcionários qualificados) para planos nos quais o funcionário faz a maior parte da contribuição em seu plano de aposentadoria (como o 401(k)), a principal fonte de lucro da Mercer nessa divisão parecia se dissipar. A empresa precisava começar a inovar – rapidamente – para não enfrentar um futuro incerto.

Para a Mercer, o simples ato de fazer novas perguntas a respeito dos trabalhos dos clientes desencadeou uma série de perspectivas importantes e originais sobre oportunidades de inovação com esses clientes. Uma das constatações foi que no passado a Mercer costumava pensar estreitamente a respeito do que estava oferecendo para seus clientes corporativos: bons conselhos para os seus 30 mil clientes corporativos que ofereciam planos de aposentadoria para os respectivos funcionários. Esse enquadramento, embora estreito, havia possibilitado que a Mercer construísse um grande negócio no âmbito de aposentadoria. Isso, porém, não ajudaria a Mercer a crescer no presente.

Para que trabalho os clientes estavam *realmente* contratando a Mercer? Esses planos de pensão de fato solucionavam o conjunto completo de trabalhos dos clientes? Aparentemente, os diretores de finanças corporativas ou recursos humanos estavam preocupados em encontrar um plano para oferecer benefícios de aposentadoria aos funcionários. Mas havia muito mais do que isso no trabalho deles. Que obstáculos os estavam impedindo?

A equipe de Goulet identificou uma oportunidade de inovação no desejo de várias organizações de mudar dos planos de pensão de benefícios definidos tradicionais para planos de contribuição dos funcionários – ou se desfazer do plano de pensão de modo geral vendendo-o para uma empresa de seguros que assumisse sua administração. Conduzir uma mudança dessa magnitude, eficientemente e com uma série de oportunidades de investimento novas e atraentes para os funcionários, seria de tirar o fôlego para os profissionais de recursos humanos ou finanças. Esses profissionais desejavam ser considerados cautelosos, ponderados e capazes de lidar com um grau de risco apropriado, mas queriam também ser vistos como competentes para fazer recomendações. E, independentemente do que escolhessem no final, eles não queriam ser obrigados a lidar com um fluxo interminável de reclamações e manutenção para a empresa.

Tradicionalmente, o processo de identificação de novas oportunidades para o que poderia se transformar em centenas de milhões de dólares em passivos de pensão costumava ser demorado e trabalhoso para a equipe de recursos humanos ou para o diretor financeiro, e não extremamente transparente – era um processo que teria aumentado a ansiedade dos profissionais que estivessem tentando conduzir a tomada de decisão para sua empresa. A Mercer poderia se aproximar de algumas empresas de seguros em nome desses clientes, fornecer-lhes algumas especificações a respeito da situação dos clientes e então aguardar uma cotação de quanto elas cobrariam para assumir a responsabilidade pelo plano de pensão. Depois de algumas idas e voltas, a Mercer apresentaria à empresa uma breve lista de opções e esperaria que essa empresa escolhesse uma delas e levasse adiante a mudança. O processo para decidir com quem ficar e depois realizar a aquisição do fundo de pensão poderia levar até seis meses, tempo durante o qual o mercado e o valor do fundo de pensão existente poderiam flutuar enormemente. Era um processo de alta tensão com o qual os profissionais de recursos humanos ou finanças teriam de lidar – e a reputação desses profissionais poderia depender do caminho que eles recomendassem.

"Esse indivíduo precisa responder ao seu chefe, que precisa responder ao conselho de administração, que fará perguntas bastante específicas sobre a direção e as opções do plano de pensão", explica Goulet. "O diretor financeiro deseja ser visto como alguém extremamente preparado – como alguém que fez tudo ao seu alcance. Se receber um telefonema do diretor executivo ou do conselho, ele deseja estar preparado. As emoções interferem muito nisso."

Dessa forma, a solução da Mercer refletia isso.

Por meio das lentes do trabalho nasceu então o Pension Risk Exchange da Mercer, algo semelhante a uma bolsa de valores em que compradores e vendedores se encontram, atuam e negociam em tempo real. Adeus à defasagem de tempo. Não havia mais falta de transparência com a Mercer no meio. O processo foi concebido não apenas para ser mais produtivo para os clientes, mas também para incluir elementos fundamentais que ajudassem a superar algumas das forças que naturalmente impediriam a mudança, tendo em vista a magnitude da decisão envolvida.

Algumas das outras soluções que a Mercer inclui em seu produto: um módulo que permitia que os clientes acompanhassem e moldassem o que as diversas opções de aquisição significariam para a empresa bem antes de eles se envolverem formalmente no processo de aquisição. Uma atividade de monitoramento permitia que eles moldassem as diversas opções e observassem como elas funcionariam na realidade, antes de assumirem um compromisso final – uma espécie de ensaio para diminuir a ansiedade.

Isso valeu a pena para a Mercer. O Pension Risk Exchange teve sucesso nos Estados Unidos, no Reino Unido e no Canadá – uma extraordinária realização para a Mercer e para Goulet – e é um componente fundamental da estratégia de crescimento da Mercer. De acordo com Goulet: "Quando nos concentramos nos trabalhos a serem feitos, percebemos que podíamos inventar uma ratoeira melhor."

A teoria dos trabalhos ajuda os inovadores a identificar o quadro completo do progresso que o cliente está tentando obter em determinadas circunstâncias, no qual se inclui o complexo conjunto de necessidades conflitantes e de prioridades relativas. É essencial compreender não apenas o que os clientes desejam contratar, mas o que eles precisam dispensar para abrir espaço para a nova solução. Todo esse contexto tem imensa importância. "Quando tentamos responder [à pergunta] *'Isso é suficientemente bom?'*, o que nos sobra são opiniões e discussões intermináveis", explica Chris Spiek, sócio de Bob Moesta no Re-Wired Group. "É praticamente impossível distinguir entre ruim, bom, suficientemente bom e excelente sem o trabalho a ser feito. Quando tentamos responder [à pergunta] *'Isso é bom o suficiente para ajudar um consumidor a fazer esse tipo de progresso nesse tipo de situação?'*, as respostas vêm facilmente. A circunstância do progresso que eles estão tentando fazer é essencial para compreender a causalidade."

Construindo a história dos clientes

Então, como é possível delinear essas forças conflitantes para chegar ao ponto crucial dos trabalhos de seus clientes? Seus clientes talvez não consigam expressar o que eles desejam, mas eles podem falar a respeito das dificuldades que enfrentam.

O que eles realmente estão tentando fazer e por que motivo o que eles estão fazendo agora não está funcionando? O que está por trás do desejo deles por algo novo? Uma alternativa simples para pensar a respeito dessas questões é o *storyboarding*. Converse com os consumidores como se você estivesse identificando a dificuldade que eles estão enfrentando a fim de elaborar o *storyboard*. A Pixar conseguiu aperfeiçoar isso ao máximo: quando reconstituímos os componentes da dificuldade dos clientes, realmente conseguimos esboçar a história deles:

> *Era uma vez...*
> *Todos os dias...*
> *Certo dia...*
> *Por causa disso, fizemos isso...*
> *Por causa disso, fizemos aquilo...*
> *Por fim, fiz...*

Construímos a história dos clientes para começar a compreender o que as forças conflitantes e o contexto do trabalho representam para eles.

Os fundadores do Airbnb tinham isso muito claro. Antes do lançamento, a empresa identificou meticulosamente e depois elaborou um *storyboard* de 45 diferentes momentos emocionais para os anfitriões (as pessoas que estão dispostas a alugar um quarto vago ou a casa inteira) e os hóspedes do Airbnb. Juntos, esses *storyboards* constituem praticamente um minidocumentário sobre os trabalhos para os quais as pessoas estão contratando o Airbnb. "Quando fazemos o *storyboard* de alguma coisa, quanto mais realista ele for, mais decisões é necessário tomar", disse o diretor executivo Brian Chesky à revista *Fast Company*. "Esses anfitriões são homens ou mulheres? Eles são jovens ou idosos? Onde eles vivem? É zona urbana ou zona rural? Por que eles estão oferecendo hospedagem? Eles estão apreensivos? Não é simplesmente chegar na casa. Eles chegam: quantas bolsas eles têm? Como eles estão se sentindo? Eles estão cansados? A essa altura, você começa a projetar coisas para um uso bastante específico."

Um dos momentos essenciais do *storyboard*, por exemplo, é o da pequena contratação pelos hóspedes – quando eles chegam pela primeira vez à casa em que ficarão. Como eles são recebidos? O lugar é tão relaxante quanto foi prometido? Talvez deva haver música ambiente ou uma vela aromática, afirma Chip Conley, do Airbnb. O anfitrião fez os hóspedes se sentirem tranquilos com a decisão que tomaram? O anfitrião esclareceu de que forma solucionará qualquer questão ou problema que surgir durante a permanência dos hóspedes? E assim por diante. A experiência deve corresponder à visão dos clientes sobre o motivo pelo qual eles contrataram o Airbnb. Os *storyboards* do Airbnb – que foram constantemente ajustados e aprimorados desde sua fundação – refletem a importância da combinação de estímulos e atrativos que motivam as grandes contratações e as pequenas contratações dos clientes. Os momentos de conflito, de dilemas incômodos, de experiências imperfeitas e de frustrações na vida das pessoas – esses fatores representam *o que* você está procurando. Você está procurando episódios recorrentes nos quais os consumidores buscam progresso, mas são contrariados pelas limitações das soluções disponíveis. Você está procurando surpresas, comportamentos inesperados, hábitos compensatórios e usos incomuns para os produtos. O *como* – e esse é o ponto em que muitos profissionais tropeçam – são narrativas básicas, detalhadas e ampliadas com um *tamanho de amostra único*. Lembre-se, as percepções que possibilitaram novos produtos se parecem mais com uma história do que com uma estatística. Elas são significativas e complexas. No final, você deve agrupar as histórias para ver se existem padrões semelhantes, em vez de decompor as entrevistas individuais em categorias.

O plano do colchão

Gostaríamos de dividir aqui um exemplo real sobre como os profissionais bem-sucedidos procuram percepções e reúnem narrativas úteis que revelam os trabalhos desejados pelos consumidores. Por isso, pedimos ao meu colega Bob Moesta para escolher um produto com o qual todos estão familiarizados. Não queríamos nos concentrar em novas tecnologias ou em uma marca espalhafatosa e muito moderna. Queríamos algo comum – e ele propôs colchão. Perfeito. Em que sentido a decisão de comprar um colchão poderia ser complicada?

    A transcrição abaixo é de uma entrevista sobre trabalhos a serem feitos,[2] realizada por Moesta e seus colegas no Re-Wired Group, com Brian, empreendedor de Chicago que havia acabado de comprar um novo colchão. Essa transcrição foi editada por motivo de extensão e clareza, mas a sequência é a da conversa real. Esse estilo lento e meticuloso de coleta de deficiências é intencional, mas não é um protótipo para todas as entrevistas de pesquisa com os clientes. Nossa intenção em mostrar essa entrevista aqui é esclarecer que a descoberta das circunstâncias de uma dificuldade e a identificação do trabalho a ser feito não exigem um algoritmo mágico. Não existe método especial para descobrir trabalhos a serem feitos e a ideia é precisamente esta: não existe caixa-preta. Você só precisa ter "mentalidade de principiante" enquanto acompanha o processo de tomada de decisão do consumidor e procura indícios para ver o quadro completo da dificuldade.[3]

Podemos imaginar que uma entrevista com um vendedor de colchões procure descobrir que detalhes do produto levaram à decisão de compra. *"O colchão era suficientemente macio? Suficientemente resistente? Oferecia o suporte correto? Você se preocupa com o número de molas? A cor ou a estampa do colchão era atraente? O que mais você pensa em comprar? Até que ponto o preço foi importante em sua decisão?"*

Mas essa entrevista não se preocupa com essas questões. Moesta, ao contrário, tenta montar um quadro completo das circunstâncias do cliente – o que o fez pensar em comprar um novo colchão. O objetivo original envolve estabelecer um cronograma de todos os desencadeadores que realmente o conduziram à decisão final. Walker talvez pareça um consumidor que compra por impulso. Mas a história de fundo, estabelecida por meio de perguntas aparentemente irrelevantes, revela algo bem mais complexo. E é exatamente a complexidade e as viradas surpreendentes que estamos procurando.

Que papel o colchão desempenha na vida dele? Por que é importante ou seria mesmo importante? Quando o colchão é importante e por quê? Quem mais está envolvido com a compra e o uso de um colchão? Quais são as barreiras e os pontos de atrito na compra de um novo colchão? Dependendo das dificuldades atuais e do progresso desejado desse indivíduo, que alternativas existem para comprar um novo colchão? Existem ocasiões em que esse indivíduo não usa o colchão, mas nas quais esperaríamos que ela usasse? Inversamente, existem momentos na vida em que ele usa o colchão de maneira incomum? Essas são apenas algumas das perguntas que poderíamos ter ao procurar compor a narrativa mais significativa possível do processo de compra do colchão, que se inicia bem antes do momento da compra, de preferência quando ocorreu a primeira ideia de comprar o colchão.

A compra por impulso – só que não

ENTREVISTADOR: A melhor maneira de encarar isso é sentir que estamos realmente filmando um documentário. Desejamos ter todos os detalhes disponíveis desde quando você começou a pensar em comprar o colchão, quando tomou a decisão e, depois, quando o usou e experimentou pela primeira vez. Esse processo é quase investigativo: estamos montando um cronograma. Vamos simplesmente começar com o momento em que você comprou o colchão.

WALKER: Em torno de 45 dias atrás. Meados de setembro.

ENTREVISTADOR: OK. Você fez o pedido *on-line* ou fez o pedido...

WALKER: Eu o comprei no Costco.

ENTREVISTADOR: Você o comprou no Costco. Foi no fim de semana ou em dia útil?

WALKER: Foi no fim de semana.

ENTREVISTADOR: Fim de semana. Sábado ou domingo?

WALKER: Acho que foi no domingo.

ENTREVISTADOR: Você comprou alguma outra coisa com o colchão ou foi só...

WALKER: Não é possível comprar apenas uma coisa no Costco. Sim, comprei outras coisas.

ENTREVISTADOR: Você foi para lá pensando "Tudo bem, vou comprar isto hoje e, ah, preciso disso e disso também"?

WALKER: Não.

ENTREVISTADOR: Você não foi com a intenção de comprar?

WALKER: Não, não fui.

ENTREVISTADOR: Ah, OK.

ENTREVISTADOR: O que mais você levou? Você se lembra o que mais comprou nessa ida lá?

WALKER: Bom, como tenho filhos, comprei toalhas umedecidas para bebê. Muito leite.

ENTREVISTADOR: Quanto de leite?

WALKER: Peguei aquele leite de amêndoas de três sabores e vários litros de outro.

ENTREVISTADOR: Qual seria esse outro leite?

WALKER: Somente o orgânico. Meu filho toma o que tem 2% de gordura e minha filha toma o desnatado.

ENTREVISTADOR: Entendi, OK.

ENTREVISTADOR: Você pegou um carrinho quando chegou?

WALKER: Sim, usei o carrinho para pegar os suprimentos semanais e mensais. Toalhas de papel, o leite. As toalhas umedecidas para bebê.

ENTREVISTADOR: Havia mais alguém com você ou estava sozinho?

WALKER: A turma toda estava lá. Minha mulher e meus dois filhos. Pai de família. Algo como "Pai de Família" no Costco.

ENTREVISTADOR: Que idade têm seus filhos?

WALKER: Quatro anos e meio e dois anos.

ENTREVISTADOR: É uma experiência em família. Quando você se deparou com o colchão? Logo no início ou mais tarde?

WALKER: Acho que 45 minutos depois que entramos no Costco.

ENTREVISTADOR: Quarenta e cinco minutos no Costco.

ENTREVISTADOR: Seu carrinho estava cheio nesse momento?

WALKER: Bem cheio.

ENTREVISTADOR: Com o que mais?

WALKER: O leite e as caixas, as toalhas de papel e todas aquelas coisas que enchem o carrinho rapidinho. Acho que já tinha passado por tudo. Havia alguns hortifrúti, e isso foi tudo.

ENTREVISTADOR: Conseguiram completar a lista de compras? Vocês conseguiram tudo o que estava na lista?

WALKER: Sim. Como em qualquer ida ao Costco, também compramos algumas coisas que não estavam na lista.

ENTREVISTADOR: Dê um exemplo disso para mim.

WALKER: Acho que salada e alguma carne para o jantar.

ENTREVISTADOR: OK, mais nada?

WALKER: Surpreendentemente, não. Talvez uma caixa de... na verdade, não, *havia*... Havia uma caixa que não houve como não levar, porque ganhei algo do "passador" [*Aqueles famosos "empurradores" de amostras grátis do Costco*], a caixa com 45 minipanquecas instantâneas Eggo que agora vêm com xarope de ácer dentro.

ENTREVISTADOR: OK. A essa altura você já estava terminando as compras.

WALKER: E já estava ficando cansado. No final do Costco, sempre fica cansativo, porque é como tentar entrar na Kennedy Expressway na hora do *rush*. Eles têm milhares de produtos na loja, mas há somente quatro corredores abertos. Quando estamos chegando perto do final, vai ficando cansativo. Na verdade fui por um corredor e de repente tive um estalo... Lá estava o colchão.

ENTREVISTADOR: Por que você pensou que precisava de um novo colchão? Na verdade, quem teve a ideia primeiro? Você? Sua mulher?

WALKER: Sem dúvida, eu fui o primeiro, porque mais ou menos quatro anos antes, eu havia pesquisado muito e comprado um colchão Stearns & Foster, que estava acima do preço e prometia me oferecer ótimas noites de sono e durar pelo menos dez anos. Então, valia a pena o investimento mais alto, e pegamos o que tinha acolchoado. Diria que durante mais ou menos um ano acordava toda manhã dizendo: "Esta cama é horrível, acordo com dor de cabeça, dor no pescoço e dor nas costas. Ela está começando a afundar, desperdicei US$ 2.000, preciso encontrar algo diferente."

ENTREVISTADOR: Durante quanto tempo você se sentiu bem com o colchão?

WALKER: Achei bom logo depois que o adquiri e durante aproximadamente dois anos. No terceiro ano, já estava meio duvidoso, no quarto ano já não conseguia aguentá-lo. Senti total remorso por tê-lo comprado.

ENTREVISTADOR: Quando você começou a dizer que o problema era o colchão?

WALKER: Porque sempre acordava de manhã com dores nas costas, nos ombros e no pescoço. Tentei dormir sem os acolchoados, tentei mudar de posição, todas essas coisas. Como vocês podem ver, não sou gordo, mas comecei a notar que o colchão estava afundando. Sentia como se estivesse constantemente arcado, e acordava toda manhã pensando: "Não preciso apenas de Red Bull, preciso de três Advil ou de outra coisa qualquer".

ENTREVISTADOR: Você afirmou que viaja muito?

WALKER: Viajei muito no ano passado.

ENTREVISTADOR: OK, e você teve algum problema enquanto estava na estrada?

WALKER: Não, não tive. O ano passado foi o primeiro da minha empresa, e passei 37 semanas longe de casa. Ficava no Marriott Renaissance Center três dias por semana. O colchão deles não era o mesmo que eu tinha em casa, e eu não tinha esses problemas.

ENTREVISTADOR: O que mais você fez? Você mudou alguma coisa no colchão da sua casa? Você disse que experimentou tirar os acolchoados.

WALKER: Sim, virei, girei e inverti o acolchoado, e tirei da armação e do saco de molas.

ENTREVISTADOR: Sua mulher tinha problemas para dormir?

WALKER: É engraçado, porque ela também começou a perceber – acho que nos últimos seis meses. Quer fosse por contágio ou legítima, ela dizia: "Estou começando a ter problemas também. É desconfortável". E acredite, como já disse, não sou gordo e ela provavelmente tem metade do meu tamanho.

Ela dizia: "Estou tendo os mesmos problemas, e você pode ver que o colchão está começando a afundar, e este acolchoado não é o que eu imaginava que seria". A propósito, eu me sinto mal, porque foi meu tio que me vendeu o colchão!

ENTREVISTADOR: Você reclamava para sua mulher a respeito disso? Você reclamava de sua situação ou era algo que você sentia interiormente?

WALKER: A princípio, só sentia; depois, comecei a me expressar. Daí ela começou a dizer: "Por que você está tão mal-humorado?".

ENTREVISTADOR: Você se lembra de quando ela disse a você que ela também estava sendo afetada? Você se lembra dessa conversa ou de quando aproximadamente essa conversa ocorreu?

WALKER: Diria que há mais ou menos seis meses.

ENTREVISTADOR: Você está sempre viajando, e está mal-humorado, precisa voltar para casa, você tem dois filhos. Quando essa discussão ocorreu? Deve ter sido algo do tipo "OK, você volta para casa e está mal-humorado, mas eu não estou dormindo". Então, certamente havia algum conflito por causa desse assunto.

WALKER: Sim, e também: "Ei, você ficou fora a semana inteira, então você pode ser pai por três dias".

ENTREVISTADOR: Por que você não foi procurar um novo colchão bem antes? Parece que você já sabia disso havia um ano. Por que você esperou tanto tempo para comprar um colchão?

WALKER: Acho que as coisas se complicam na vida. Ficar dividido nos últimos 18 meses entre construir uma empresa e tentar criar dois filhos em um apartamento pequeno e vendê-lo, e mudar para um lugar diferente. Comprar um novo colchão não estava no topo da minha lista de prioridades.

ENTREVISTADOR: Quando você se mudou?

WALKER: Junho.

ENTREVISTADOR: Você levou o colchão antigo?

WALKER: Eu havia comprado meu colchão anterior na Macy's Home Store. Ah, sim, a outra limitação que chama a atenção e que já mencionei a você é que foi meu tio que me vendeu o colchão.

ENTREVISTADOR: Você pesquisou muito antes de comprar esse colchão?

WALKER: Sim, pesquisei. Esperava que meu tio na verdade fosse me dar um desconto, e acabei descobrindo no caixa que ele não ia fazer isso. Quando meus problemas começaram, voltei à Macy's Home Store e fiz algumas perguntas: "Bom, você precisa girar seu colchão. Bom, você precisa experimentar fazer isso. Bom, talvez seja o modo como você está dormindo? Bom, nossa garantia é boa, mas ela cobre afundamento, e você precisa medir a depressão do colchão".

ENTREVISTADOR: Você fez isso?

WALKER: Não fiz isso porque eles disseram que a depressão tinha de ser de no mínimo 3,8 centímetros. Daí pensei comigo mesmo, e outras pessoas me disseram, "Por que você não pega aqueles sacos grandes de cimento e os coloca nas depressões que já existem, e depois chama o cara para medir as depressões?".

ENTREVISTADOR: Quem sugeriu os sacos de cimento?

WALKER: Como disse anteriormente, embora em ambos os lados da cama já houvesse essas pequenas áreas de depressão, elas não tinham 3,8 centímetros. Como a garantia não tinha importância, eu não ia obter nenhum recurso.

ENTREVISTADOR: A certa altura você já não está dormindo bem. Você está totalmente estressado. Você está no meio do Costco, cortando caminho para tentar chegar à Kennedy um pouco mais depressa, sair de lá rapidamente, e então vê um colchão. Você diz: "é agora". O que o fez pensar que tinha tempo naquele dia para comprar o colchão? Porque você tinha de fazer todo o percurso de volta para pegar um uma prancha e entrar novamente na Kennedy para sair.

WALKER: Estávamos em meados de setembro. Vamos retroceder mais ou menos três meses. Nesse espaço de três meses, comecei a pesquisar, dizendo para mim mesmo: "Preciso trocar este colchão velho". A ideia de ir a uma loja de colchões ou a uma loja de móveis me dava repulsa. Fiz muitas pesquisas *on-line* e pensei: "Sabe de uma coisa? Vou comprar um colchão com espuma viscoelástica".

Fiz muitas pesquisas *on-line*, quase fechei a compra de um colchão de espuma viscoelástica em um Groupon. Porém, depois da experiência que tive na Macy's Home Store, disse para mim mesmo que a última coisa que queria fazer era pedir um produto por meio do Groupon *on-line*. Caso eu não gostasse, o que poderia fazer?

Isso nos traz de volta, evidentemente, ao dia do crime e à cena do crime. Estou no corredor e de repente lá estavam todos aqueles diferentes colchões de espuma viscoelástica. Disse OK. Estou no Costco. Fiz muitas pesquisas. A ideia de um colchão de molas ou de um colchão de 45 ou 30 centímetros ou de molas em espiral, nenhuma dessas coisas nunca havia passado pela minha cabeça.

Para mim, o que importava era uma boa noite de sono. Levantar, me sentir razoavelmente bem, para que no dia seguinte eu pudesse ser tão produtivo quanto possível como empresário, pai e marido. Consigo ver. Meus filhos estão falando da *pizza* que desejam comer na saída, e eu digo OK. Aqui está.

Eu tinha de voltar para pegar a prancha porque, ao puxar um colchão, percebi que era muito pesado. O que mais me intrigou – admitindo que alguém já tivesse comprado um daqueles colchões – na verdade foi saber como acondicionar. Porque ele vem dentro de uma caixa desta altura, desta largura, um retângulo cúbico, acredito. Eu disse: "Uau".

Como você me perguntou, o carrinho estava bem cheio. Tentar colocar a caixa em cima de tudo não ia funcionar.

ENTREVISTADOR: O que sua mulher estava fazendo naquele momento? Ela, por acaso, disse "ótima ideia", ou "ah, tenha dó"?

WALKER: Ela estava meio em dúvida. Ela provavelmente estava mais preocupada em impedir que as crianças ficassem se batendo. Havia certo frenesi. Algo como: "Você tem certeza de que quer isso?". Daí puxei a pequena amostra de espuma de 30 centímetros por 30 centímetros. "Aqui, toque nela, sinta."

"Nossa, realmente não é nada mau. Se você quer mesmo, leve. Não é muito dinheiro. Eu sei que você não está dormindo bem, leve." Foi aí que eu saí para buscar a prancha.

ENTREVISTADOR: Quanto custava o colchão? Você se lembra de quanto pagou?

WALKER: Sim, foi US$ 699. É engraçado, porque por acaso havia uma oferta no Groupon, e o do Groupon era mais barato, mas novamente estava muito apreensivo com a possibilidade de ter uma experiência ruim com relação a isso. Vou querer pedir por meio do Groupon *on-line* ou comprar no Costco, que fica a cinco minutos de casa?

ENTREVISTADOR: Havia só um tipo de colchão ou uma grande variedade?

WALKER: Não havia grande variedade, mas dois ou três tipos diferentes para diferentes tamanhos de cama.

ENTREVISTADOR: Você tocou todos eles ou...?

WALKER: Examinamos especificamente dois deles e outro era bem mais alto e parecia bem mais macio. Foi esse que escolhemos.

ENTREVISTADOR: Era o mais caro?

WALKER: Era.

ENTREVISTADOR: Você tinha Groupon, correto? Qual era a loja da qual você ia comprar o colchão? Você não está comprando do Groupon. O Groupon está oferecendo a promoção. Qual era a empresa que estava vendendo o colchão?

WALKER: Honestamente, não me lembro disso agora.

ENTREVISTADOR: A outra coisa que preciso examinar mais a fundo é o comentário de que ir a uma loja de colchões lhe provocava mal-estar, algo do gênero. Qual foi a última vez em que você esteve em uma loja de colchões? Você se lembra?

WALKER: Passei por elas. Outro dia passei por uma.

ENTREVISTADOR: O que ocorre em uma loja de colchões?

WALKER: Primeiro, tenho fobia de micróbios. Ver todas aquelas camas enfileiradas por toda parte é repugnante. Segundo, nunca vi alguém que trabalha em uma loja de colchões fazer perguntas nem de longe próximas do nível que você me fez. Normalmente a pergunta é "qual é o tamanho da sua cama? Quando você pretende gastar?".

De acordo com minhas experiências anteriores, acho que existem muitas pessoas no universo dos colchões que se enquadram na mesma ideia ruim que se tem dos vendedores de carro. Não estou dizendo que todas elas sejam desse jeito. Apenas que foi assim que se deram algumas das minhas experiências.

ENTREVISTADOR: O processo de compra normal é impossível para você. Você não consegue entrar em uma loja de colchões e nem mesmo senti-la, porque existe a ansiedade em torno disso, de que um vendedor vai se aproximar de você. Você nunca se deita em um colchão. Não consigo acreditar.

Fim da entrevista

Vemos nessa entrevista todas as emoções e ansiedade que esse cliente criou em torno da decisão de comprar um novo colchão. Ele pode ser marcado como um comprador por impulso no Costco – e as decisões de marketing podem ser tomadas em torno da ideia de que as pessoas compram colchões por impulso. Entretanto, o fato é que há um ano ele vinha pensando a respeito. Há muito tempo sua mente ponderava. O Costco pode ser visto como o último lugar provável para ele tomar a decisão sobre a grande contratação – ele se encontra em um atacadista em que é possível comprar dezenas de meias e imensas bandejas de camarão. Ele está rodeado de ruídos, e grandes carrinhos de compra, e funcionários que empurram amostras grátis de comida. *Esse* foi o lugar e o momento em que ele finalmente decidiu comprar um novo colchão, após meses de dificuldade.

Seja o que for que o estivesse motivando, não se tratava verdadeiramente de um impulso. E não tinha nada a ver com os detalhes do colchão em si. Ele está preocupado com as molas? Ele está preocupado com as molas em espiral? Simplesmente não há pensamento a esse respeito. Ele não mencionou o colchão em si. Nem um detalhe.

O progresso que ele está tentando fazer é ter uma boa noite de sono para ser um marido e um pai melhor enquanto as suas demais atividades exigem dele extrema dedicação. Todos os dias em que ele foi forçado a fazer uma pequena contratação de seu colchão antigo o levaram a se aproximar cada vez mais do momento no Costco – na verdade, os momentos de pequena contratação malsucedidos podem ter desempenhado o papel mais significativo em sua decisão naquele dia. Ele não estava contratando o novo colchão com o mesmo desespero que tinha para dispensar o antigo. Aquele dia, no Costco, foi decididamente o momento.

Até aquele instante, houve barreiras que o impediram de fazer uma escolha. Dependendo do trabalho, algumas vezes as barreiras são profundas para a grande contratação. *O que impede que alguém resolva tomar a decisão de contratar algo para solucionar um trabalho?* Há casos em que as barreiras ficam em torno da pequena contratação. *Por que essa solução é difícil para você usar – ou na realidade não está solucionando seu problema de forma alguma?* Em ambos os casos, essas barreiras podem ser significativas a ponto de levarem um consumidor a nem mesmo contratar seu produto ou a dispensar o produto assim que ele o introduz em sua vida. Os inovadores precisam ter um sensor guiado pelo calor para as tensões, os conflitos, o estresse e a ansiedade em torno tanto da grande contratação quanto da pequena contratação. Quando saímos em busca de oportunidades de inovação, somos detetives tentando reconstituir uma história complicada com toda a sua riqueza emocional, porque somente ao construir a *história* podemos inovar de uma maneira que muda o final.

O outro fator que deve ser percebido é que isso é um minidocumentário com mais de um personagem. A mulher dele está com ele na loja e dorme na mesma cama. Talvez seja impossível fazer uma compra como essa imediatamente, sem a mulher, diante da possibilidade de ela criticar a escolha: "Você comprou esse colchão imprestável sem me consultar!" Pelo fato de o consumidor e sua mulher estarem no mesmo lugar, no mesmo momento, e de ambos poderem ao menos tocar no colchão, ele conseguiu aliviar a preocupação de ela se queixar da decisão que ele tomou *a posteriori*. Assim que ela disse "OK, eu sei que você não está dormindo bem", ela deu sua aprovação. Uma ansiedade importante foi eliminada. Além disso, saber que o Costco aceitaria o colchão de volta sem estardalhaço – esse é o obstáculo final. Por mais que pareça inacreditável, em virtude das forças conflitantes impelindo e retraindo sua decisão, foi mais fácil para ele dar esse salto, sem jamais deitar no colchão, do que entrar em uma loja de colchões e deitar-se.

Advil, Red Bull ou um novo colchão?

O que um fabricante ou uma loja de colchões deveria extrair dessa entrevista? Como se trata de uma única entrevista – nada demais –, a identificação de trabalhos resume-se à compilação de constatações e percepções, e não a um momento de descoberta inesperada. Entretanto, podemos começar a formular hipóteses e a levantar questões novas e originais, bem como refletir sobre como poderíamos sondar entrevistas subsequentes.

Existe um nítido conflito em torno da experiência do consumidor na loja de colchões. Que experiência seria ideal para o consumidor? Talvez nossos vendedores estejam preocupados predominantemente com as características do colchão e a venda. Será que não deveríamos pensar em suprir nossas lojas de especialistas em "sono", em vez de especialistas em colchões – e dessa forma evidenciar oportunidades para melhorar a estrutura de contratação, treinamento e remuneração? Quando os casais usam um mesmo colchão, a opinião de ambos é importante. Nesse caso, como podemos lidar com a situação quando somente um deles se encontra na loja? Devemos abordar os casais diferentemente? Você poderia formar uma parceria com transportadoras de mudança locais para oferecer uma oferta amarrada com a mudança?

Existe também uma ansiedade associada à troca de uma coisa por outra: *E se eu não gostar do novo? Como posso me desfazer do antigo? Para ser honesto, eu realmente não desejo deixar nosso colchão de 10 anos na calçada à vista de toda a vizinhança... Não me sinto bem com isso.* A lista não para por aí. Mas poderíamos ver outras possíveis hipóteses com entrevistas adicionais. Além disso, talvez as lojas de colchões descubram oportunidades para incluir entrega imediata e retirada gratuita de colchões antigos. Talvez um período de experimentação gratuita de 90 dias e proposta de devolução sem questionamento.

Para o fabricante de colchões, uma das revelações mais importantes provavelmente seja quanto somos dependentes da experiência dentro das lojas e que, quando só pensamos no desempenho de nosso produto, tendemos a ignorar o problema real. Como os varejistas podem se tornar mais bem-sucedidos? Como nós e nossos parceiros no varejo podemos adaptar nossa propaganda e divulgar os benefícios que realmente impulsionarão as visitas e as vendas nas lojas? Os fabricantes certamente já levaram em conta todos os seus concorrentes tradicionais, mas será que já refletiram a respeito do Advil ou do Red Bull? No caso desse entrevistado, alguns de seus comportamentos para compensar as noites mal dormidas envolveram soluções provisórias como essas. Se fosse fabricante de colchões, desejaria conhecer esses "concorrentes" e investigar saídas para diminuir o atrito associado à solução com promessa de um sono regular e de ótima qualidade.

Como um não especialista no universo dos colchões, fico impressionado com a inacreditável profundidade emocional associada com o processo de decisão de compra de um colchão. Além disso, nunca pensei muito a respeito de todos os pontos nevrálgicos e atritos correspondentes à *troca* de um colchão – do momento em que nos desfazemos de um colchão antigo e recebemos um novo em casa. E daí a ansiedade: *E se não for apropriado e meu marido/minha esposa não gostar?* Um dos equívocos mais importantes que muitos profissionais de marketing cometem é coletar alguns poucos pontos de dados de uma enorme amostra de entrevistados quando o que eles realmente necessitam – e essa entrevista demonstra isso – é uma imensa quantidade de pontos de dados de uma amostra menor. Em inovação, as grandes percepções têm mais a ver com profundidade do que com amplitude.

"De repente você consegue enxergar o caminho..."

Tal como disseram muitos executivos que entrevistamos, no momento em que descobrimos um trabalho, ele simplesmente faz sentido intuitivamente. Ele *parece* verdadeiro. Um *insight* genuíno, de acordo com o especialista em neuromarketing Gerald Zaltman, um colega na Harvard Business School, é uma ideia sentida como verdadeira no momento de sua concepção. Quando temos um *insight*, não precisamos nos convencer de que ele é importante nem poderoso. Você simplesmente tem certeza disso.

O segredo para um produto ou serviço ser contratado é compreendermos a narrativa de vida do cliente o mais detalhadamente possível para que possamos desenvolver uma solução que supere em muito tudo o que o próprio cliente poderia ter encontrado palavras para solicitar. A *posteriori*, os *insights* revolucionários podem ser considerados óbvios, mas eles raramente são. Na verdade, eles são fundamentalmente divergentes: vemos algo que outras pessoas não perceberam.

Contudo, como veremos no próximo capítulo, a descoberta de um trabalho a ser feito não é somente um ponto de partida. Estamos vendendo progresso, e não produtos. A fim de criar uma solução que os clientes realmente queiram contratar – e contratar repetidas vezes –, precisamos enxergar todo o contexto dos trabalhos que os clientes necessitam e os obstáculos que interferem nesses trabalhos.

PONTOS-CHAVE DO CAPÍTULO

- Compreender profundamente o trabalho real a ser feito, do qual os clientes necessitam, podem ser desafiador na prática. Normalmente, os clientes não conseguem expressar o que desejam; mesmo quando descrevem o que desejam, seus atos contam uma história completamente distinta.
- Os dados aparentemente objetivos a respeito do comportamento dos clientes com frequência são enganosos, visto que eles focam exclusi-

vamente na grande contratação (quando o cliente realmente compra um produto) e negligenciam a pequena contratação (quando o cliente realmente usa o produto). A grande contratação pode indicar que um produto solucionou o trabalho de um cliente, mas somente uma série constante de pequenas contratações pode confirmá-lo.
- Com relação à possibilidade de um cliente contratar qualquer novo produto, é necessário antes compreender o que ele precisará dispensar para contratá-lo. As empresas não pensam suficientemente sobre isso. Alguma coisa sempre precisa ser dispensada.
- Para entender aquilo que os clientes não conseguem expressar por palavras, é essencial observar cuidadosamente as interações com esses clientes, mantendo sempre uma "mentalidade de principiante". Essa mentalidade ajuda a evitar suposições iniciais que podem filtrar prematuramente informações essenciais.
- É possível compreender plenamente um trabalho se montarmos uma espécie de *storyboard* que descreva detalhadamente as circunstâncias, os momentos de conflito, as experiências imperfeitas e as respectivas frustrações dos clientes.
- Além desse *storyboard*, é importante identificar as forças que levem para uma nova solução, como o "impulso" do trabalho não satisfeito propriamente dito e a "indução" da nova solução.
- É também fundamental compreender as forças que se opõem a qualquer mudança, como a inércia provocada por hábitos atuais e a ansiedade em relação ao novo.
- Quando as forças que se opõem à mudança são fortes, normalmente podemos inovar as experiências de uma forma que as atenue. Por exemplo, minimizando a ansiedade associada à mudança para algo novo.

PERGUNTAS PARA OS LÍDERES

- Que provas você tem de que compreendeu claramente o trabalho de seus clientes? Os atos de seus clientes correspondem ao que eles dizem desejar? Você tem evidências de que seus clientes de fato realizam a pequena e a grande contratação?

- Você consegue contar toda a história sobre como seus clientes transitam entre uma circunstância de conflito, a abdicação de uma solução que eles estejam usando no momento e, finalmente, a contratação de seu produto ou serviço (as grandes e pequenas contratações)? Onde se encontram as lacunas em seu *storyboard* e como você pode preenchê-las?
- Quais são as forças que impedem que os clientes em potencial contratem seu produto? Como você poderia inovar as experiências em torno de seu produto para superar essas forças?

NOTAS

1. Kahneman, Daniel & Tversky, Amos. "Prospect Theory: An Analysis of Decision under Risk". *Econometrica* 47, n. 2, março de 1979, pp. 263-292.
2. Você pode ouvir a entrevista original e sem edição sobre o colchão no *site* de Bob Moesta: Jobstobedone.org.
3. Vale a pena ressaltar em que medida nossa teoria dos trabalhos está relacionada com outra ideia bastante difundida a respeito da inovação centrada no cliente – isto é, o *design thinking*. Essa denominação é comumente aplicada a um amplo conjunto de ideias e métodos, mas essencialmente se refere a uma metodologia de resolução de problemas que enfatize aprofunda a empatia com os clientes, o raciocínio ou pensamento divergente e a rápida iteração de soluções. Um componente central do *design thinking* é a priorização das experiências dos usuários em detrimento dos atributos dos produtos, e nesse ponto de vista fundamental encontramos consenso. Como a teoria dos trabalhos oferece uma explicação *causal* com relação ao motivo pelo qual os clientes adotam algumas inovações e não outras, bem como uma linguagem para compreender a fundo as percepções sobre os clientes que de fato são importantes, ela é complementar e totalmente compatível com o *design thinking*. A linguagem e o processo de pensamento da teoria dos trabalhos oferecem ferramentas eficazes para desenvolver as percepções detalhadas sobre os clientes que o *design thinking* requer e para inspirar soluções que os clientes realmente desejarão comprar.

CAPÍTULO 6

Como elaborar seu currículo

A GRANDE IDEIA

Descobrir um trabalho em toda a sua imensa complexidade é apenas o começo. Ainda há um longo caminho até a contratação. Mas realmente entender um trabalho garante uma espécie de decodificador para essa complexidade, uma linguagem que possibilita especificações bem definidas para solucionar os trabalhos a serem feitos. O êxito dos novos produtos depende não somente dos atributos e da funcionalidade que eles oferecem, mas também das experiências que eles proporcionam.

Se você não tem uma filha pré-adolescente em casa, é provável que não compreenda como alguém pode pensar na possibilidade de pagar mais de 100 dólares por uma boneca. Mas eu fiz isso. Várias vezes. Isso sem falar no que gastamos em roupas complementares e acessórios. Acho que teria saído mais barato se eu tivesse comprado roupas para mim. Quando adolescente, minha filha Katie – e muitas de suas amigas – sonhavam em ter uma das caríssimas bonecas American Girl. Observe os anúncios no Craigslist logo após o Natal. Você encontrará uma quantidade surpreendente de pais ansiosos por comprar roupas de segunda mão ou feitas em casas para bonecas American Girl para complementar o presente que deram à filha. De acordo com as estatísticas, um típico comprador de bonecas da marca American Girl gasta mais de 600 dólares ao todo. A empresa já vendeu 29 milhões de bonecas e alcança mais de US$ 500 milhões em vendas por ano.

O que há de tão especial nas bonecas American Girl? Bem, não é a boneca propriamente dita. Elas são oferecidas em uma variedade de estilos e traços étnicos e são bonecas adoráveis e resistentes. Contudo, a meu ver, elas se parecem com as bonecas com as quais as crianças brincaram ao longo de várias gerações. As bonecas American Girl são *atraentes*. Elas não são *surpreendentes*.

Nos últimos anos, empresas como Toys"R"Us, Walmart e até a Disney tentaram ameaçar o sucesso das bonecas American Girl com bonecas semelhantes (Journey Girls, My Life e Princess & Me) – por uma fração do preço –, mas até o momento nenhuma delas chegou perto. A American Girl consegue fazer jus a um preço *premium* por que não está de fato vendendo bonecas. Está vendendo uma *experiência*.

Quando vemos uma empresa que tem um produto ou serviço que ninguém ainda conseguiu copiar com sucesso, como a American Girl, raramente é o produto em si a fonte da vantagem competitiva de longo prazo, algo que Pleasant Rowland, fundadora da American Girl, já sabia. "Não estamos tentando apenas colocar o produto lá fora; nossa expectativa é criar uma experiência que realize perfeitamente o trabalho", afirma Rowland. Estamos criando experiências que, em vigor, constituem o "currículo" do produto: *Este é o motivo pelo qual você deve me contratar.*

É por isso que a American Girl teve tanto sucesso durante tanto tempo, não obstante as inúmeras vezes em que os concorrentes tentaram abrir espaço a cotoveladas. Eu e minha mulher, Christine, estávamos dispostos a gastar tanto dinheiro nessas bonecas porque compreendíamos o que elas representavam. As bonecas American Girl têm a ver com conexão e fortalecimento da autoconvicção – e a possibilidade de saborear a infância um pouquinho mais. Percebi que criar o conjunto correto de experiências em torno de um trabalho claramente definido – e depois organizar a empresa para oferecer essas experiências (que examinaremos no capítulo seguinte) – é quase como imunizar-se contra rupturas. Os concorrentes disruptivos quase nunca surgem com uma percepção melhor do trabalho. Eles não enxergam além do produto. As meninas pré-adolescentes contratam bonecas para ajudá-las a expressar seus sentimentos e provar quem elas são – sua identidade, sua percepção de *self* e suas raízes culturais e raciais – e para ter esperança de que conseguem transpor os desafios que a vida lhes apresenta. Para os *pais*, que na verdade estão comprando a boneca, o trabalho a ser feito é ajudar a envolver tanto as mães quanto as filhas em um diálogo interessante sobre as gerações de mulheres que viveram antes delas, e sobre as dificuldades e a força dessas mulheres. Esses diálogos começaram a desaparecer após o movimento das mulheres, quando uma quantidade crescente de mulheres passou a fazer parte da força de trabalho, e tanto mães quanto avós estavam ansiosas por uma oportunidade para trazê-las de volta para a própria vida.

"Não tenho dúvida de que parti da tese de que uma inovação tem êxito quando aborda um trabalho que precisa ser feito", salienta Rowland, cujas opções insatisfatórias enquanto procurava um presente de Natal para suas sobrinhas a levaram a essa ideia. Na época, as opções mais conhecidas eram Barbies ou Cabbage Patch Kids hiperssexualizadas, e nenhuma delas podia ajudá-la a estabelecer uma conexão com suas queridas sobrinhas. A visão de Rowland para a empresa, que nasceu quase totalmente das memórias de sua infância, foi construída em torno do objetivo de criar experiências divertidas semelhantes para as mães e filhas que compram bonecas American Girl. Tal como afirmei no Capítulo 4, nossa vida é bastante expressiva.

As bonecas – e o mundo dessas bonecas – são um reflexo da percepção matizada e sofisticada de Rowland sobre o trabalho a ser feito. Existem dezenas de bonecas American Girl que representam uma ampla amostragem de perfis. Por exemplo, temos Kaya, jovem proveniente de uma tribo indígena do noroeste dos Estados Unidos no final do século XVIII. Sua história fala de sua capacidade de liderança, sua compaixão, sua coragem e sua lealdade. Temos Kristen Larson, imigrante sueca que se instala no Território de Minnesota e consegue ter sucesso, não obstante as adversidades e os desafios que enfrenta. Temos Lindsey Bergman, da era moderna, cujo principal interesse é seu *bat mitzvah*, prestes a ocorrer. E assim por diante. Um componente significativo dessa fascinação são os livros historicamente precisos e bem escritos sobre a vida de cada personagem, que expressam os sentimentos e os conflitos que a dona da boneca pré-adolescente pode ter em comum. Esses livros podem ser até mais apreciados do que as próprias bonecas.

Rowland e sua equipe refletiram sobre cada aspecto da experiência necessária para realizar primorosamente o respectivo trabalho. As bonecas nunca eram vendidas em lojas de brinquedos tradicionais. Elas se misturavam e ficavam ao lado de produtos concorrentes de todos os tipos. No princípio, elas eram oferecidas somente por meio de catálogo; depois, nas lojas da American Girl, inicialmente abertas em algumas áreas metropolitanas importantes. Pelo que se constatou, isso contribuía para a experiência, transformando a visita à loja da American Girl em um dia especial fora de casa com a mamãe (ou o papai). As lojas da American Girl têm hospital de boneca para ajeitar cabelos embaraçados ou consertar partes quebradas. Algumas das lojas têm restaurantes, nos quais os pais, as crianças e as respectivas bonecas podem sentar e servir-se de um cardápio adequado para crianças – ou promover festas de aniversário. Essas bonecas se tornaram um catalisador de experiências com a mamãe e o papai que ficarão gravadas para sempre na memória.

Nenhum detalhe era demasiadamente insignificante para não considerar sua importância experiencial. E quanto àquela conhecida embalagem vermelha e cor-de-rosa na qual as bonecas são oferecidas? Rowland criou embalagens com uma janela transparente através da qual se podia ver a boneca dentro, mas elas eram envolvidas com uma espécie de cinta – um invólucro estreito em torno da caixa – e as bonecas eram embaladas em papel de seda. Essa cinta, lembra-se Rowland, acrescentava 2 centavos de dólar e 27 segundos ao processo de empacotamento real. Os *designers* sugeriram que simplesmente imprimissem o nome da boneca diretamente na própria embalagem para economizar tempo e dinheiro – Rowland rejeitou essa ideia imediatamente. "Disse que eles não estavam entendendo. O que é preciso fazer para tornar isso especial para a criança? Não quero que ela receba uma coisa plastificada. O fato de ela ter de esperar uma fração de segundo para tirar a faixa e abrir o papel sob a tampa torna estimulante a experiência de abrir a caixa. Não é a mesma coisa que andar pelo corredor de uma loja de brinquedos e pegar uma Barbie na prateleira. Esse é o tipo de detalhe que nos atrai. Eu simplesmente voltei à minha infância e às coisas que me entusiasmavam."

A American Girl conseguiu definir tão bem o trabalho a ser feito tanto para as mães quanto para as filhas que foi possível utilizar seus principais produtos e serviços – e a lealdade que eles criavam – como plataforma de expansão para áreas que talvez sejam consideradas exageradamente diversas. Bonecas, livros, lojas físicas, filmes, roupas, restaurantes, salões de beleza e até um teatro ao vivo em Chicago, tudo o que Rowland realmente tinha em mente antes de criar sua empresa. Na verdade, intuitivamente tudo isso fazia sentido para ela – com base nas experiências alegres em própria infância – e se enquadrava perfeitamente com o trabalho. Indo ao teatro ao vivo para assistir a uma apresentação de bonecas American Girl? Isso a remete aos dias em que costumava vestir luvas brancas para ir com sua mãe aos concertos da Orquestra Sinfônica de Chicago. "Esse era um dos momentos que estava tentando recriar para as meninas quando elas iam à loja da American Girl. Isso em grande medida provinha da minha própria experiência de vida", explica Rowland. "Simplesmente confiava nas minhas memórias de infância."

Três décadas já se passaram do lançamento, e hoje existe uma geração de fãs da American Girl que já são adultos ansiosos por compartilhar as bonecas – e as experiências que elas possibilitam – com suas próprias crianças. Temos uma amiga de família que no Natal ainda compra bonecas American Girl para sua filha adulta com o desejo expresso de que algum dia ela as transfira para suas próprias filhas.

Sob a propriedade da Mattel, houve uma leve queda nas vendas nos últimos anos, mas ninguém conseguiu destronar a American Girl. "Acho que ninguém estava disposto a dar profundidade ao produto para criar experiência", afirma Rowland. "Eles imaginavam que fosse um produto. Eles nunca entenderam direito a parte da história." Até o momento, nenhum outro fabricante de brinquedos conseguiu copiar a fórmula mágica da American Girl.

Decodificando a complexidade

Tal como mencionei, os trabalhos são complexos e multifacetados. Entretanto, quando compreendemos a fundo um trabalho, obtemos uma espécie de decodificador para decifrar essa complexidade – as especificações de um trabalho, por assim dizer. Embora o trabalho em si seja perceber as circunstâncias do ponto de vista do consumidor e o modo como lida com o conflito para progredir, do ponto de vista do inovador as *especificações do trabalho* são: *O que eu preciso projetar, desenvolver e oferecer no meu novo produto para que ele solucione bem o trabalho do consumidor?* É possível captar os detalhes relevantes do trabalho nessas especificações, como as dimensões funcionais, emocionais e sociais que definem o progresso desejado, as concessões que os clientes estão dispostos a fazer, o conjunto completo de soluções concorrentes que devem ser sobrepujadas e os obstáculos e as ansiedades que precisam ser superados. Essa percepção deve então ser compatibilizada com um produto ou serviço que inclua um plano para transpor os obstáculos e criar o conjunto correto de experiências com relação à compra e ao uso do produto. Desse modo, as especificações do trabalho se tornam o esquema ou modelo que traduz todos os detalhes e a complexidade do trabalho em um guia prático para a inovação. Quando projetados sem as especificações claras do trabalho, até mesmo os produtos mais avançados são propensos a fracassar. Na verdade, existem tantos detalhes para definir com precisão e tantas concessões delicadas a serem feitas, que não podemos confiar na sorte. As experiências que criamos para responder às especificações do trabalho são essenciais para criar uma solução que os clientes, mais do que querer, querem repetidamente. Existe um motivo pelo qual é difícil copiar as inovações bem-sucedidas que se baseiam em trabalho – é nesse nível de detalhe que as organizações criam vantagem competitiva de longo prazo porque é dessa maneira que os clientes decidem que produtos são melhores do que outros.

Experiências e preços *premium*

Na sala de aula em que leciono dou exemplos aos meus alunos para evidenciar como podemos pensar em inovação com base em trabalhos. É somente uma representação simples, mas a intenção é enfatizar a ideia de que, embora seja essencial identificar e compreender o trabalho a ser feito, esse é apenas o primeiro passo para criar produtos que podemos ter certeza de que os clientes desejarão contratar. Produtos pelos quais eles realmente *pagarão preços premium*.

Para isso, precisamos compreender não apenas o trabalho, mas também o conjunto correto de experiências com relação à compra e ao uso desse produto, e posteriormente precisamos integrar essas experiências aos processos da empresa. Todas essas três camadas – descobrir o trabalho, criar as experiências desejadas e integrá-las ao trabalho – são indispensáveis. Quando uma empresa compreende e responde a todas essas três camadas do trabalho representadas aqui, isso significa que ela solucionou o trabalho de uma maneira que os concorrentes não conseguem copiar facilmente.

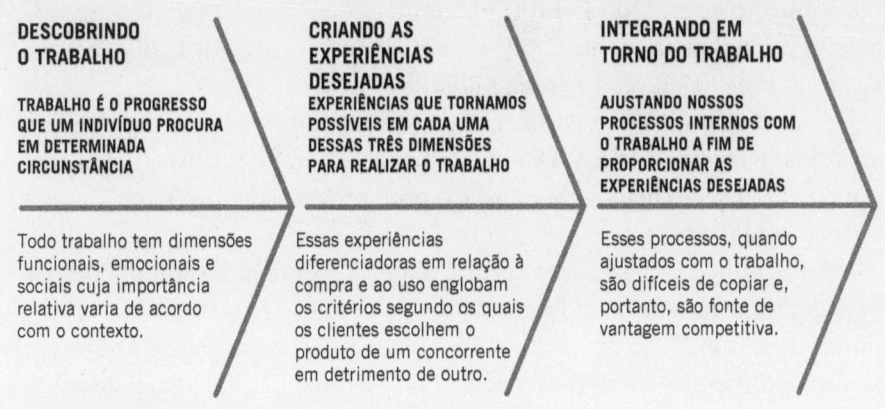

DESCOBRINDO O TRABALHO	CRIANDO AS EXPERIÊNCIAS DESEJADAS	INTEGRANDO EM TORNO DO TRABALHO
TRABALHO É O PROGRESSO QUE UM INDIVÍDUO PROCURA EM DETERMINADA CIRCUNSTÂNCIA	EXPERIÊNCIAS QUE TORNAMOS POSSÍVEIS EM CADA UMA DESSAS TRÊS DIMENSÕES PARA REALIZAR O TRABALHO	AJUSTANDO NOSSOS PROCESSOS INTERNOS COM O TRABALHO A FIM DE PROPORCIONAR AS EXPERIÊNCIAS DESEJADAS
Todo trabalho tem dimensões funcionais, emocionais e sociais cuja importância relativa varia de acordo com o contexto.	Essas experiências diferenciadoras em relação à compra e ao uso englobam os critérios segundo os quais os clientes escolhem o produto de um concorrente em detrimento de outro.	Esses processos, quando ajustados com o trabalho, são difíceis de copiar e, portanto, são fonte de vantagem competitiva.

© JAMES DE VRIES

Pense na IKEA, por exemplo. Há várias décadas, a empresa se mantém como uma das mais lucrativas do mundo. O proprietário, Ingvar Kamprad, está entre os mais ricos do planeta. Como ele conseguiu ganhar tanto dinheiro vendendo móveis com aparência comum que nós mesmos precisamos montar? Ele identificou um trabalho a ser feito.

Trata-se de um negócio que não tem nenhum segredo comercial especial. Qualquer pretenso concorrente pode entrar nas lojas da IKEA, aplicar engenharia reversa nos produtos ou copiar o catálogo. Mas ninguém fez isso. Por quê? O modelo de negócio completo da IKEA – a experiência de compra, o *layout* da loja, o *design* dos produtos e a maneira como são embalados – é bem diferente do modelo de uma loja de móveis convencional.

A maior parte dos varejistas se organiza em torno de um segmento de clientes ou de um tipo de produto. A base de clientes pode ser então dividida em grupos demográficos específicos, como faixa etária, gênero, nível de instrução ou nível de renda. Existem concorrentes cujos consumidores/clientes são ricos – a Roche Bobois vende sofás que custam milhares de dólares! Existem lojas conhecidas por vender móveis de baixo custo a pessoas de baixa renda. E existe uma série de outros exemplos: lojas estruturadas em torno de móveis modernos para moradores urbanos, lojas especializadas em móveis para empresas etc.

A IKEA não se preocupa em vender a nenhum grupo de consumidores definido demograficamente. A IKEA está estruturada em torno de trabalhos que muitos consumidores têm em comum quando estão tentando se estabelecer em novos ambientes: *Preciso mobiliar esta casa até amanhã, porque depois de amanhã devo comparecer ao trabalho.*

Outras lojas de móveis podem copiar os produtos da IKEA. Elas podem até copiar o *layout* da IKEA. Difícil é copiar as experiências que a IKEA proporciona aos seus clientes – e o modo como previu e ajudou seus clientes a superar obstáculos.

Não conheço alguém que aprecia a ideia de despender um dia inteiro para comprar móveis quando necessita de um imediatamente. Não é divertido; é frustrante. Leve em conta que seus filhos provavelmente estarão com você quando estiver comprando e isso pode ser uma receita para o desastre. As lojas IKEA têm uma área infantil, onde é possível deixar os filhos brincando enquanto percorremos a loja – e uma banca de café e sorvete para oferecermos uma recompensa no final. Não deseja esperar sua estante de livros ser entregue em sua casa? Elas são embaladas para montar em caixas de papelão que cabem na maioria dos carros. Dá muito trabalho projetar todas as partes de uma estante de livros ainda não montada e depois montá-la sozinho? Sem dúvida. Entretanto, não é nada impossível, porque a IKEA projetou todos os seus produtos para exigir uma ferramenta simples (que é oferecida em toda embalagem de peças para montar – e que na verdade encontra-se dentro de uma das peças de madeira para evitar que você a perca acidentalmente quando abrir a caixa!). E todas as pessoas que conheço e já tentaram montar um IKEA acabaram sentindo-se muito orgulhosas de si mesmas ao final.

Com quem a IKEA está concorrendo? Meu filho Michael a contratou quando se mudou para a Califórnia para começar seu doutorado: *Ajude-me a mobiliar minha casa* hoje. Ele precisou escolher quem contrataria para realizar o trabalho. Como ele escolheu? Ele precisava algum tipo de critério para isso. Basicamente, ele considerou que nível de importância tinham os elementos básicos do que estava sendo oferecido: custo e qualidade, e as prioridades e concessões que estava disposto a fazer no contexto do trabalho que precisava realizar. Contudo, ele se importou ainda mais com as experiências que cada possível solução lhe oferecia e os obstáculos que precisaria superar para contratar cada solução possível.

Ele contratou a IKEA, ainda que o custo fosse superior ao de algumas das outras soluções que ele tinha, porque a IKEA realiza melhor o trabalho. O motivo pelo qual estamos dispostos a pagar *preços premium* por um produto que acerta em cheio em um trabalho é que o *custo total* de um produto que não consegue realizar o trabalho – desperdício de tempo, frustração, dinheiro gasto em soluções insatisfatórias etc. – é significativo para nós. O "conflito" é caro – já estamos gastando tempo e energia para encontrar uma solução e, portanto, mesmo quando nos deparamos com um preço *premium*, nosso cálculo interno faz com que ele pareça pequeno em comparação com o que já gastamos até então, não apenas financeiramente, mas também em recursos pessoais.

Outras lojas de móveis poderiam até oferecer entrega gratuita a Michael, mas provavelmente o prazo de entrega dos móveis que ele queria comprar seria de dias ou mesmo semanas. Em que ele se sentaria no dia seguinte? O Craigslist oferece pechinchas, mas ele teria de juntar apressadamente suas opções de móveis e alugar um carro para atravessar toda a cidade para pegá-los, e provavelmente recorrer a um amigo para ajudá-lo a carregá-los para cima e para baixo. As lojas de móveis de desconto talvez ofereçam alguns dos benefícios da IKEA, mas é provável que os móveis não sejam tão fáceis de montar em casa. As lojas de móveis inacabados oferecem produtos de qualidade satisfatória, mas a pintura fica por nossa conta! Não é fácil conseguir uma boa pintura em um apartamento pequeno. Provavelmente ele não sentiu tranquilo com nenhuma dessas outras opções.

Só é possível moldar as experiências que são importantes para nossos clientes quando compreendemos com quem de fato estamos concorrendo. É dessa forma que você sabe como deve criar seu currículo para ser contratado para o trabalho. E quando compreendemos isso claramente, nossos clientes ficam mais propensos a pagar um preço *premium* porque solucionamos o trabalho dele melhor do que qualquer outro.

Entretanto, devo esclarecer que algumas vezes os clientes são pressionados a pagar por produtos especiais porque existe uma dependência mútua em relação a um produto que eles já contrataram para solucionar um trabalho em sua vida. Pense no preço espantoso dos cartuchos de tinta para impressora. Ou nos carregadores e estojos de *smartphone*. Cedemos e pagamos um preço *premium* porque não existe uma solução mais adequada no momento, mas ao mesmo tempo desprezamos a empresa por nos "limpar".

Na verdade, esses produtos *provocam* ansiedade, em vez de saná-la. Detesto ser obrigado a monitorar a quantidade de tinta que meus filhos estão usando em nossa impressora doméstica. Não gosto de ficar preocupado com a possibilidade de guardar meu carregador em um lugar e me esquecer de onde. Isso *não* é o que pretendo dizer com relação aos preços *premium* que os clientes estão dispostos a pagar. Em contraposição, no caso das inovações baseadas em trabalho, os clientes não se ressentem do preço; eles ficam agradecidos pela solução.

Removendo os obstáculos

Os produtos que conseguem solucionar bem os trabalhos dos clientes basicamente desempenham um serviço na vida desses clientes. Eles os ajudam a superar os obstáculos que interferem no progresso que eles estão procurando obter. *Ajude-me a mobiliar meu apartamento hoje. Ajude-me a contar a linda história de nossa família para meus filhos.* Um produto torna-se um *serviço* para o cliente quando cria experiências e supera obstáculos, em contraposição a um produto que simplesmente oferece melhores recursos e benefícios.

A fabricante de dispositivos médicos Medtronic aprendeu isso a duras penas quando estava introduzindo um novo marca-passo na Índia.

À primeira vista, parecia um mercado com grande potencial, porque, infelizmente, as doenças cardíacas são as que mais matam naquele país. Entretanto, por uma variedade de motivos, pouquíssimos pacientes acabam optando por um marca-passo para solucionar seu problema. Durante anos a Medtronic apoiou-se em formas tradicionais de pesquisa para desenvolver os produtos que oferece. "Conseguimos compreender extremamente bem os trabalhos *funcionais*", lembra-se Keyne Monson, na época diretor sênior de desenvolvimento de negócios. Por exemplo, quando a Medtronic estava procurando melhorar seus marca-passos, montou painéis de médicos para buscar informações sobre o que eles gostariam de ver na última geração de dispositivos. Em seguida, a empresa realizou pesquisas de campo quantitativas que confirmaram o *feedback* dos painéis de médicos e criou então novos produtos.

As novas versões de marca-passo da Medtronic eram nitidamente superiores, mas, infelizmente, na Índia eles não tiveram a saída que a empresa esperava. Durante algum tempo Monson ficou intrigado com a percepção de que nem a abordagem qualitativa nem a abordagem quantitativa nas quais a Medtronic havia tradicionalmente se apoiado explicavam *por que* as pessoas contratariam um marca-passo e quais seriam os obstáculos – e isso para o grupo mais amplo de interessados em questão.

Com as lentes dos trabalhos a serem feitos, a equipe da Medtronic e a Innosight (que inclui o coautor David Duncan) começaram uma nova pesquisa na Índia. A equipe visitou hospitais e instalações de saúde e entrevistou mais de uma centena de pessoas no país, incluindo médicos, enfermeiros, administradores de hospital e pacientes. Essa pesquisa revelou quatro obstáculos principais que impediam que os pacientes recebessem os cuidados cardíacos essenciais:

Falta de consciência do paciente sobre saúde e necessidades médicas

Falta de diagnóstico adequado

Inabilidade dos pacientes para seguir a trajetória de tratamento

Viabilidade financeira

Embora alguns concorrentes conseguissem algum progresso na Índia, a maior concorrência era o não consumo, em virtude dos desafios que a equipe da Medtronic identificara.

Na abordagem tradicional, a Medtronic provavelmente dobraria o número de médicos ouvidos, indagando sobre as prioridades e os prós e contras do produto. Que atributos eles valorizariam mais, ou menos? Teria perguntado aos pacientes o que eles desejavam que não estava no topo da lista de considerações do ponto de vista de marketing.

Contudo, quando a Medtronic reconsiderou o problema através das lentes dos trabalhos a serem feitos, afirma Monson, a equipe constatou que o quadro era bem mais complexo – diferente daquele que os executivos da Medtronic teriam identificado examinando as estatísticas de doenças cardíacas na Índia ou perguntando aos cardiologistas como poderia melhorar a qualidade dos marca-passos. A Medtronic deixou escapar um componente essencial do trabalho a ser feito. A experiência de ser candidato a implante de marca-passo era estressante e apresentava muitos obstáculos. Para um paciente receber um marca-passo para ajudar a solucionar seus problemas cardíacos, o caminho era complicado. Primeiro, precisava ter consultado um clínico geral local, normalmente a linha de frente de cuidados médicos, mas nem sempre alguém com treinamento formal em medicina. Cada um dos médicos visita centenas de pacientes por dia. "Havia filas de pacientes pelo corredor", lembra Monson. "Havia muitas pessoas aguardando consulta com o clínico geral local, em filas que iam do corredor à sala de consulta do médico, e também encostadas nas paredes." O clínico geral ficava em torno de 30 segundos com cada paciente, que saía dali com uma receita e recomendações ou era encaminhado para um especialista. Os sintomas que poderiam indicar a necessidade de marca-passo podem ser facilmente confundidos com os sintomas de outros problemas de saúde. Era praticamente impossível um potencial paciente conseguir sair de uma breve consulta com o clínico geral e ser encaminhado a um cirurgião cardiovascular para implantar um marca-passo.

Mesmo que ele conseguisse chegar tão longe, o encaminhamento para um especialista de nível mais elevado exigia que o paciente fosse lançado em um sistema no qual seria um completo estranho para as equipes médicas que levariam o processo adiante. A passagem pelo processo de encaminhamento depois que o clínico geral recomendava alguém como candidato a implante de marca-passo era confusa – e cara –para o paciente, que tinha de pagar do bolso por esse serviço médico.

Diante disso, a Medtronic ajustou não apenas as iniciativas de marketing, mas também os serviços que a empresa oferecia para pacientes diretamente visados. Por exemplo, em conjunto com cardiologistas locais, a Medtronic organizou clínicas de triagem de saúde do coração ao redor do país – oferecendo aos pacientes acesso direto e gratuito a especialistas e a equipamentos de alta tecnologia sem que precisassem passar por um clínico geral sobrecarregado.

Pagar por um marca-passo e pelos serviços médicos concomitantes era uma questão importante. Por isso, a Medtronic criou um programa de empréstimo para ajudar os pacientes a pagar pelo procedimento. A empresa presumiu que os pacientes poderiam ser atraídos para empréstimos que na verdade expiravam na eventualidade de morte do paciente, para que assim não sobrecarregasse a família com o encargo da dívida – o componente emocional e social do trabalho a ser feito. Além disso, como a equipe constatou com os próprios pacientes, era isso o que eles normalmente queriam. Contudo, os amigos e familiares queriam algo diferente: eles costumavam se unir em torno de um paciente para conseguir o dinheiro necessário. Nesses casos, era mais provável que o paciente necessitasse apenas de um empréstimo-ponte até o momento em que fosse possível reunir esses recursos financeiros. A Medtronic procurou garantir que esse processo não fosse intimidante para a família: normalmente, um empréstimo é aprovado em dois dias e exige o mínimo de papelada e nenhum financiamento de ativo.

A experiência de se conduzir pela complexa trama do sistema de saúde da Índia pode ser sufocante, tanto para os pacientes quanto para os membros da família. Por isso, a empresa começou a trabalhar com hospitais locais para criar a função de orientador de pacientes, chamando-o inicialmente de *sherpa*, que ajudava os pacientes a contornar a burocracia dos hospitais, mantendo o procedimento e os cuidados subsequentes como prioridade máxima. A função de orientador de pacientes tornou-se tão popular que os hospitais perguntavam se a empresa permitiria que os pacientes que estavam obtendo marca-passo por meio dos procedimentos tradicionais poderiam também procurar a assistência do orientador. Ao vislumbrar uma oportunidade para identificar melhor os trabalhos a serem feitos com base no sistema hospitalar, a Medtronic logo a agarrou. "Em última análise, constatamos que a função era um cargo importante e a ajustamos. E ficamos satisfeitos com isso", lembra-se Monson. "A importância dessa pessoa ficou enraizada em todo o sistema hospitalar e, portanto, em nosso modelo de negócio. E isso nos tornou um parceiro ideal. Para mim, era um claro exemplo de que havíamos acertado em cheio no trabalho a ser feito."

O primeiro marca-passo da Medtronic distribuído por meio do programa Healthy Heart for All – HHFA (Coração Saudável para Todos) – na Índia foi implantado no final de 2010. Atualmente, a Medtronic mantém parceria com mais de uma centena de hospitais em 30 cidades. A Índia é considerada um dos mercados da empresa com o maior potencial de crescimento.

De acordo com Shamik Dasgupta, vice-presidente do Cardiac & Vascular Group, subcontinente indiano, Medtronic, "dentro do programa HHFA, desde o início até dezembro de 2015, em torno de 167 mil pacientes passaram por triagem de doenças cardíacas até o momento, dos quais 89,9 mil foram orientados e cerca de 15 mil receberam tratamento, com concessão de linha de crédito de assistência financeira em aproximadamente 550 casos".

Para que isso se tornasse possível, foi necessário desenvolver relacionamento com vários parceiros que ajudaram a Medtronic a realizar o trabalho dos clientes. "Por meio da avaliação do Healthy Heart for All, a Medtronic identificou a necessidade de parceiros em diferentes estágios da trajetória de tratamento de pacientes que pudessem atuar como um apoio consistente na remoção de obstáculos ao acesso ao tratamento", ressalta Dasgupta. "Nesse caso, os parceiros com competência em financiamento, administração de empréstimos, triagem e orientação de pacientes desempenharam um papel fundamental. Com programas como o Healthy Heart for All, a Medtronic está oferecendo um valor maior aos pacientes, aos profissionais de saúde e aos hospitais. E esse valor faz a diferença nos casos em que isso não é fácil."

A experiência da empresa Uber

A importância de criar o conjunto adequado de experiências em um trabalho específico sem dúvida não é universalmente compreendida. Não conheço ninguém que aprecie a experiência de alugar um carro, por exemplo. Desembarcamos em um aeroporto, cansados da viagem e ansiosos para pegar a estrada para nosso destino. Entretanto, primeiramente precisamos encontrar o balcão da locadora que desejamos na área de desembarque do aeroporto ou descobrir onde podemos pegar o ônibus de traslado até o estacionamento externo em que deixamos nosso carro. As filas de *check-in* ou *check out* em geral são longas, e não é incomum finalmente chegarmos à nossa vez na fila e constatarmos que em vez disso poderíamos ter optado por alguma forma de "*check-in* rápido". Precisamos cronometrar a devolução do carro à locadora para ter tempo de encher o tanque antes de deixá-lo no estacionamento porque não queremos ser obrigados a pagar um valor acima da média para estender o tempo. E toda locadora que conheço fica em cima da pessoa que está devolvendo o carro para que ela seja responsabilizada a tempo por qualquer arranhão ou amassado que a empresa declara ter ocorrido durante o período em que o carro ficou com a pessoa. Algumas locadoras de automóveis fecham cedo nos fins de semana e influem em nossa decisão sobre o momento em que precisamos retornar ao aeroporto. Até mesmo quando nada sai errado, essa é uma experiência quase sempre desagradável, acompanhada de frustrações e ansiedades.

Basta procurar no Google por "avaliações de aluguel de carros" para ver quantos clientes adoram a experiência de alugar um carro. Não é difícil encontrar *hashtags* que nos dizem com que eficiência o setor de locação de automóveis está atendendo aos clientes: por exemplo, no Twitter em inglês, podemos encontrar críticas à qualidade ruim ou inferior das locadoras, como #hertzsucks e #avissucks, e muitas outras. *On-line*, podemos encontrar uma torrente de reclamações, mas a maior parte delas, em vez de mencionar algo a respeito dos carros que as empresas alugam, volta-se para a experiência de fato associada à locação do carro. Contudo, com exceção de alguns ajustes pequenos e superficiais (oferecer aos clientes frequentes a possibilidade de não precisar ir ao balcão da locadora no aeroporto), as locadoras de automóveis continuam concorrendo quase exclusivamente em preço ou na variedade de carros que têm para oferecer.

Os clientes sempre procuram soluções provisórias, mesmo que elas sejam imperfeitas. Se eles estiverem viajando a negócio e forem antigos o suficiente em uma empresa, é provável que eles deem ordem aos funcionários locais mais novos para que os apanhem na área de desembarque. Ou contratem um serviço de táxi para o dia todo. Conheço uma pessoa que, quando o avião em que ela estava desviou da rota inesperadamente, pagou um Uber para ir de Milwaukee a Chicago, só para não suportar o estresse e o aborrecimento de alugar um carro.

Essas soluções provisórias devem ser um sinal de alerta para o setor de locação de automóveis – que em um futuro não muito distante talvez enfrente o ataque violento de novos concorrentes quando o trabalho da "mobilidade" tomar forma. Quando não oferecemos as experiências que ajudam os clientes a solucionar os trabalhos que eles têm a fazer, ficamos vulneráveis a rupturas no momento em que surgem melhores soluções e os clientes desertam rapidamente.

Em contraposição, uma empresa que conhece nitidamente o que está em jogo é a Uber. Nos últimos anos, poucas empresas atraíram tanto a atenção da mídia quanto a Uber. Em minha opinião, a Uber teve êxito porque conseguiu definir perfeitamente o trabalho a ser feito. Sim, a Uber normalmente consegue oferecer um carro apropriado para nos levar do ponto A ao ponto B, mas não é nisso que criou sua vantagem competitiva. As experiências que acompanham a contratação de um Uber para solucionar os trabalhos que os clientes precisam são melhores do que as oferecidas pelas alternativas existentes. É esse o segredo do sucesso da Uber. Tudo o que está relacionado com a experiência de ser cliente – incluindo as dimensões emocionais e sociais – foi considerado cuidadosamente. Quem deseja passar na frente de outros pobres coitados que estão tentando parar um táxi na mesma esquina? Não queremos pagar por um serviço de táxi para ficar nos esperando lá fora enquanto estamos em uma reunião nem ficar à sua mercê quando finalmente estivermos prontos para chamá-lo para nos apanhar de volta. Com o Uber, simplesmente pressionamos alguns botões no telefone celular, certos de que em três ou sete minutos um motorista específico chegará para nos apanhar. Depois disso podemos relaxar e simplesmente aguardar. Não precisamos nos preocupar se temos ou não dinheiro o suficiente na carteira nem temer que, se passarmos o cartão de crédito em uma máquina daquele táxi, receberemos um telefonema do banco perguntando se fizemos compras recentemente em algum estado no qual nunca estivemos. Chamar um Uber tem uma probabilidade ainda maior de acalmar nossa ansiedade de entrar sozinho em um táxi. Com o Uber, existe um registro de nossa solicitação, sabemos especificamente quem nos apanhou e com base nas classificações do motorista sabemos também se ele é ou não confiável. O serviço Uber não concorre apenas com os serviços de táxi e de transporte, ele concorre também com a opção de pegar o metrô para ir para casa ou telefonar para um amigo.

As organizações que se preocupam em tornar o produto cada vez melhor estão deixando escapar o mecanismo causal provavelmente mais influente de todos – *quais são as experiências que os clientes procuram não apenas quando estão comprando, mas também quando estão usando o produto?* Se você não souber a resposta a essa pergunta, provavelmente não será contratado.

Como sei se você é adequado para o trabalho?

A Amazon também sabe exatamente quais experiências seus clientes valorizam. Tudo gira em torno do objetivo de oferecer adequadamente essas experiências. Vários fatores possibilitaram o crescimento meteórico da Amazon, mas de forma alguma ela poderia ser "a loja de tudo" sem as avaliações feitas por seus clientes. Na verdade, diria que provavelmente a Amazon é a coisa mais difícil de ser copiada por qualquer pretenso concorrente.

Por que as avaliações da Amazon são tão importantes? Porque elas ajudam os clientes a obter o progresso que eles desejam. Se eu der uma olhada ao redor de minha casa ou da casa de meus amigos, por exemplo, possivelmente verei uma variedade de produtos comprados na Amazon. Um televisor. Uma panela elétrica de arroz. Uma câmera digital. Um processador de alimentos. O que possibilita que eu e milhões de outras pessoas compremos produtos incomuns com uma confiança ainda maior pelo fato de estarem listados em um *site*? Essa lista essencial de atributos e recursos não me ajuda muito – na realidade, meus olhos tendem a saltar diretamente essa seção. E eles seguem imediatamente para a linha em que posso verificar se aquele é o produto correto para eu contratar para o meu trabalho: "56 avaliações. 21 perguntas respondidas".

É claro que ver um produto com um monte de classificações de quatro estrelas em uma escala de cinco ajuda, mas o que de fato preciso saber é o que os avaliadores que estavam contratando o produto para o mesmo trabalho que eu têm a dizer? Provavelmente existem várias avaliações sobre uma torradeira elétrica, mas na verdade desejo saber se a torradeira me ajudará a aquecer uma *pizza* congelada quando eu não quiser ligar o forno convencional. Tenho certeza de que várias pessoas se importam com o número de *pixels* e o *zoom* de uma câmera digital, mas eu só desejo saber se essa câmera é fácil de configurar e usar. Em outras palavras, a Amazon me possibilita comprar categorias incomuns com total confiança porque consigo encontrar pessoas que têm em comum um mesmo trabalho e classificam o desempenho que mais importa para mim nessas avaliações.

Não há dúvida de que a Amazon sabe a importância dessas avaliações. Existem os avaliadores da Galeria da Fama (super respeitados nas avaliações) e o ranking dos 10 mil melhores avaliadores – classificados pelo número e pela porcentagem de votos úteis que suas avaliações receberam. Em 2015, a Amazon introduziu também a tecnologia que automatiza a concessão de um peso maior aos avaliadores mais novos, às avaliações de clientes confirmados da Amazon e às avaliações em que uma quantidade maior de clientes votou como útil.

As empresas que vendem seus artigos na Amazon se preocupam tanto com a influência dessas avaliações que normalmente enviam um *e-mail* aos seus clientes logo depois que a compra chega ao seu destino para perguntar se eles têm algum *feedback* – na expectativa de se antecipar a qualquer *feedback* negativo antes que ele acabe aparecendo na página de avaliação. Elas fazem o que está a seu alcance, como reembolso ou troca sem inconvenientes, em vez de correrem o risco de receber uma avaliação ruim de um avaliador importante que certamente influenciará o número de pessoas que contratarão aquele produto para o trabalho a ser feito. A experiência que essas avaliações oferecem aos outros clientes é extremamente valorizada: *Não desejo a inconveniência de precisar devolver um produto ou simplesmente de pensar que foi um desperdício de dinheiro. E não desejo aguardar dois dias para só então descobrir que vou precisar de outra solução. Como posso ter certeza de que não estou cometendo um engano?*.

Nos últimos anos, as avaliações *on-line* melhoraram fundamentalmente a experiência de compra com relação a praticamente qualquer coisa. Podemos conferir avaliações sobre tudo, de oficinas de carro a empresas de seguro, com apenas alguns toques no teclado. As avaliações *on-line* contribuem para que os produtos de excelente qualidade sejam contratados.

Mas elas são uma faca de dois gumes. Da perspectiva da empresa, essa é a primeira vez na história em que precisamos pensar a respeito de como divulgar a informação sobre quem *não* deve contratar nosso produto. O cliente que contrata nosso produto ou serviço para um trabalho para o qual ele não foi concebido ficará tremendamente decepcionado – e talvez redija uma avaliação *on-line* de insatisfação. As avaliações negativas podem quebrar uma empresa. Os proprietários de restaurante normalmente se queixam por terem se tornado reféns das classificações do Yelp e ficado à mercê de avaliações realizadas por pessoas de paladar duvidoso. O Airbnb trabalha com seus clientes "anfitriões" para que as listagens deixem bem claro quem deve – e quem não deve – contratá-las, afirma Chip Conley, do Airbnb. A Airbnb aconselha os anfitriões a imaginar que existe "um boletim invisível na testa dos hóspedes em potencial" que classifica tudo sobre como o local em si atendeu às suas expectativas. "Enaltecer" sua listagem mais do que depressa agirá contra você no Airbnb – e nos mercados cada vez mais numerosos nos quais as avaliações funcionam quase como uma moeda.

As listagens do Airbnb enfatizam como é a comunidade ou a região e que tipo de experiência os hóspedes terão na casa em questão. É cômoda? É silenciosa e tranquila? Fica em um lugar movimentado? É importante aprender todos esses detalhes tanto na descrição quanto nas fotos para que os hóspedes não fiquem decepcionados com a escolha que fizerem – e depois escrevam uma avaliação negativa do lugar.

Pesquisas indicam que 95% dos consumidores recorrem a avaliações e 86% afirmam que elas são fundamentais para tomar decisões de compra.[1] E cerca de um terço dos consumidores com 45 anos de idade consulta avaliações para *toda compra* que faz. Agora, as empresas precisam considerar de que forma devem instruir os clientes a respeito do trabalho para o qual esses produtos e serviços foram concebidos[2] – e em que circunstância os clientes em potencial não devem pensar na possibilidade de contratá-los. Essa é uma nova peculiaridade.

Marca com propósito

Existe uma ferramenta que nos ajuda a evitar que nosso produto ou serviço fique vulnerável aos clientes que o contratam para os motivos errados. Se desenvolvida com perfeição, sua marca pode se tornar sinônimo do trabalho ao qual ela se destina – o que é conhecido como marca com propósito. Na reação que faço dessas marcas, você com certeza identificará imediatamente para que trabalho elas foram contratadas:

Uber

TurboTax

Disney

Mayo Clinic

OnStar

Harvard Match.com

OpenTable

LinkedIn

E uma das minhas marcas favoritas pessoais: Jack Bauer. Quando precisamos salvar o mundo em 24 horas, Jack Bauer é o cara.

Um produto que cria consistentemente as experiências corretas para solucionar os trabalhos dos clientes deve tocar, impressionar e dirigir-se ao consumidor: *Não precisa mais procurar: sou a escolha certa!* Se você precisa mobiliar o apartamento que acabou de alugar ou equipar o dormitório de sua filha na universidade, torça para que haja uma IKEA nas imediações. A IKEA tornou-se uma marca com propósito para *Ajude-me a mobiliar meu apartamento hoje.*

As marcas com propósito desempenham o papel de informar externamente que os "atributos incluídos" foram concebidos para oferecer uma experiência completa e bastante específica. A marca com propósito está posicionada no mecanismo que *motiva* as pessoas a comprar um produto: ela define precisamente os trabalhos. A marca com propósito informa às pessoas que elas devem contratá-la para o trabalho que precisam realizar.

A recompensa por desempenhar perfeitamente um trabalho não é a reputação da marca nem a paixão pela marca – embora isso possa ocorrer –, mas, na verdade, o fato de que os clientes vão tecê-la à trama de sua vida. Como as marcas com propósito integram-se em torno de trabalhos importantes a serem feitos, em vez de se conformarem a bases de concorrência estabelecidas, elas normalmente reconfiguram a estrutura do setor, mudam o princípio da concorrência e auferem preços *premium*.

Antes de a Keurig nos socorrer, degustar uma boa xícara de café expresso em casa era um problema. O salva-vidas dos pais, conhecida como Lunchables, não concorria exatamente com a seção de *delicatessen*, a seção de queijos ou o corredor de bolachas e biscoitos, mas com certeza tornou a vida mais fácil. Antes de Fred Smith criar a FedEx, os documentos urgentes precisavam ser encaminhados para um mensageiro, que então pegava um avião para o lugar de destino a fim de cumprir um prazo importante.

Atualmente, FedEx é um nome conhecido, mas superar os obstáculos para entrar no mercado teria parecido impossível há algumas décadas. Entretanto, através das lentes do trabalho, isso faz sentido. Os concorrentes que ingressam em mercados que parecem fechados e comoditizados o fazem porque se associam a um trabalho importante a que nenhum dos concorrentes estabelecidos deu prioridade. A Pixar deu aos frequentadores de cinema um motivo para se importarem com o estúdio que produz um filme. A marca Apple assegura às pessoas que a tecnologia será fácil de usar e terá um *design* atraente. A American Girl possibilita que mães e filhas se relacionem e criem experiências em comum de uma maneira que desafia a categorização do setor.

A Milwaukee Electric Tool Corporation monopolizou o mercado em duas áreas com marcas com propósito extremamente sólidas: Sawzall e HOLE HAWG. Sawzall é uma serra vaivém que os profissionais contratam quando precisam cortar rapidamente uma parede e não têm certeza do que existe sob a superfície. Essa serra é contratada para o trabalho de ajudar a serrar com segurança praticamente qualquer coisa. Sem medo. Quando observo uma parede e não sei o que há por trás, sempre me pergunto: onde está a minha Sawzall?

Os encanadores contratam a furadeira em ângulo reto HOLE HAWG, da Milwaukee, quando precisam fazer um furo em um espaço apertado. Concorrentes como Black & Decker, Bosch e Makita fornecem serras vaivém e furadeiras em ângulo reto com desempenho e preço comparáveis, mas nenhum deles tem uma marca com uma proposta tão presente na mente dos profissionais quando eles têm um desses trabalhos para fazer. Durante décadas a Milwaukee deteve mais de 80% desses dois mercados de trabalho.

As outras ferramentas da empresa nem de longe são tão aplaudidas. A palavra "Milwaukee" não representa qualquer mercado. Entretanto, a serra Sawzall e a furadeira HOLE HAWG são contratadas para trabalhos extremamente específicos – e se tornaram marcas com propósito.

As marcas com propósito oferecem uma clareza notável. Elas se tornam sinônimo do trabalho. Uma marca com propósito bem desenvolvida impede que um consumidor sequer considere a possibilidade de procurar outra opção. Eles desejam *aquele* produto. O preço *premium* que uma marca com propósito aufere é o "ordenado" que os clientes estão dispostos a pagar pela marca por oferecer essa orientação.

A Federal Express é um exemplo de como se desenvolvem marcas com propósito bem-sucedidas. Um trabalho que praticamente sempre existiu é: *Preciso enviar isto daqui para lá, o mais rápido possível, com total segurança.* Nos Estados Unidos, alguns clientes contratavam o serviço dos Correios (U.S. Postal Service); algumas almas afoitas pagavam mensageiros para pegar um avião. Entretanto, como ninguém ainda havia desenvolvido um serviço adequado, as marcas dos serviços alternativos inadequados ficavam manchadas quando eram contratadas para esse propósito. Mas depois que a Federal Express desenvolveu seu serviço para realizar especificamente esse trabalho, e o executou maravilhosamente repetidas vezes, a marca FedEx começou a vir à mente das pessoas.

Isso não foi criado por meio de propaganda. Foi criado por meio das pessoas que contrataram o serviço e constataram que ele dava conta do recado. A FedEx tornou-se uma marca com propósito – na verdade, tornou-se um verbo na linguagem internacional de negócios que está inextricavelmente associado com esse trabalho específico.

Existe uma lista bastante extensa de marcas com propósito, entre as quais Starbucks, Google e craigslist.org, que na realidade foram desenvolvidas com um mínimo de propaganda logo no começo. São marcas tão consolidadas que se tornaram verbos: "Just Google it" ("dar um google"). No entanto, elas tiveram sucesso porque todas estão associadas com um propósito claro – elas foram aperfeiçoadas em torno de um trabalho a ser feito. Nessas situações, essas marcas simplesmente vêm à mente dos consumidores.

De modo similar, as marcas que não conseguem se integrar em torno de um trabalho correm o risco de se tornar substitutos temporários de categoria – e são forçadas a concorrer em preço e a se atracar com concorrentes similares. Basta pensar nas companhias aéreas, nas montadoras de automóveis, nas cadeias de hotéis de negócios, nas empresas de locação de automóveis ou nos fabricantes de clones de PC. Ser chamado de "clone" nunca pode ser boa coisa.

Entretanto, pode ser extremamente fácil uma organização perder a percepção sobre o poder de uma marca com propósito quando adquire o mau hábito de acrescentar novos benefícios e recursos com o interesse de criar "novos" mercados ou de justificar um aumento de preço. Na minha cidade natal, durante anos o carro da família foi um Volvo. Era possível encontrar esses carros quadradões inconfundíveis por toda parte, no estacionamento de escolas, de supermercados e de campos de beisebol ao redor da cidade. Talvez fossem mais caros do que outras opções de carro de família e, sejamos francos, não eram atraentes – mas garantiam algo fundamental: segurança. Desde sua fundação em 1927, seus dois líderes originais ajustaram a bússola em direção a esse propósito: "Os carros são dirigidos por pessoas. O princípio norteador por trás de tudo o que fazemos na Volvo, portanto, é e deve continuar sendo segurança". Décadas depois, essa montadora de automóveis sueca ganhou sua elevada reputação – uma marca com propósito voltada para a segurança e confiabilidade.

Contudo, depois que a Ford comprou a Volvo em 1999, ela parece ter se desviado dessa marca transparente, criando carros vistosos para tentar concorrer com veículos de luxo convencionais. A consequência não foi apenas um declínio nas vendas, mas uma brecha no mercado para que os carros concorrentes apregoassem seus recursos de segurança. A Volvo não detinha mais esse prestígio. Em 2005, já não era nem mesmo lucrativa. A recessão não ajudou. Em 2010, a Ford perdeu totalmente a esperança na

Volvo, vendendo-a com um prejuízo considerável à Geely, montadora de automóveis chinesa. "Perdemos o rumo", afirmou Tony Nicolosi, diretor executivo da Volvo North America, à revista *Autoweek* em 2013.³ "Precisamos voltar às nossas raízes. A sociedade está voltando para o que representamos como marca: meio ambiente, família, segurança. Simplesmente não fomos competentes para transmitir isso." Sob o controle acionário da Geely e um investimento substancial – e foco renovado em segurança e confiabilidade –, a Volvo finalmente retomou seu crescimento em 2015. Entretanto, temo que talvez a empresa tenha perdido para sempre seu *status* de marca com propósito.

Uma marca com propósito deixa bastante claro quais recursos e funções são relevantes para o trabalho e que possíveis melhorias no final se mostrarão irrelevantes. Uma marca com propósito não é apenas valiosa para o cliente fazer suas escolhas. As marcas com propósito criam enormes oportunidades para diferenciação, precificação *premium* e crescimento. Uma marca com propósito claro orienta os *designers* de produto da empresa, os profissionais de marketing e os anunciantes, à medida que eles desenvolvem e levam ao mercado produtos aprimorados. Tal como examinaremos nos dois capítulos seguintes, ter um trabalho a ser feito como "guia" ajuda a orientar a organização a desenvolver o produto correto e as experiências corretas para alcançar esse trabalho – e não a "ultrapassar os limites" de uma maneira que os consumidores não valorizarão.

Conseguir uma marca com propósito é a cereja do bolo no que tange aos trabalhos. Uma marca com propósito, quando bem desenvolvida, oferece uma vantagem competitiva decisiva. *Não precisa mais procurar. Nem se dê ao trabalho de outra coisa qualquer. Simplesmente me contrate para que seu trabalho de fato se realize.*

PONTOS-CHAVE DO CAPÍTULO

- Depois de compreender totalmente o trabalho do cliente, o passo seguinte é desenvolver uma solução que o solucione perfeitamente. Como os trabalhos têm detalhes e complexidades inerentes, a respectiva solução também deve ter. Os detalhes específicos do trabalho, e os detalhes correspondentes de sua solução, são importantes para garantir uma inovação bem-sucedida.

- É possível captar os detalhes relevantes do trabalho em suas especificações, como as dimensões funcionais, emocionais e sociais que definem o progresso desejado, as concessões que os clientes estão dispostos a fazer, o conjunto completo de soluções concorrentes que devem ser sobrepujadas e os obstáculos e as ansiedades que precisam ser superados. As especificações do trabalho se tornam o esquema ou modelo que traduz todos os detalhes e a complexidade do trabalho em um guia prático para a inovação.
- Uma solução completa para um trabalho deve incluir não apenas seu produto ou serviço principal, mas também experiências de compra e uso cuidadosamente projetadas que superem qualquer obstáculo que um cliente possa enfrentar ao contratar nossa solução e dispensar outra. Isso significa que, em última análise, todas as soluções de trabalho bem-sucedidas podem ser consideradas como um serviço, mesmo para empresas de produtos.
- Se você conseguir definir precisamente um trabalho, com o passar do tempo poderá transformar a marca de sua empresa em uma marca com propósito, uma marca que os clientes associarão automaticamente com a resolução bem-sucedida de seus trabalhos mais importantes. Uma marca com propósito oferece uma orientação clara ao mundo externo sobre o que sua empresa representa e uma orientação clara aos funcionários que norteia suas decisões e seus comportamentos.

PERGUNTAS PARA OS LÍDERES

- Quais são os detalhes essenciais que devem ser incluídos nas especificações do trabalho pretendido? Você conhece os obstáculos que se interpõem no caminho de seus clientes? Suas soluções atuais abrangem todos esses detalhes?
- Que experiências de compra e uso seus clientes têm atualmente? Em que nível elas estão associadas com as exigências presentes nas especificações do trabalho completo? Em que lugar existe oportunidade para aprimorá-las?

NOTAS

1. Fonte: *PowerReviews*, fornecedora de classificações, avaliações e tecnologia de perguntas e respostas para mais de mil marcas e varejistas.
2. Li recentemente um relato de um proprietário de restaurante que não gostava de receber avaliações muito boas no Yelp porque tais avaliações atraíram aficionados por culinária sofisticada em busca de alguma preciosidade oculta. Seu restaurante, dizia, era *satisfatório*. Mas, por alguma razão, os aficionados, a quem nunca teve intenção de atrair, ficavam decepcionados e redigiam avaliações negativas.
3. Rong, Blake Z. "The Future of Volvo". *Autoweek*, 29 de dezembro de 2013. <http://autoweek.com/article/car-news/future-volvo>.

SEÇÃO III
A ORGANIZAÇÃO DOS TRABALHOS A SEREM FEITOS

O desafio real é saber posicionar esse grupo cheio de energia – sua equipe – em relação a um roteiro futuro, parte do qual você ainda não consegue ver. A teoria dos trabalhos nos ajuda a fazer isso. Ela é absurdamente eficaz, quando a entendemos corretamente.

—Chet Huber, Fundador e Diretor Executivo da OnStar

CAPÍTULO 7

A integração em torno de um trabalho

A GRANDE IDEIA

Normalmente, as organizações estruturam-se em torno de uma atividade ou de uma unidade de negócios ou geograficamente, mas as empresas de crescimento bem-sucedidas otimizam em torno de um trabalho. A vantagem competitiva é conferida por meio de processos exclusivos da organização: a maneira como ela realiza a integração entre diferentes funções para a execução do trabalho do cliente.

Durante grande parte de 2015, lutei com uma doença que havia deixado meus médicos aturdidos. Eles haviam levantado várias hipóteses e me submetido a uma bateria de exames, mas não conseguiram identificar o que havia de errado comigo. Por isso, fui enviado à Clínica Mayo para uma semana de consulta com especialistas para ver se conseguiriam chegar à raiz do meu problema. Os nervos do meu corpo ficavam inflamados e me deixavam irritado. Essa é a melhor forma de descrever minha enfermidade. Na época, ficava quase o tempo todo com dor e minhas idas à Clínica Mayo não clareavam as coisas. Hoje percebo, porém, que a clínica havia integrado perfeitamente as experiências e me ajudado a superar os obstáculos para realizar o trabalho que eu tinha a ser feito, algo que eu nunca havia percebido antes nos anos em que visitei outras instalações médicas.

Diferentemente de hospital tradicional, a Clínica Mayo encarregou alguém para cuidar do processo. Desse modo, por exemplo, quando alguém deseja que eu vá à clínica para um diagnóstico, essa pessoa pensa em todas as especialidades médicas que seriam necessárias, o que é bem semelhante a ter o melhor *insight*, e em que sequência provavelmente eu precisaria delas. A pessoa responsável por esse processo marca consultas – algumas vezes em tempo real – para eu passar por todos os devidos especialistas enquanto eu estiver lá nessa visita. Todo especialista tem obrigação de manter janelas ao longo do dia para atender necessidades eventuais. A pessoa encarregada de minha visita assumiu toda a responsabilidade de descobrir quem eu precisava consultar, quais dados eles necessitariam para essa consulta, quais grupos de especialistas precisariam conversar comigo, etc. Ela assumiu a responsabilidade de me conduzir tranquilamente ao longo do dia. Portanto, quando mal aguentava passar o dia com dor, havia outra pessoa tentando garantir que, se eu tivesse que estar com determinado especialista às 14h, meu exame de imagem estivesse pronto, no máximo, às 11h30min. Qualquer ansiedade que eu pudesse ter durante essa visita – *Será que vou consultar com todos hoje? Será que serão necessários dois meses para um acompanhamento? Meu seguro cobre essa consulta complementar?* e assim por diante – era eliminada antes mesmo que eu tivesse ideia de sua existência.

Aparentemente, a Clínica Mayo está organizada em torno das especialidades médicas, como muitas outras organizações de saúde. Na realidade, de acordo com o princípio organizacional básico, o *processo* dispõe as coisas certas na sequência certa para realizar o trabalho.

Quando pensamos na palavra "processo", é provável que de imediato nos venham à mente imagens da linha de montagem de uma fábrica ou de um modelo burocrático. Entretanto, os processos envolvem tudo o que diz respeito ao método pelo qual as organizações transformam seus recursos em valor: os padrões de interação, coordenação, comunicação e tomada de decisão por meio dos quais elas realizam essas transformações são *processos*. Desenvolvimento de produtos, *procurement*, pesquisa de mercado, orçamento, desenvolvimento e remuneração de funcionários e alocação de recursos, tudo isso é executado por meio de processos. Ajudar os clientes a ter uma experiência prazerosa ao usar seus produtos é uma iniciativa que envolve processos. *Que informações precisamos ter para decidir o que fazer em seguida? Quem são os responsáveis pelas etapas? Que coisas devemos priorizar em detrimento de outras?*

De modo geral, os recursos são substituíveis. Eles podem ser comprados e vendidos. Normalmente, os produtos podem ser facilmente copiados. Contudo, é por meio da integração de *processos* para realizar o trabalho que as empresas podem criar experiências ideais e conferir vantagem competitiva.

Diferentemente da minha experiência na Mayo Clinic, em um hospital tradicional haveria um clínico geral (ou médico de família) para coordenar meu tratamento. Ele faria esse trabalho, com a melhor das intenções. Isso é diferente, porém, de ter um *processo* deliberado. O hospital deseja muito ajudar todo mundo, mas essa ajuda ocorre de maneira assistemática: todos seguem uma sequência diferente com relação a quem eles consultam e quando. Por isso, por exemplo, sempre que parece estar ocorrendo algo na confluência de duas vias diferentes em meu corpo, são necessários meses e uma série de consultas distintas para que eu possa ter os dois especialistas corretos na mesma sala. Com base em minha experiência pessoal, não há dúvida de que, para um bom médico, é bem mais fácil e bem mais rápido obter respostas quando ele trabalha em uma clínica como a Mayo do que quando trabalha em um ambiente hospitalar tradicional.

Os processos são invisíveis do ponto de vista do cliente, mas os resultados desses processos não o são. A longo prazo, os processos podem influenciar profundamente a possibilidade de um cliente escolher seu produto ou serviço. E eles podem ser a melhor aposta de uma empresa no sentido de garantir que o trabalho do cliente, e não a eficiência ou a produtividade, continue sendo o principal ponto de convergência para a inovação no longo prazo. A ausência de um processo, tal como ocorre com a maioria dos hospitais tradicionais, ainda assim é um processo. As coisas são feitas, ainda que de maneira caótica. Mas isso não é um bom sinal. William Edwards Deming, pai do movimento da qualidade, expressou bem isso: "Se você não consegue descrever o que está fazendo como um processo, então não sabe o que está fazendo".

O molho secreto

Durante anos a Toyota abriu suas portas para os concorrentes. Duas vezes por mês, a montadora de automóveis japonesa permitia que executivos e engenheiros da concorrência entrassem em seu complexo de fabricação para observar como a Toyota fabricava seus carros. Nessas visitas, os executivos tinham permissão não apenas para observar todos os aspectos do famoso Sistema Toyota de Produção (Toyota Production System – TPS), mas também para participar de uma sessão de perguntas e respostas. *Nada era inacessível.*

Para um observador externo, a transparência da Toyota pode parecer surpreendente. Afinal de contas, os concorrentes americanos estavam claramente tentando aprender os segredos da Toyota com o objetivo de copiar ou mesmo melhorar os deles. Qual foi o motivo para a Toyota oferecer uma mão aos concorrentes de uma maneira tão condescendente?

Na verdade, a Toyota não estava preocupada com o fato de estar revelando seu "molho secreto". A vantagem competitiva da Toyota se assentava firmemente em seus processos patenteados, complexos e com frequência implícitos. *A posteriori*, Ernie Schaefer, gerente de longa data da GM que visitou a fábrica da Toyota, disse ao *This American Life*, da NPR, que não havia segredo especial para *ver* no chão de fábrica. "Na verdade, eles nunca nos proibiram de entrar na fábrica, conhecer, até mesmo fazer perguntas sobre alguns de seus funcionários mais importantes", afirmou Schaefer. "Sempre fiquei intrigado com isso, por que eles faziam isso. E acho que perceberam que estávamos fazendo as perguntas erradas. Não compreendíamos a perspectiva mais ampla."

Realmente, isso não surpreende. Normalmente é difícil enxergar os processos – eles são uma combinação de expectativas e passos formais, definidos e documentados, e rotinas ou métodos de trabalho informais e habituais que evoluíram com o passar do tempo. Mas eles são muito importantes. Tal como Edgar Schein, do MIT, investigou e discutiu, os processos são uma parte fundamental da cultura implícita de uma organização.[1] Os processos reforçam ideias como "isso é o que mais importa para nós".

Os processos são intangíveis; eles pertencem à empresa. Eles emergem de centenas de pequenas decisões sobre como solucionar um problema. Os processos são críticos para a estratégia, mas também não podem ser facilmente copiados. A Pixar Animation Studios também abriu seu processo criativo para o mundo. Ed Catmull, há muito tempo presidente da Pixar, na verdade foi quem escreveu o livro sobre como essa produtora de filmes digitais estimula a criatividade coletiva² – existem processos fixos para gerar, criticar, melhorar e aperfeiçoar ideias para filmes. Contudo, os concorrentes ainda não produziram sucessos à altura dos produzidos pela Pixar.

Tal como a Toyota, a Southern New Hampshire University é transparente com seus supostos concorrentes, oferecendo *tours* e visitas para instituições educacionais. Na visão do presidente Paul LeBlanc, a concorrência de organizações bem financiadas e com um reconhecimento de marca mais vigoroso sempre é possível. Mas só isso não é suficiente para dar a elas um empurrãozinho. A Southern New Hampshire University levou anos para compor e integrar os processos e as experiências corretos para seus alunos. Por isso, é muito difícil um suposto concorrente copiá-los. A universidade não inventou todas as suas táticas para recrutar e atender aos seus alunos *on-line*. Ela tomou emprestadas algumas das práticas recomendadas no setor. O que é feito, porém, com foco bem definido é garantir que todos os seus processos – centenas e centenas de processos individuais que seguem a linha "é desse jeito que fazemos isso" – busquem especificamente atender melhor ao trabalho para o qual os alunos estão contratando a universidade. "Acreditamos que nossa vantagem reside em 'possuir' esses processos internamente", ressalta LeBlanc, "e alguns deles estão amarrados à nossa cultura e à nossa paixão pelos alunos".

Diferentemente dos recursos, medidos com facilidade, os processos não aparecem em um balanço patrimonial. Se uma empresa tem processos consolidados, os gerentes têm flexibilidade para decidir a que funcionário atribuir quais tarefas – porque o processo funcionará, independentemente de quem o executar. Tome, por exemplo, a empresa de consultoria McKinsey & Company, contratada para ajudar empresas de todo o mundo. Os processos da McKinsey são tão difundidos que consultores de procedência e formação extremamente distintas podem ser "conectados" aos processos por meio dos quais eles realizam seu trabalho habitualmente – com a segurança de que oferecerão os resultados necessários. Além disso, eles podem fazer rotatividade dos recursos – os consultores – no espaço de alguns anos sem temer uma queda de qualidade, porque seus processos são sólidos.

Posicionar o trabalho a ser feito no centro do processo muda tudo. Antes de se reposicionar em torno do trabalho, por exemplo, a Southern New

Hampshire University certamente media em semanas o índice de sucesso nas respostas aos potencias alunos. *Quantas correspondências foram enviadas?"* Em seguida, a SNHU aguardava os interessados para só então fazer uma ligação de acompanhamento. A partir daí, a universidade pediria que corressem atrás de uma cópia do histórico acadêmico para participar da segunda fase da seleção. E assim por diante. O processo dependia da agilidade dos candidatos. A SNHU era reativa. Com base em medidas tradicionais, o "custo" para conquistar um novo aluno era relativamente baixo e era fácil equipar um escritório para esse tipo de atendimento.

Hoje a universidade acompanha o tempo de resposta em minutos. O objetivo é responder aos telefonemas em dez minutos. No momento em que estiver ao telefone com um representante de admissão treinado, o candidato será solicitado a dar permissão para que a escola busque os históricos existentes – e a universidade pagará os dez dólares cobrados por isso. Agora, o sucesso é medido pelo número de dias em que a escola consegue a matrícula. Ela é muito mais bem-sucedida porque se concentra no trabalho a ser feito pelo potencial aluno. Conversar com um ser humano em questão de minutos ou horas é uma experiência completamente diferente de chegar em casa depois de um dia de trabalho longo e difícil e encontrar um grande envelope branco escondido entre correspondências indesejadas. A verdadeira compensação para a universidade são os alunos que ela consegue conquistar. Se os candidatos acreditarem que a universidade atende ao seu trabalho a ser feito, eles vão parar de procurar outras universidades – e pagar com prazer um preço *premium* pela melhor solução.

Existe outra lição importante na história de sucesso da SNHU: ela *elimina* sistematicamente a complexidade e as frustrações dos potenciais alunos – como negociar a assistência financeira e localizar históricos acadêmicos – e as resolve por meio de processos.

É isso que os processos relacionados com os trabalhos dos clientes fazem: eles transferem a complexidade e os incômodos *do* cliente *para o* fornecedor e deixam em seu lugar experiências positivas para o cliente e um progresso valioso.

Sem uma clara especificação do trabalho a ser feito para os alunos, a SNHU nunca criaria um processo de alta intensidade, nem seria tão produtivo. O antigo sistema provavelmente gerou, por exemplo, um número de correspondências informativas comparável ao número de inscrições de novos alunos. Mas nada nessa relação explicaria à universidade *por que* esse número é bom ou ruim. Em contraposição, a especificação correta de trabalho conduz aos processos certos que gerarão os dados corretos para sabermos "Como estamos nos saindo?". A teoria dos trabalhos dirige sua atenção a ajudar seus clientes a fazer seu trabalho, em vez de restringir as eficiências medidas internamente.

Organizando-se em torno do trabalho

É uma rara exceção um alto executivo em visita a meu escritório não estar em meio a algum tipo de reorganização corporativa – ou se queixando de que é chegado o momento de outra. O que é surpreendente para mim é que essas reorganizações não são raras. Elas são extraordinariamente comuns e, em várias empresas, praticamente se tornaram parte habitual do ciclo econômico: a cada três ou quatro anos, uma nova onda de mudanças que afetam responsabilidades de função, linhas de subordinação, esferas de autoridade, responsabilidade por L&P e direitos de decisão – apenas para citar algumas das dimensões de mudança – surge em várias empresas importantes prometendo um futuro melhor.

Quase sempre, contudo, essas possíveis reestruturações não produzem os resultados desejados. Um estudo da Bain & Company, realizado em 2010, relatou que menos de um terço das grandes reorganizações analisadas não gerou *nenhuma* melhoria relevante e várias, na verdade, destruíram valor.[3] Por que os gerentes se dispõem a enfrentar adversidades, perturbações e infindáveis reuniões e teleconferências – sem falar nos custos de oportunidade – endêmicas às reorganizações? Existe sem dúvida uma insatisfação comum com o desempenho atual.

A teoria dos trabalhos sugere que todo esse esforço está concentrado nas coisas erradas. Não é necessário participar de várias reuniões de conselho ou sessões de planejamento estratégico ou reuniões de integração de aquisição para determinar que o enfoque da maior parte das reestruturações organizacionais são os quadrados e as linhas do organograma que representam as funções definidas e as linhas de subordinação. Obviamente, é necessário ter uma estrutura organizacional que ajude as empresas a lidar com a complexidade de administrar um negócio. Você precisa de especialistas em finanças e marketing e atendimento ao cliente, etc., e de uma forma de organizar as linhas de subordinação e a responsabilidade por L&P. Mas está faltando algo fundamental nessas discussões.

Através das lentes do trabalho, o que importa mais do que quem responde a quem é como as diferentes partes da organização interagem para fornecer o produto ou serviço que realiza perfeitamente o trabalho a ser feito dos clientes. Quando os gerentes estão concentrados no trabalho do cliente, eles têm não apenas uma bússola apontando para suas iniciativas de inovação, mas também um princípio organizacional vital para sua estrutura interna.

Essa distinção não é sutil. Temos gerentes no comando de todas as funções de importância ou de um conjunto de atividades. Temos executivos no comando de linhas de produtos. Contudo, na maioria dos casos, não há ninguém encarregado de conhecer o trabalho de um cliente – e de garantir que a empresa está atendendo a esse trabalho. É somente por meio de processos previsíveis e que podem ser repetidos que as organizações podem se integrar totalmente em torno do trabalho a ser feito do cliente.

A medicina de tratamento intensivo é um exemplo perfeito. Em 1952, o cirurgião pioneiro Dwight Harken (que por acaso é também avô do coautor Taddy Hall) ressaltou que, embora os pacientes estivessem sobrevivendo regularmente a procedimentos cirúrgicos cada vez mais complexos, um número alarmante estava morrendo no pós-operatório porque os pacientes eram transferidos do anfiteatro cirúrgico para as enfermarias. Simplesmente não havia um conjunto de processos para garantir que os pacientes frágeis e que precisavam de cuidados essenciais recebessem a sequência de intervenções necessárias para a sobrevivência. Em suma, o trabalho de cuidados essenciais não tinha nenhum proprietário em nenhuma das funções médicas estabelecidas do hospital.[4]

A pergunta radical que Harken fez para si mesmo foi: "Como é que todos estão fazendo o que deveriam fazer e todos os processos existentes do hospital estão funcionando como pretendido e, ainda assim, os pacientes estão morrendo?" Alguma coisa não estava certa. Ao fazer essa pergunta, Harken criou espaço em sua mente para continuar a procurar e encontrar a resposta. A constatação resultante possibilitou que ele fosse precursor do conceito de medicina de tratamento intensivo como a conhecemos, dando lugar à onipresente unidade de terapia intensiva (ou unidade de tratamento intensivo) que passamos a aceitar como natural. Isso só foi possível por meio da constatação de que os processos preexistentes do hospital não estavam conseguindo oferecer as experiências desejadas pelos pacientes – nesse caso, recuperação cirúrgica bem-sucedida e sobrevivência.

Ethan Bernstein, meu colega na Harvard Business Schools, passou dois anos fora da HBS, trabalhando com Elizabeth Warren, para criar o Departamento de Proteção Financeira do Consumidor (Consumer Financial Protection Bureau – CFPB) na esteira da crise financeira. Munido da teoria dos trabalhos, ele fez a opção consciente de evitar a armadilha do organograma. A promessa do CFPB era reunir as ferramentas e as autoridades em um mesmo local para que a fragmentação de responsabilidades que, segundo alguns, possibilitava que a crise financeira continuasse sem correção não se repetisse no futuro.

A ênfase do CFPB era sobre o trabalho a ser feito dos consumidores – em essência, "ser informado antes de se endividar" –, mas Bernstein e a Equipe de Implementação do CFPB foram mais longe, desenvolvendo conscientemente a estrutura da organização do departamento para *respaldar* esse trabalho. "Simplesmente parecia natural", diz hoje Bernstein. "Em vez de ver divisões, víamos trabalhos a serem feitos."

Com um trabalho a ser feito bem definido para os consumidores que haviam sido afetados seriamente pela crise financeira, ficou claro que alguns dos silos funcionais comuns do Distrito de Columbia não faziam sentido para o CFPB. As pesquisas, os mercados e as regulamentações estavam organizados em uma única divisão. A supervisão, a imposição/ aplicação e o empréstimo justo em outra. Em uma estrutura regulamentar comum, todos esses grupos teriam missões levemente distintas – e ocasionalmente conflitantes. A imposição/aplicação, por exemplo, diz respeito à punição dos infratores e reparação do passado. Em contraposição, a supervisão pode enfatizar a prevenção de problemas futuros por meio do desenvolvimento de um relacionamento estreito com quem está sendo supervisionado. Tradicionalmente, isso representava não apenas diferentes abordagens, mas também diferentes processos. Entretanto, pessoas com diferentes formações, trajetórias profissionais e visões de mundo, postas em uma mesma divisão, estavam alinhadas em torno de um trabalho semelhante: prevenção de futuros problemas financeiros para o consumidor e reparação de problemas passados. "A estrutura organizacional e os processos de colaboração que implementamos ajudaram a criar uma identificação mútua entre as identidades profissionais e o trabalho a ser feito do CFPB", afirma Bernstein. Por exemplo, o comitê de políticas do CFPB, formado por pessoal do alto escalão de todo o departamento, reunia-se uma vez por semana durante duas horas. Essa conversa, ressalta Bernstein, estava voltada totalmente para um dos trabalhos a serem feitos da organização e as ferramentas que deveriam ser utilizadas ao longo do tempo para conhecer e abordar esse trabalho. Talvez não surpreendentemente, tendo em vista a formação de Elizabeth Warren como professora de Harvard, essa reunião transcorria mais ou menos como uma aula socrática em uma escola de direito. A conversa girava em torno do trabalho a ser feito da organização, mas todos eram convidados a expor seus conhecimentos e opiniões sobre como solucionar o trabalho com base nos problemas em pauta naquela semana. "Se não tivermos esse enfoque", lembra-se Bernstein, "começamos a descambar para opiniões individuais e discussões políticas. A organização prosperou nos primeiros anos porque atraímos para lá pessoas de todos os tipos – defensores do consumidor, veteranos de Wall Street e outros funcionários de agências governamentais. Mas todos os que se encontravam naquela sala tinham cicatrizes. Quando não nos *concentramos* no trabalho a ser feito, concentramo-nos nas cicatrizes. Nesse caso, nós simplesmente nos sentaríamos ali e discutiríamos uns com os outros e não chegaríamos a nada. Solucionar um trabalho era nossa causa unificadora. Nosso motivo de ser. Foi fácil nos arregimentarmos em torno disso. E o resultado foi ação, e não a paralisia usual do Distrito de Columbia." A teoria dos trabalhos permitiu que se formasse uma equipe diversa com uma linguagem de integração e, por conseguinte, possibilitou que diferentes especialidades funcionais se comunicassem e interagissem para atender ao propósito máximo do CFPB.

O que é medido é feito

A teoria dos trabalhos muda não apenas aquilo para o qual otimizamos nossos processos, mas também a forma como medimos o sucesso disso. Ela muda os critérios, que passam de medidas internas de desempenho financeiro para medidas de benefício *externamente* relevantes para o cliente. A Southern New Hampshire University acompanha os minutos necessários para responder a uma consulta, por exemplo, porque tem consciência de que o tempo é essencial para o processo dos seus potenciais alunos *on-line*. A Amazon preocupa-se com a hora em que os pedidos são *entregues*, e não com a hora em que eles são *enviados*. Para cada novo produto, a Intuit desenvolve um conjunto exclusivo de medidas de desempenho com base no *benefício específico para o cliente*, o benefício que a solução específica da Intuit oferece.

Qualquer organização tem dificuldade para se ater ao que é importante, particularmente com as forças que estão em jogo quando uma empresa está crescendo. "Agora que somos uma empresa bem maior, é difícil manter as diversas partes da empresa concentradas no *benefício para o cliente*", ressalta Scott Cook, fundador da Intuit. "Para essas partes da organização, é muito tentador começar a olhar para outras coisas. Em nosso ramo de negócios, obtemos tudo quanto é tipo de dado sobre 'conversão' e 'retenção' e assim por diante. Ficamos seduzidos por isso." Sem dúvida é mais fácil enfatizar a eficiência do que a eficácia. A maioria das empresas sabe fazer isso muito bem. Criar as medidas certas é *difícil*. Mas muito importante.

Por exemplo, tal como Cook relata, quando a Intuit estava lançando uma nova versão do QuickBooks para pequenas empresas, a organização de vendas sugeriu que os usuários experimentais fossem forçados a se inscrever para que pudessem acessar e testar o produto. "Por que não os forçarmos a nos ligar? Dessa forma podemos lhes vender mais coisas", afirma Cook. "Compre nosso serviço de folha de pagamentos!". À primeira vista, acreditava-se que o teste poderia se tornar uma fonte de receita imediata para a Intuit. Por isso, a empresa estabeleceu um processo interno para lidar com as chamadas para inscrição e tentar persuadi-los a comprar mais serviços. "Acontece que no final o que fizemos foi dificultar a inscrição para os clientes. E então eles foram obrigados a nos ligar. Algumas vezes a linha ficava ocupada. Eles tinham de conversar com um vendedor quando na verdade eles queriam apenas se inscrever. As pessoas estavam preocupadas com a receita, e não em oferecer um benefício para o cliente." Mas o resultado dessas receitas, afirma Cook, pode ser decepcionante. Sim, talvez a Intuit tenha convertido algumas dessas pessoas que telefonaram em outros produtos ou serviços. Novas receitas. Mas o resultado em número não leva em conta quanto dessa receita a Intuit provavelmente obteria se tivesse se concentrado melhor na solução dos trabalhos dos clientes, e não nos trabalhos dos vendedores para gerar novas fontes de receita.

Se a Intuit quisesse medir com exatidão quão bem a empresa estava respondendo ao trabalho a ser feito pelos clientes, precisava encontrar novas alternativas para pensar a respeito dele. *Quanto tempo poupamos para esse cliente? Nós oferecemos a possibilidade de eles não despenderem tempo fazendo algo que não desejam? Melhoramos o fluxo de caixa deles? Nossos processos estão contribuindo para aquilo que os clientes estão nos contratando?*

Mas não é fácil medir o sucesso na consecução desses objetivos, admite Cook. "Essa é uma questão difícil em nosso ramo. As medidas não saem prontas de nossos sistemas. Não há como medir continuamente e automaticamente as horas de trabalho evitadas pelos contadores. Precisamos interpolar pesquisas e dados de servidor", afirma Cook. "Porque, sem isso, simplesmente não sabemos como estamos nos saindo com relação ao trabalho que o clientes desejam que realizemos."

Ter as medidas certas implementadas ajuda a institucionalizar um processo. É assim que seus funcionários sabem que estão fazendo a coisa certa, tomando as decisões certas. Como diz o ditado, "o que é medido é feito". Desde o princípio, a Amazon concentrou-se pontualmente em três fatores que resolvem o problema dos seus clientes – ampla variedade de escolha, preços baixos e entrega rápida – e em processos concebidos para atender a esses fatores. Esses processos incluem a monitoração e mensuração, minuto a minuto, de como a empresa está se saindo nesses três objetivos máximos. O objetivo final é realizar o trabalho dos clientes – daí em diante tudo funciona retroativamente. "Sempre partimos dos clientes e examinamos todas as medidas importantes para eles", explica Diego Piacentini, vide-presidente sênior de varejo internacional da Amazon.

Pense no que a frase a seguir, exibida em toda página de produto do *site* Amazon, por exemplo, sinaliza: "*Se você pedir dentro de 2 horas e 32 minutos, receberá nosso produto na terça-feira*". Mas inúmeros processos foram desenvolvidos para garantir que isso ocorra. O clique dado pelo cliente no botão "Fechar a compra" desencadeia uma série de processos que se estendem até o centro de logística ou até o fornecedor. Em seguida, a Amazon monitora e mede se a promessa foi atendida. O pedido chegou no dia seguinte, tal como prometido?

O processo opera como uma espécie de subconsciente da organização. Ele aproxima ou afasta as empresas dos trabalhos a serem feitos – da estratégia alinhada –, controlando diariamente milhares de decisões, interações e eventos descentralizados. "Estamos muito mais preocupados com os processos do que com a organização", ressalta Piacentini. "Esse é um dos motivos que nos permitem mover rapidamente. Temos a mesma tecnologia, a mesma plataforma, os mesmos princípios norteadores em todas as nossas empresas." Na Amazon, as inovações começam com um modelo de *press release*, que é apresentado à equipe que vai examinar e trabalhar na inovação. O *press release* contém os princípios norteadores para a inovação – todos os processos e as experiências são trabalhadas partindo das razões pelas quais os clientes contratarão esse produto ou serviço, tal como delineado no *press release*, na reunião inicial da inovação. Nessa sala encontra-se não apenas o pessoal de marketing, mas engenheiros, analistas etc. – todos que terão um papel no atendimento do trabalho a ser feito. "Tudo começa com esse *press release*", afirma Piacentini. "Não importa quem é dono das partes do produto, todos fazem parte desse processo."

A definição dos livros-texto dizem que a otimização de processo está relacionada com eficiência. Mas a teoria dos trabalhos – e o exemplo da Amazon – diz: "Sim, mas..." O *mas* quer dizer que a otimização deve incorporar também um fator para o alinhamento do trabalho. Do contrário, nos preocupamos em nos aperfeiçoar cada vez mais nas coisas erradas.

Existe uma segunda lição extremamente importante na história da Amazon: há um grau de ambidestrismo que possibilita que os processos sejam, *ao mesmo tempo*, extremamente eficientes *e* flexíveis. Os trabalhos não são flexíveis – eles existem há anos e anos, até mesmo séculos. Mas a forma como *solucionamos* os trabalhos varia com o passar do tempo. O que importa é estar conectado ao trabalho, mas não à forma como o solucionamos no *presente*. Os processos *devem* ser flexíveis com o passar do tempo, quando um melhor conhecimento sobre os trabalhos exigir uma nova orientação. Do contrário, corremos o risco de mudar o conceito do trabalho para adequar o processo, em vez de fazer o inverso.

Curiosamente, esse princípio de estrutura de processo interno modular, no qual algumas partes persistem e outras mudam, é fundamental para o que os desenvolvedores de TI conhecem como sub-rotina. A ideia é que é possível codificar funções repetidas – digamos, aritmética básica e trigonometria, por exemplo – como sub-rotinas e, em seguida, basicamente copiá-las e colá-las onde quer que a operação seja necessária em um processo diferente. Em programação, isso é extremamente importante. O uso correto de sub-rotinas diminuirá o custo de desenvolvimento e manutenção de um programa e, ao mesmo tempo, melhorará a respectiva qualidade e a confiabilidade. As soluções para desafios comuns não são inventadas assistematicamente por um programador X ou Y sentado à sua mesa no porão. Elas são universais, lógicas e facilmente inseridas nos lugares certos.

A Amazon também importou o que essencialmente são sub-rotinas para seus processos operacionais, e sua competência e eficiência são extremamente aparentes. Trata-se de um avanço descomunal em relação ao método tradicional de "compartilhar práticas recomendadas" entre as regiões. Em vez disso, a utilização de sub-rotinas traz à tona a pergunta: "É provável que venhamos a precisar repetir esse processo (ou sub-rotina) em outras atividades?". Isso cria uma visão bastante dinâmica de uma organização como um conjunto de processos em que cada processo é uma sequência de sub-rotinas – algumas importações personalizadas e algumas modulares – que se alinham perfeitamente com o trabalho a ser feito do cliente.

Alinhar-se com os trabalhos significa considerar o que "otimização de processo" quer dizer. Ao fazê-lo, evitamos a armadilha de permitir que processos essenciais no presente tornem-se inibidores do crescimento no futuro.

Contratando OnStar para ter tranquilidade

Tenho um amigo que nunca ficou particularmente preocupado com a questão de chegar em cima da hora para pegar um voo. Acho que ele nunca chegou ao aeroporto mais de cinco minutos antes do horário programado para o portão fechar. Mas isso não o incomoda a ponto de mudar seu padrão; de algum modo, no final tudo sempre dá certo. Certa vez, quando fui deixá-lo no aeroporto, fui eu que me preocupei por nós dois. No momento da pressa de deixá-lo na porta correta, fechamos as portas do carro com o motor ainda ligado. E, de repente, vimos que a carteira dele havia caído de seu bolso e estava à vista no banco do passageiro. Ele não podia entrar no avião sem a identificação, que estava na carteira. Entrei em pânico e comecei a procurar alguma pedra para possivelmente arremeter contra a janela para pegar a carteira dele. Foi aí que tive um estalo: temos uma assinatura do serviço OnStar, da General Motors. Em alguns instantes, conseguimos um telefone emprestado para chamar o serviço OnStar, o carro foi destravado remotamente, meu amigo recuperou sua carteira e eu me despedi dele – com o meu carro ainda totalmente intacto. Até então eu não havia utilizado o serviço OnStar, mas naquele momento reconheci seu valor.

Não consigo imaginar a complexidade que é projetar um sistema que consegue identificar meu carro, onde quer que esteja, apenas com um telefonema – e em seguida destravar remotamente a porta em questão de segundos. Não foi por acaso que o OnStar, serviço que oferece um sistema de comunicação por assinatura, segurança dentro do veículo, chamadas viva-voz, navegação e sistemas de diagnóstico remoto ao redor dos Estados Unidos e do Canadá, conseguiu solucionar meu problema naquele exato momento de dificuldade. Trata-se de um produto maravilhoso.

Existe um milhão de motivos para esse serviço não ter êxito, mas ele teve. A certa altura, de acordo com minhas estimativas, o OnStar gerava anualmente para a General Motors US$ 2,5 bilhões em receita e aproximadamente US$ 500 milhões em lucro líquido, com *ativos líquidos negativos*. No decorrer de seu mandato de 14 anos como diretor executivo da divisão OnStar na GM, Chet Huber e eu conversamos com frequência sobre os desafios que enfrentou e os obstáculos que superou. Fomos colegas de aula na Harvard Business School, na década de 1970, e eu acompanhava sua carreira com interesse. Na época, imaginei que seria impossível transpor as barreiras corporativas usuais para uma divisão verdadeiramente revolucionária na General Motors, tão arraigada à cultura. Contudo, Huber encontrou uma saída. Na época, ele não utilizou a linguagem, mas *a posteriori* Huber disse que a OnStar teve êxito porque se concentrou incessantemente no trabalho a ser feito. Tudo se encaixou daí em diante.

A princípio, a divisão OnStar foi concebida como uma espécie de cardápio chinês, com várias opções aleatórias e bacanas que a GM e seus sócios iniciais nesse empreendimento podiam acrescentar ao serviço para demonstrar sinergias entre as empresas da *joint venture*. A empresa criou recursos e benefícios que contribuíram para obter atenção da imprensa nas feiras anuais de automóveis– coisas como "lâmpadas de descarga de alta intensidade", por meio das quais seria possível enxergar a estrada a 11 quilômetros de distância, ou os sistemas de visão noturna que haviam sido usados nas forças armadas. O objetivo era gerar burburinho e tornar os folhetos atraentes, afirma Huber, mas na verdade não importava se muitos clientes realmente comprassem o produto. A princípio, o serviço OnStar foi concebido apenas para ser o *"brochureware* mais bacana de todos os tempos".

Foi isso que tornou sua criação divertida. A equipe OnStar montou todos os recursos e benefícios que poderia fazer funcionar e os agrupou em uma proposta inicial para os clientes. Tudo era muito moderno, avançado e sofisticado: se simplesmente você estivesse procurando um bom restaurante italiano para uma pausa em uma longa viagem, bastaria pressionar o botão OnStar em seu carro para receber recomendações. Ou você poderia ser encaminhado para uma estrada secundária para evitar um congestionamento de trânsito. Escondido em algum lugar dessa lista de benefícios estava o conceito de um sistema de comunicação verdadeiramente integrado dentro do veículo. Se você sofrer um acidente, por exemplo, um serviço de emergência será acionado imediatamente. Ou se trancar o carro com a chave dentro, poderá telefonar para o OnStar para que o serviço destrave o veículo remotamente para você.

A equipe concebeu o OnStar como um serviço avançado e sofisticado, adequado para carros de luxo. Algo como acrescentar um fabuloso sistema de som ou assentos de couro. Mas as coisas não saíram como inicialmente planejado. O diretor executivo da GM na época, Rick Wagoner, decidiu que a divisão OnStar não receberia crédito interno por ajudar a vender carros. Não era esse o objetivo. A divisão OnStar tinha de criar por conta própria um modelo de negócio sustentável e um produto pelo qual os clientes pudessem ficar realmente propensos a pagar. Se a OnStar tivesse alguma esperança de criar o negócio lucrativo que Wagoner havia desafiado a divisão a criar, precisaria compreender o que exatamente estava vendendo – e o que os clientes estavam comprando.

A princípio, a equipe OnStar na verdade não conseguiu compreender como e por que os clientes estavam contratando o OnStar. A equipe começou então a brincar com isso: "Estamos fazendo uma longa viagem e discutindo sobre algo que não conseguimos resolver. Você conseguiria citar o nome dos sete anões?". Ou algo mais esquisito: "O que você está vestindo?". Era um brinquedo. E um brinquedo que perde seu charme logo depois que sai da caixa. As pessoas começaram a cancelar, percebendo, no final das contas, que elas na verdade não precisavam do serviço de *concierge*. Era interessante, mas não necessário.

E havia outra surpresa. Não apenas os proprietários de carro de luxo começaram a cancelar o serviço, mas também uma inesperada base de clientes. Constatou-se que os motoristas de Chevrolet, tradicionalmente os segmentos de mercado da GM com orçamento apertado, eram tão propensos a comprar o OnStar quanto os compradores de Cadillac. Esses dois segmentos coincidentes no OnStar não faziam sentido para a equipe. Para entender a causa, Huber pediu para que todos os membros de sua equipe OnStar, então com 300 pessoas, passassem uma hora ouvindo as chamadas dos clientes reais junto à equipe do *call center*.

A princípio, talvez eles tenham se queixado do trabalho extra, mas o que os membros da equipe ouviram naquelas horas de monitoramento mudaria tudo. Os membros da equipe que normalmente não faziam parte do *call center* ficaram chocados com a pressão que aqueles funcionários enfrentavam – e com a magnitude dos problemas que tentavam solucionar. O sistema OnStar era acionado quando as pessoas acabavam de sofrer um acidente. "Nossa equipe OnStar costumava enfrentar acidentes horríveis. Em alguns casos, os carros nem haviam parado de se mover, as pessoas gritavam. Ou então eram novamente atingidos por uma série de colisões, como em um ricochete."

Tornou-se essencial compreender esses momentos – as circunstâncias de choque – para descobrir o verdadeiro trabalho a ser feito para os clientes. "Quando constatamos que as orientações consistem bem menos em 'encontrar um bom restaurante chinês' e bem mais em situações do tipo 'Estou em um local estranho e está escuro. Você poderia me mostrar o caminho por ruas mais seguras?' Isso muda como abordamos não somente a concepção, mas o modo pelo qual interagimos com nossos clientes nessas situações", afirma Huber.

O OnStar estava sendo contratado para oferecer tranquilidade quando estamos dirigindo. Uma sequência de ideias flui dessa consolidação do trabalho a ser feito. Imagine que você está fazendo uma longa viagem e que agora são 2h da madrugada. Pense no que poderia ocorrer se a "luz de checagem do motor" se acendesse em seu carro. Posso continuar dirigindo? O motor pode explodir? Por favor, me ajude a decidir o que devo fazer neste exato momento. "Esse serviço é bem mais valioso para nós do que um diagnóstico que nos informa o consumo de combustível por quilômetro", ressalta Huber. Portanto, não apenas a tecnologia deve ser capaz de informar ao serviço OnStar o que está ocorrendo no motor. Os representantes do *call center* também precisam saber como a pessoa se sente quando a luz acende e o que ela precisa ouvir. Compreender o trabalho a ser feito igualmente desmistifica a surpresa dos compradores de Chevrolet que assinam o OnStar pelas mesmas taxas que os compradores de Cadillac: tranquilidade é um fator indispensável, e não um luxo.

Por necessidade, a equipe OnStar teve de criar um arsenal de processos para oferecer experiências coerentes com aquele trabalho específico. E foram necessárias iterações rápidas para melhorar as coisas – algo que não é comum no setor automobilístico, que se movimenta lentamente como uma geleira. Por exemplo, os processos que a GM havia inventado para apoiar os revendedores, que estavam na linha de frente das vendas, eram terríveis. A começar pela dificuldade de explicar o OnStar para os clientes no *showroom*. Como esse serviço funcionava? Era ligado a satélites ou exigia telefone celular? Alguém sempre estava a par da localização do motorista? Alguém conseguiria bisbilhotar o carro sem o conhecimento do motorista? Havia centenas de perguntas que podiam facilmente arruinar uma venda – e os vendedores provavelmente não se sentiriam motivados. Uma venda geraria para o revendedor um desconto de dez dólares (20%) nas taxas de serviço mensais, valor irrisório para os revendedores de automóveis que poderiam lucrar mais se acrescentassem assentos aquecidos a uma venda, e desse modo cumprir sua responsabilidade, em vez de venderem centenas de assinaturas do OnStar.

"Não podemos nos dar ao luxo de pensar que fizemos tudo perfeitamente na primeira vez", afirma Huber. "Existe muita coisa em jogo e aprendemos ao longo do processo. Essa é a fonte de nossa vantagem competitiva. Nossos processos precisam se tornar cada vez melhores, com base no que estamos aprendendo. E tudo isso deve estar alinhado com o trabalho para o qual os clientes estão nos contratando."

Talvez o mais significativo de tudo na diferenciação do produto OnStar tenha sido o processo que Huber e sua equipe dirigiram para atualizar e aprimorar continuamente a tecnologia do OnStar instalada nos carros. No setor automobilístico, normalmente são necessários de três a cinco anos para desenvolver e introduzir um novo carro no mercado, e esse carro tende a permanecer no mercado por no máximo dez anos. O maior período de desenvolvimento e vendas tem o propósito de garantir que os novos carros sejam minuciosamente examinados e testados antes de chegarem ao público e depois eles são fabricados e produzidos eficientemente durante um longo período. Em geral, há uma rápida iteração e uma rápida melhoria na tecnologia, de modo que cada geração subsequente tem qualidade superior e é mais barata de produzir. Huber sabia que um exame minucioso dos aprimoramentos e melhorias no OnStar por meio de ciclos de teste de validação estabelecidos da GM seria o beijo da morte. Ninguém deseja comprar no presente ano uma tecnologia moderna do ano anterior.

Embora Huber não conhecesse praticamente nada de tecnologia sem fio quando assumiu o que se tornaria a divisão OnStar da GM, ele sabia que qualquer ciclo de desenvolvimento de um bom produto sem fio teria de se mover muito mais rapidamente em comparação ao ciclo de vida dos automóveis. "Logo no início, sugeri que, se não pudéssemos suspender essas regras, não deveríamos nem mesmo nos preocupar com os negócios, porque acabaríamos vendendo fitas de oito faixas quando todas as outras pessoas estivessem comprando CDs", ressalta Huber.

Esse processo era inacreditavelmente complexo – e tinha de funcionar não apenas em um modelo de carro que oferecesse o OnStar. Tinha de funcionar em *todos* eles. Isso significava testar e considerar toda combinação possível com relação a como o sistema poderia ser usado, em que condições e em conjunto com o que quer pudesse estar ocorrendo com o carro. *E se todas as janelas do carro estivessem abertas? E se estivesse chovendo torrencialmente? E se o motorista tivesse com o aparelho de CD ligado? O sistema funcionaria se houvesse* airbag? "Para confirmar tudo isso, tivemos de trabalhar com cada mecanismo distinto nos veículos", lembra-se Huber. "E cada carro era distinto." Na primeira rodada de validação, o OnStar foi testado em centenas de cenários. Entretanto, como a equipe OnStar melhorava continuamente o produto em si, na verdade havia necessidade de realizar milhares de testes de validação. O sistema de validação existente da GM possivelmente não conseguiria lidar com isso fora de seus ciclos regulares.

A equipe OnStar criou processos próprios para que isso ocorresse sem sequência – a primeira vez para esse gigante automobilístico. Trabalhando com as equipes de validação existentes, a OnStar desenvolveu processos e testes de ciclo intermediário e utilizou o conhecimento de sua própria equipe para garantir que o produto aprimorado atendesse aos padrões gerais de qualidade da GM. Fazer esse processo funcionar era algo extremamente importante.

Isso possibilitou que a OnStar sempre aprimorasse as versões do OnStar que ela oferecia em seus carros. Mesmo quando os concorrentes optavam por comprar a tecnologia OnStar para seus automóveis, seus processos não conseguiam concorrer com a capacidade da equipe interna da GM para validar e testar novas versões nos carros da GM. Por isso, os carros dos concorrentes talvez estivessem oferecendo a terceira versão do OnStar, enquanto os carros da GM já estavam prestes a alcançar a versão de quinta geração, de qualidade bem superior.

O que a OnStar desenvolveu em seus primeiros anos não foi um produto que os concorrentes conseguiriam copiar, mas um conjunto de experiências e processos perfeitamente alinhados com o trabalho a ser feito dos clientes. E isso, tal como se constatou, foi extraordinariamente difícil. Em 2000, a Ford anunciou uma *joint venture* com a Qualcomm para criar o Wingcast, um concorrente para o OnStar, com a promessa de ser lançado no mercado por volta de 2003. A Ford não se concentrou tanto no trabalho a ser feito quanto a OnStar, mas deu a entender que o Wingcast seria a última grande novidade em conectividade móvel. Isso nunca ocorreu. A Ford desfez-se do projeto dois anos depois. A empresa simplesmente não conseguiria alcançar os processos que a GM já havia desenvolvido para solucionar os trabalhos dos clientes por meio do OnStar.

O principal equívoco da Ford – concentrar na *especificação do produto*, e não na *especificação do trabalho* – se repete o tempo todo. Na verdade, esse passo em falso é tão comum no mundo da alta tecnologia que Anshu Sharma, da Storm Ventures, ganhou um reconhecimento justificável por chamar atenção para o problema, que ele chamou de "falácia da camada de tecnologia" (*stack fallacy*). A falácia da camada de tecnologia evidencia a tendência dos engenheiros de superestimar o valor da própria tecnologia e de subestimar as aplicações descendentes dessa tecnologia para solucionar os problemas dos clientes e possibilitar o progresso desejado. "A falácia da camada é a crença equivocada de que é muito fácil criar uma camada de tecnologia sobre a sua", afirma Sharma. É por esse motivo que as empresas fracassam com tanta frequência quando tentam avançar para uma camada superior. "Elas não têm uma empatia própria com relação ao que os clientes do produto que se encontra uma camada acima do produto delas nessa pilha de fato desejam. Elas estão desconectadas do contexto no qual seu produto realmente será usado."

A falácia da camada de tecnologia também se aplica fora da esfera da tecnologia. Por exemplo, talvez para você seja fácil ter uma horta. Você sabe quais ervas e verduras deseja – e tudo o que precisa fazer é aprender a cultivá-las e usá-las em sua comida. Entretanto, seu conhecimento sobre cultivo e uso de ervas não é suficiente para prepará-lo para abrir um restaurante. Na verdade, oito a cada dez restaurantes fracassam no prazo de cinco anos. Conhecer produção, diz Sharma, não é a mesma coisa que conhecer o que os clientes estão procurando.

Em suma, a falácia da camada de tecnologia e a teoria dos trabalhos oferecem esclarecimentos sobre o mesmo risco: confundir *know-how* técnico – o que a Ford e a Qualcomm sem dúvida tinham em grande quantidade – com o trabalho a ser feito do cliente, do qual eles tinham pouquíssimo conhecimento. Uma consequência altamente arriscada é descartar a aplicação específica do cliente por considerá-la trivial quando, na verdade, ela é essencial. Em contrapartida, Huber e sua equipe mantiveram um foco claro sobre o trabalho a ser feito. Eles inventaram, reinventaram e reforçaram o conjunto completo de processos para terem certeza de que estavam oferecendo tranquilidade para os clientes. Em 2009, o OnStar se tornou um dos principais motivos pelos quais as pessoas compravam determinados carros da GM.

Os processos têm poder. Por sua própria natureza, os processos são estabelecidos para que os funcionários realizem tarefas de uma maneira uniforme, uma atrás da outra. Eles são concebidos para não mudar. Quando os processos são organizados em torno do trabalho a ser feito do cliente – otimizados para facilitar o progresso e oferecer as experiências que os clientes procuram –, eles são fonte de vantagem competitiva.

Nos últimos seis anos, a FranklinCovey duplicou sua receita e decuplicou seu lucro ao transferir o foco sobre a venda de seus produtos – módulo de treinamento – para a otimização dos resultados dos negócios do cliente. Anteriormente, a FranklinCovey funcionava como uma empresa de treinamento. Ela criava conteúdo para clientes em potencial – por exemplo, vendedores, que, provavelmente o considerariam útil –, e desenvolvia cursos de treinamento para os gerentes de seus clientes, destinados, por sua vez, ao treinamento de vendas dos funcionários desses gerentes. Mas a empresa descobriu que os orçamentos de treinamento são extremamente vulneráveis em tempos econômicos difíceis. Foi aí que os trabalhos desempenharam um papel fundamental. Com o passar do tempo, a FranklinCovey se transformou, mudando seu foco de fornecimento de ferramentas de treinamento em vendas para, por exemplo, a transformação das vendas. "Assumimos a responsabilidade de ajudar nossos clientes a atingir suas metas de negócio", afirma o diretor executivo Bob Whitman. Depois de identificar trabalhos essenciais para seus clientes, a FranklinCovey passou a se preocupar com o aperfeiçoamento do método para integrar os processos certos dentro da empresa e desse modo garantir que esse trabalho seja sempre realizado para todo e qualquer cliente.

"Os trabalhos nos oferecem uma trajetória de inovação extremamente nítida", ressalta Whitman. "Consigo ver o quanto precisamos melhorar nos próximos dez anos. Hoje estamos menos direcionados ao produto e mais ao processo." Por exemplo, o Marriott estava disposto a alocar quase dez funcionários em tempo integral para implementar o programa "4 Disciplines of Execution", da FranklinCovey. Mas nem todo cliente terá os recursos necessários para fazer isso. Por isso, a FranklinCovey está tentando descobrir uma alternativa para torná-lo mais barato, mais rápido e mais fácil de implementar. "Dois terços de nosso orçamento de P&D são gastos no processo de inovação", afirma Whitman. O objetivo é criar ofertas que eliminem a complexidade do processo do cliente e tornem a experiência de usar os produtos da FranklinCovey mais fácil. "Não seria nada bom se eles se inscrevessem em uma aula de ginástica e descobrissem que tinham assumido o compromisso de escalar o Monte Everest!", ressalta Whitman.

A recíproca é igualmente verdadeira: quando os processos *não* estão alinhados com um trabalho convincente, a otimização de processo significa tornar-se cada vez mais competente nas coisas erradas. Existe um motivo para a empresa de *fast-food* não ter implementado as mudanças que Moesta e seus colegas recomendaram para incrementar as vendas de *milk-shake*. Talvez fosse uma grande ideia, mas o "sistema imunológico" da organização a rejeitou peremptoriamente. Os gerentes locais consideraram muito difícil a implementação das mudanças e das alocações de recursos necessárias em seus processos de rotina e a ideia teve uma morte silenciosa. Muitas empresas inteligentes involuntariamente acabam minando ideias excelentes com processos obstinadamente inflexíveis e conservadores.

O bom é quando os processos estão perfeitamente alinhados com o trabalho a ser feito. Entretanto, tal como demonstrado pela OnStar, a introdução de novos processos em uma organização consolidada é extremamente difícil. Com frequência as soluções que precisamos oferecer são impraticáveis do ponto de vista financeiro ou excessivamente inconvenientes do ponto de vista cultural. Tal como examinarei no próximo capítulo, até mesmo as experiências e os processos desenvolvidos da forma mais perfeita possível são vulneráveis a forças influentes dentro da empresa. A atração gravitacional do processo existente é extremamente grande. Mas a prevenção é melhor do que a cura. No capítulo seguinte, nossa ênfase será assegurar que seus processos se alinhem com o trabalho a ser feito e produzam resultados, tanto para seus clientes quanto para seus acionistas.

PONTOS-CHAVE DO CAPÍTULO

- Tal como dissemos no último capítulo, o segredo da inovação bem-sucedida é criar e oferecer o conjunto de experiências correspondentes à especificação de trabalho de seu cliente. Para fazer isso de forma sistemática, uma empresa precisa desenvolver e integrar o conjunto certo de *processos* que ofereçam essas experiências. O resultado disso pode ser uma sólida fonte de vantagem competitiva difícil de ser copiada por outros.

- Não obstante a importância de desenvolver um conjunto de processos em torno do trabalho do cliente, isso não ocorre naturalmente, para a maior parte das empresas. Existem processos de sobra em todas as empresas; mas, na maioria dos casos, o objetivo deles é melhorar a eficiência ou obter um resultado restrito em uma função específica. O oferecimento de um conjunto completo de experiências para acertar em cheio no trabalho normalmente requer a definição deliberada de novos processos e a implementação de novos mecanismos para coordenar as funções que em geral se tornam silos.

- Um recurso consideravelmente eficaz para impulsionar o desenvolvimento e a integração de processos centrados no trabalho é medir e gerenciar em direção a novas medidas alinhadas com o objetivo de definir precisamente o trabalho do cliente. Os gerentes devem procurar saber quais elementos da experiência são mais essenciais para o cliente e definir medidas que monitorem o desempenho em comparação com esses elementos.

- A maior parte das organizações não tem uma pessoa que atue como "supervisor" e garanta que a empresa atenda consistentemente ao trabalho do cliente. As estruturas e os silos organizacionais tradicionais tendem a perdurar e as reorganizações em larga escala normalmente não são factíveis. Por isso, a melhor forma de mudar para uma organização centrada no trabalho é estabelecer e integrar cuidadosamente os processos certos, medir as coisas certas e com o passar do tempo incorporar a centralidade dos trabalhos na cultura da empresa.
- A maneira como solucionamos o trabalho dos clientes inevitavelmente mudará no decorrer do tempo; precisamos embutir a flexibilidade em nossos processos para possibilitar que eles se adaptem e melhorem continuamente as experiências que oferecemos.

PERGUNTAS PARA OS LÍDERES

- Como sua organização garante que o trabalho do cliente oriente todas as decisões essenciais relacionadas com desenvolvimento de produtos, marketing e atendimento ao cliente?
- As diferentes funções que fazem parte da experiência de seu cliente (por exemplo, produto, serviço, marketing, vendas, atendimento pós-venda) ajudam a definir precisamente o trabalho do cliente de uma maneira coordenada e integrada, ou elas estão em conflito?
- Que novos processos você poderia definir para garantir uma entrega mais integrada das experiências exigidas pelos trabalhos de seus clientes?
- Que elementos de ponta a ponta da experiência são mais essenciais para solucionar perfeitamente o trabalho de seu cliente? Que medidas poderíamos definir para monitorar o desempenho com base nesses elementos?

NOTAS

1. Considerado um dos livros de administração mais influentes de todos os tempos, *Organizational Culture and Leadership*, de Edgar Schein, transforma o conceito abstrato de cultura em uma ferramenta que pode ser utilizada para moldar mais adequadamente a dinâmica da organização e da mudança. Schein, Edgar H. *Organizational Culture and Leadership*. San Francisco: Jossey-Bass, 1985.
2. Catmull, Ed. "How Pixar Fosters Collective Creativity". *Harvard Business Review*, setembro de 2008. <https://hbr.org/2008/09/how-pixar-fosters-collective-creativity>. Catmull, Ed & Wallace, Amy. *Creativity, Inc.: Overcoming the Unseen Forces That Stand in the Way of True Inspiration*. Nova York: Random House, 2014.
3. Um estudo de 2010 da Bain & Company junto a 57 reorganizações importantes descobriu que menos de um terço produziu alguma melhoria de desempenho significativa. Algumas na verdade destruíram valor.
4. Em seu livro *The Checklist Manifesto*, de 2009, Atul Gawande, professor da Harvard Medical School, relatou uma drástica melhoria na segurança dos pacientes em virtude da criação e adoção de um processo –*checklists* – no tratamento dos pacientes. Gawande, Atul. *The Checklist Manifesto: How to Get Things Right*. Nova York: Metropolitan Books, 2009.

CAPÍTULO 8

Fique de olho no trabalho

A GRANDE IDEIA

O dia em que um produto se torna real e chega ao mercado, tudo muda para os gerentes. A pressão para crescer é tanta que é possível perder de vista o motivo pelo qual os clientes originalmente contrataram seu produto ou serviço. Até as grandes empresas podem ir na direção errada, ao tentar definir precisamente o trabalho para seus clientes – e igualmente o trabalho para si mesmas. De acordo com nossas pesquisas e experiências, isso ocorre porque as empresas acabam acreditando em falácias a respeito dos dados sobre seus produtos: a falácia dos dados ativos *versus* passivos, a falácia do crescimento superficial e a falácia da conformidade dos dados.

Na verdade, as pessoas não desejam comprar brocas de 1/4 de polegada. Elas desejam furos de 1/4 de polegada.

Essa é uma constatação significativa, popularizada há algumas décadas por Ted Levitt, lendário professor de marketing de Harvard.[1] Os clientes não desejam produtos, eles desejam soluções para seus problemas. Peter Drucker também nos advertiu de que os consumidores raramente compram o que a empresa acredita que lhes esteja vendendo. Como esses dois sábios ressaltam, existe uma profunda desconexão entre a empresa e os clientes. Essas são as duas constatações de marketing mais importantes do século passado – e não conheço muitos profissionais dessa área que discordem disso.

Entretanto, os atos dos profissionais de marketing evidenciam algo diferente.

Acreditamos que as empresas mais bem-sucedidas de fato se assentam sobre essa perspectiva – basicamente, elas identificam um trabalho a ser feito. Contudo, depois que as empresas conseguem êxito, a sabedoria de Levitt e Drucker parece se dissipar.² Alguma coisa muda. Mesmo em algumas das melhores empresas, o trabalho a ser feito que originalmente possibilitou o seu sucesso acaba ignorado ou esquecido, de alguma forma, no processo de administração e desenvolvimento dos negócios. Elas se definem com relação aos produtos, e não aos trabalhos. E isso faz uma grande diferença.

A maioria dos consumidores da América do Norte e da Europa Ocidental conhece a marca V8. Esse produto é feito do suco de oito verduras e legumes – daí o nome da marca, V8. Ele foi lançado em 1933. A Campbell's Soup Company adquiriu a marca V8 em 1948, e a marca continua com a empresa.

No corredor de sucos e bebidas de nossos supermercados locais, o V8 encontra-se justaposto exatamente ao seu temível adversário, o suco de tomate. Seguindo pelo corredor, vemos outros concorrentes – como sucos de uva, laranja, toranja, cenoura e romã. Cerca de 50% do espaço de prateleira é ocupado por água engarrafada de lugares exóticos como Poland Spring, Maine, geleiras da Islândia, fontes da República de Fiji e chafarizes públicos de Ayer, Massachusetts. O Gatorade G, que costumava ser chamado somente de Gatorade, encontra-se lá também e se mantém firme em relação ao Powerade. No corredor seguinte há outras bebidas açucaradas, como Coca-Cola e Pepsi, e Red Bull. Se essa variedade não for suficiente, podemos atravessar a rua até a Starbucks, onde é possível encontrar *latte*, *cappuccino*, Frappuccino ou *macchiato*.

Senhoras e senhores, a concorrência no mercado de sucos e bebidas é *dura*. E a diferenciação é mais difícil ainda. Por definição, o mercado de bebidas não consegue crescer mais rapidamente do que a população, o que significa que uma marca só pode crescer se ela sair da sombra e se diferenciar de seus concorrentes diretos.

Para diferenciar seus produtos nessa categoria saturada, há alguns anos os gerentes de produto da marca V8 desenvolveram o *slogan* "I should've had a V8" ("Eu deveria ter tomado o V8") –, conotando que o V8 é uma alternativa fresca em relação a produtos vizinhos na prateleira do supermercado. Ocasionalmente, e inspirado por esse *slogan*, tentei me diferenciar comprando uma lata de V8 – cuja mistura dos sucos de tomate, beterraba, cenoura, aipo, alface, agrião, salsa e espinafre realmente diferencia o produto e as pessoas que o tomam. Não é um mau *slogan*. Afinal, o V8 tem 83 anos e continua firme. Há mais ou menos dez anos, inesperadamente um senhor bateu à porta da minha sala e se apresentou como um dos quatro membros do grupo que gerencia a marca V8 na Campbell's Soup. Ele disse que o grupo havia lido um dos primeiros artigos que havíamos escrito sobre o conceito do trabalho a ser feito. Ele explicou que, na verdade, o grupo tinha como missão diferenciar o produto da Campbell's de todos os outros sucos e bebidas. Entretanto, o conceito de trabalho a ser feito os inspirou a investigar qual o trabalho que as pessoas necessitavam fazer no momento em que contratavam o V8. Eles descobriram. Através do olhar de um de seus clientes, o que eles descobriram foi mais ou menos o seguinte:

> Quando já estava suficientemente maduro e saí de casa, prometi à minha mãe que sempre comeria verduras e legumes. Mas sou um homem ocupado. Quando descasco aquela cenoura insossa e fervo aquele espinafre sem graça, me pergunto por que motivo Popeye gosta tanto disso. Agora me arrependo do dia em que prometi à minha mãe que faria isso. Gastamos tanto tempo para preparar essa comida horrível.
>
> Foi então que percebi que, se tomasse o V8 todos os dias, poderia telefonar para minha mãe enquanto dirijo meu carro e tomo meu suco e dizer que estou comendo verduras e legumes, exatamente como prometi.

Quando visto através das lentes da teoria dos trabalhos, o V8 não concorre com a Diet Coke e o *cappuccino*. Pode concorrer com legumes e verduras! E do mesmo modo que o *milk-shake* vence sem esforço o jogo contra bananas e *bagels*, o V8 vence sem esforço o jogo contra as cenouras, que precisam ser descascadas; contra o espinafre, que precisa ser fervido; e contra a necessidade de passar fio dental para tirar fiapos de aipo dos dentes. A equipe de gestão mudou rapidamente a propaganda para justapor o V8 e a necessidade de descascar e cozinhar cenoura na vida de um homem ocupado. Posteriormente, esse senhor relatou que em menos de um ano as vendas do V8 quadruplicaram. Concorrer com o suco de maçã é difícil. Concorrer com o aipo é como descer um morro com carrinho de rolimã. E o V8 tornou-se uma marca com propósito perfeita.

O que ocorreu depois? É desolador. Não estou a par de todos os mecanismos internos, mas sei que os membros da equipe mudaram. Imagino que o trabalho a ser feito foi ignorado ou esquecido. Em todo caso, algo evidentemente mudou.

Por isso, hoje, quando você conduz seu carrinho de compras pelo corredor de sucos e bebidas, é isso o que você verá, se o supermercado em questão tiver toda linha do V8: V8, Spicy Hot V8, Lemon V8, Picante V8, Roasted Chicken V8, V8 com baixo teor de sódio, V8 orgânico, V8 *Splash!* (feito de frutas, verduras e legumes *e xarope de milho com alto teor de frutose*), V8 V-Fusion + Tea e outras variações das variações. Quase que da noite para o dia, a organização parece ter redirecionado sua linha de produtos, concorrendo com outros sucos e bebidas com uma linha de produtos extremamente ampla que gera confusão, e não clareza. Quando uma marca com propósito não tem clareza, os clientes são obrigados a perguntar para si mesmos: "Que trabalho o V8 realiza"?[3] Se Yogi Berra ainda estivesse entre nós, ele provavelmente leria a máxima de Ted Levitt de que os clientes desejam furos de um quarto de polegada e não brocas de um quarto de polegada; depois leria essa história sobre o V8; e em seguida comentaria: "Mais uma vez *déjà-vu*".

Por quê?

As três falácias dos dados de inovação

Até as grandes empresas erram ao tentar definir o trabalho para os clientes e focar no trabalho para si mesmas. De acordo com nossas pesquisas e experiências, isso ocorre porque as empresas acabam acreditando em uma das três falácias a seguir:

- A falácia dos dados ativos *versus* passivos
- A falácia do crescimento superficial
- A falácia da conformidade dos dados

Vamos às explicações:

1. **A falácia dos dados ativos *versus* passivos**

   Quando uma empresa é criada – ou um produto é lançado –, normalmente se encontra completamente imersa no contexto do trabalho que descobre. E descobrir um trabalho sem uma boa solução com frequência significa concorrer com ninguém. Espírito empreendedor, foco e recursos podem ser dedicados para compreendermos e solucionarmos os trabalhos dos clientes. Contudo, depois que a empresa é criada – ou um produto é lançado no mundo –, seu espírito empreendedor, seu foco e seus recursos tomam uma direção diferente.

   Pense no universo dos varejistas de desconto. Esse setor está organizado não em torno de um trabalho, mas ao redor de produtos e pontos de preço. Por esse motivo, nos últimos 20 anos essa área ficou muito saturada. Vimos empresas como Walmart, Target, Kmart, Ann & Hope, Costco, Marshall's, Woolworth, Zayre, Bradleese Caldor, entre muitas outras, lutarem com unhas e dentes pela liderança. Não havia praticamente expectativa de que todos esses varejistas sobrevivessem no longo prazo. Foi uma briga de mãos limpas, um teste de sobrevivência do mais adaptado, com base em quem conseguia vender mais. Não havia forma antecipada de prever quem venceria. Quando escrevi *O Dilema da Inovação*, há duas décadas, a Kmart era a líder. Agora é a sombra de seu *self* anterior. Walmart, Costco e Target prevaleceram, como vimos. Contudo, mesmo que essas três empresas tenham vencido a guerra de desgaste, nenhum cliente no planeta tem um trabalho a ser feito designado como *"Preciso reservar algumas horas para ir* à loja *hoje"*. Por esse motivo, as empresas que se organizaram em torno de um modelo de negócio físico (real), e não de um trabalho, tendem a não prosperar no longo prazo. Em vez de se expandir lucrativamente, elas se verão cada vez mais na defensiva.

   Em contraposição, pense em histórias de sucesso recentes, como OpenTable, Salesforce.com e Airbnb, ou em sucessos duradouros como Craigslist ou IKEA. Todas essas empresas estão nitidamente organizadas em torno de um trabalho a ser feito, têm sucesso sustentado e enfrentam uma concorrência mínima. Trata-se de um jogo totalmente diferente.

Esse fenômeno não é novo. Tal como Ted Levitt ressaltou décadas atrás, nas páginas da *Harvard Business Review*, o setor ferroviário não decaiu porque a necessidade de passageiros e de transporte de cargas diminuiu. Na verdade, essa necessidade aumentou, mas os carros, caminhões, aviões e até os telefones interviram para lidar habilmente com esse trabalho. As estradas de ferro estavam em apuros, escreveu Levitt em 1960, "porque presumiram que estivessem no setor de estradas de ferro, e não no setor de transporte".[4] Em outras palavras, as estradas de ferro caíram na armadilha de deixar o produto definir o mercado no qual elas estavam, e não o trabalho para o qual os clientes as estavam contratando. Elas se organizaram, se controlaram e se avaliaram como se estivessem no segmento de venda de brocas, e não de furos de um quarto de polegada.

Em contraposição, muitas *start-ups* bem-sucedidas de fato começam vendendo furos de um quarto de polegada. O cerne da ideia original da Netflix foi revelador quanto ao modo como várias *start-ups* ganham ímpeto: um empreendedor se deparou com uma situação sem solução aparente e disse para si mesmo: "Vou corrigir isso"! De certo modo, ele começou como diretor executivo e cliente-alvo – não havia separação entre o inovador e o trabalho de seu cliente. Grande parte das informações necessárias para tomar decisões sobre a solução de um trabalho encontra-se em um contexto de conflito. Nós as chamamos de "dados passivos" porque não há porta-voz, estrutura clara, defensor ou intenção subjacente. Os dados passivos, por si sós, não nos dizem o que está ocorrendo no mundo porque o trabalho a ser feito não muda tanto. Os dados passivos são simplesmente um contexto não filtrado. Eles estão sempre presentes, mas não são evidentes.

Quando os gerentes tentam descobrir um trabalho ainda não atendido ou realizado insatisfatoriamente, o que se evidencia para eles são soluções provisórias e de não consumo. Eles ficam imersos em dados passivos do contexto. Indicadores de mercado conhecidos, como vendas do produto, padrões de qualidade e referências competitivas, não existem. Em vez disso, o que se evidencia como oportunidade de inovação são frustrações de determinados clientes e dilemas e experiências indesejáveis. A extração de significado de um emaranhado de experiências da vida real nada tem a ver com tabulação de dados, mas com a montagem de uma narrativa que revela o trabalho a ser feito. Os inovadores precisam mergulhar no contexto desordenado da vida real para descobrir quais produtos novos e possivelmente promissores eles podem oferecer aos clientes. No estágio inicial, os gerentes atuam como solucionadores de quebra-cabeça, e não como computadores. Os dados passivos não se propagam enfaticamente. É necessário procurá-los, reunir indícios e perguntar incessantemente *por quê?* Isso é muito importante porque é a forma de identificar oportunidades de inovação.

Veja como o problema tem início: os gerentes, por sua própria natureza, reagem às informações – e as informações negativas os levam a reagir rapidamente.

No entanto, podemos prever que, tão logo o trabalho a ser feito se torne um produto comercial, uma visão fundamentalmente contextual a seu respeito começa a desaparecer à medida que os dados operacionais ativos substituem e deslocam os dados passivos da inovação. Assim que os produtos são lançados, uma torneira se abre e os dados, que não existem enquanto não realizamos alguma venda e criamos clientes, são gerados. Os gerentes compreensivelmente têm uma sensação de tranquilidade quando mudam sua atenção, antes dirigida para *uma história de conflito* de contornos indistintos, para uma planilha nitidamente precisa. E essa mudança ocorre naturalmente e com pouco alarde:

1. As vendas dos produtos geram *dados sobre os produtos*: quanto, quão lucrativos e quais deles etc.
2. As compras que os clientes realizam geram *dados sobre os próprios clientes*: empresa ou consumidor, de grande ou pequeno porte, rico ou não tanto, vendas diretas ou via canal de vendas, locais ou de outras regiões etc.
3. Os investimentos feitos em pessoas, instalações e tecnologia geram *dados sobre produtividade, retornos e valor*.
4. Os concorrentes surgem e motivam os investidores e gestores a criar *avaliações comparativas que geram dados*.

Esses dados, por sua vez, são bastante evidentes. Eles pedem em alto e bom som para que sejam focalizados, priorizados e aprimorados. Eles são fáceis de acompanhar e medir e normalmente são considerados um reflexo do nível de qualidade do trabalho que o gerente está realizando. Trata-se de uma mudança de perspectiva sutil, mas transformacional, e a sensação de migrar da confusão e desorganização dos dados passivos para a estrutura concreta e tranquilizadora dos dados ativos é agradável.

Contudo, o que parece ser progresso pode se demonstrar destrutivo quando leva os gerentes a interpretar mal o modelo de realidade que os dados ativos oferecem para o mundo real.[5] Os dados são *sempre* uma abstração da realidade, baseados em suposições subjacentes sobre como categorizar os fenômenos não estruturados do mundo real. Com muita frequência, os gerentes desprezam convenientemente esse conhecimento: os dados são fabricados.

Como os dados operacionais se propagam enfaticamente e claramente, é muito fácil – em particular quando os níveis de filtragem de uma organização aumentam – os gerentes começarem a administrar os números, e não o trabalho.[6] Um ótimo exemplo disso é o das escolas públicas dos Estados Unidos, que ensinam os alunos para que eles passem nos exames obrigatórios porque o governo necessita que as escolas alcancem determinados padrões (que são medidos). Ou considere então a medicina. Pense no quanto os médicos normalmente tratam os sintomas, em vez de irem à causa do problema. A pressão alta, por exemplo, é um sintoma de inúmeras doenças diferentes. Entretanto, a maioria dos medicamentos para pessoas com pressão alta tenta reduzir a pressão em lugar de tratar a causa do problema.

As empresas também fazem isso. Elas administram os números. Pense na correlação entre o lucro por ação e o preço de suas ações no mercado. Se uma empresa que opera no mercado recompra algumas de suas próprias ações, isso pode melhorar os lucros por ação e o preço das ações normalmente sobe. Isso, no entanto, não torna a empresa mais inovadora ou mais eficiente. Os números subiram. Ponto final.

2. A falácia do crescimento superficial

Quando uma empresa faz grandes investimentos para desenvolver um relacionamento com os clientes, surgem incentivos naturais para encontrar soluções para vender mais produtos aos clientes existentes. Os custos marginais para vender mais produtos aos clientes existentes são extremamente baixos – e os lucros são, portanto, sedutores. Chamamos esse fenômeno de "crescimento superficial". As empresas veem os produtos ao redor fabricados por outras empresas e decidem copiá-los ou adquiri-los. Quando as empresas fazem isso, com frequência acabam tentando criar vários produtos para vários clientes – e perdem o foco sobre o trabalho que originalmente foi responsável por seu sucesso.[7] Pior ainda, tentar realizar vários trabalhos para vários clientes pode confundir os clientes e levá-los a contratar os produtos errados para os trabalhos errados e finalmente a dispensá-los, em decorrência de frustração. Isso torna as empresas vulneráveis aos inovadores de ruptura que se concentram em um único trabalho – e capricham ao realizá-lo.

Os mesmos incentivos e a mesma lógica aplicam-se aos investimentos em recursos de produção, propriedade intelectual e talento. Assim que esses custos são incorridos, a pressão por "suar os ativos" torna-se constante e implacável, particularmente entre os acionistas: "Que resultados vocês geraram para nós nos últimos tempos"?

O *New York Times* constitui um ótimo exemplo. Existem dois clientes importantes para o *Times*: leitores e anunciantes. No caso dos leitores, existem muitos trabalhos em seu universo – o *Times* tenta realizar um número cada vez maior de trabalhos para um mesmo conjunto de clientes. Por exemplo:

- Ajudar os leitores a se soltar no final do dia.
- Oferecer notícias atualizadas aos leitores.
- Ajudar os leitores a se manter informados.
- Ajudar os leitores a preencher o tempo de maneira produtiva.

Entretanto, a cada trabalho adicional que o *Times* soluciona, ele se vê diante de um concorrente que se concentra apenas naquele trabalho – e o faz extremamente bem. A revista *Economist* é uma ótima solução para um resumo semanal, em lugar de investir tempo todos os dias para nos mantermos informados. Nada mais simples do que ligar a televisão para relaxar à noite – que oferece muito mais opções com relação ao que desejamos ver. O jornal *Metro*, que os leitores recebem de graça todos os dias, ajuda-os a preencher o tempo produtivamente no percurso de ida e volta para o trabalho, e assim por diante. Ou seja, o *New York Times* tem um punhado de concorrentes – além de outras mídias predominantes – que estão solucionando melhor os trabalhos dos clientes do que ele próprio consegue. Não é segredo que muitos jornais estão lutando para sobreviver nos últimos anos. Eles não estavam concentrados em um trabalho. Em contraposição, a Deseret News

Publishing Company, que examinarei a fundo no capítulo seguinte, passou por uma impressionante reviravolta ao redirecionar seu jornal tradicional para um trabalho a ser feito totalmente distinto.

3. A falácia da conformidade dos dados

A falácia da conformidade dos dados é a terceira falácia que leva as empresas a perder o foco sobre o trabalho a ser feito dos clientes. Os dados têm um jeito irritante de se acomodar para respaldar qualquer o ponto de vista que desejamos. Na verdade, Nate Silver, famoso estatístico e fundador do *blog* político FiveThirtyEight do *New York Times* (adquirido pela ESPN em 2013), ressaltou: "As falhas mais graves de previsão normalmente têm muito em comum. Nós nos concentramos naqueles indícios que contam uma história sobre o mundo tal como gostaríamos que ele fosse, e não como ele realmente é".[8] Não percebemos isso, não temos a intenção de que isso ocorra, mas essa é uma infeliz fragilidade do cérebro humano.

Os psicólogos explicaram que, quando mantemos ideias ou crenças conflitantes na mente, essa "dissonância" produz reações de estresse e ansiedade que procuramos naturalmente minimizar e evitar. As verdades incômodas são exatamente isso – incômodas. Quando os dados chegam, não é que *perdemos* a objetividade – para começar, nunca a tivemos. Não consigo deixar de pensar nas reuniões de pais e professores de que participei – eu e minha mulher sempre saíamos da sala com pontos de vista totalmente diferentes sobre o que havíamos acabado de escutar. Eu escutava, tenho certeza disso, o que confirmava minhas expectativas. Minha mulher, suponho, escutava algo mais próximo do que o professor realmente dizia. Fazemos os dados e as mensagens se conformarem com o que acreditamos.

Com muita frequência as empresas são pegas de surpresa pela inovação de um concorrente ou pelo que acaba se revelando uma oportunidade perdida. "*Por que não vimos isso surgindo*"? A verdade é que elas não tinham possibilidade de ver isso porque não estavam procurando por isso. Nas palavras de Sherlock Holmes, "não há nada mais decepcionante do que um fato óbvio". Isso soa familiar? Sua equipe de vendas, sua equipe de marketing e sua equipe de P&D estão todas em uma mesma sala com o diretor da unidade de negócios discutindo onde concentrar os recursos de inovação. A equipe de vendas tem certeza de que sabe o que os clientes desejam porque conversa constantemente com eles a respeito de suas necessidades mais prementes. A equipe de marketing tem um monte de ideias para potencializar a marca existente, talvez oferecendo novas versões, novos sabores, novas cores ou propostas especiais. A equipe de P&D está entusiasmada com os novos recursos e benefícios nos quais está trabalhando, possibilitados por novas e excelentes tecnologias ou aplicações. E o diretor da unidade de negócios está sempre preocupado em introduzir produtos no mercado que consigam ajudar nos demonstrativos de L&P (lucros e perdas) no final do ano. Obviamente, cada equipe comparece munida de dados corroborativos cuidadosamente elaborados, que oferecem um modelo da realidade por meio das lentes de suas responsabilidades funcionais, de medidas de desempenho e de incentivos financeiros. Todas as equipes estão trabalhando com uma espécie de viés de confirmação – que consiste em ver somente as informações que tendem a respaldar seu ponto de vista. Nenhuma dessas perspectivas está errada, mas a questão é que nenhuma é verdadeiramente objetiva. E, mais importante, nenhum dos modelos reflete o trabalho dos clientes.

Selecionamos e escolhemos os dados que nos são convenientes. "As decisões não são tomadas. Elas acontecem", observa Gerald Zaltman, especialista em neuromarketing e colega de longa data na Harvard Business School, que passou anos estudando de que forma os gestores retratam suas ideias e seus conhecimentos. Alguns dos equívocos comuns que ele identificou? "A tendência de tratar os fatos como constatações e saltar diretamente dos dados para a ação", escreveu Zaltman recentemente no *Journal of Advertising Research*. "É comum as pesquisas serem utilizadas para comprovar argumentos, e não como incentivo para ideias imaginativas".

Na verdade, afirma Zaltman, com frequência nos autoenganamos justamente com relação ao grau de objetividade de nossas decisões. "Pode até parecer que um líder tomou uma grande decisão –A *versus* B – quando na verdade, em todos os níveis que o conduziram a essa decisão, os dados foram progressivamente distorcidos para A. Um líder pode até pensar que deu um salto de fé com base em dados lúcidos, mas na realidade esses dados até certo ponto já foram predeterminados".

As inovações são distorcidas para os trabalhos que os *executivos* desejam que elas realizem – que é confirmar que os clientes desejam comprar os produtos que os gerentes desejam lhes vender.

A fonte de dados cria o problema

Existe um problema ainda mais radical com os dados. Muitas pessoas consideram os dados numéricos mais confiáveis do que os dados qualitativos. Contudo, de onde provêm os dados "objetivos"? Os dados usados em vários projetos de pesquisa provêm das demonstrações financeiras das empresas, por exemplo. Eles são objetivos? H. Thomas Johnson e Robert S. Kaplan demonstraram de uma maneira bastante convincente que os números que representam as receitas, os custos e os lucros nas demonstrações financeiras resultam dos processos de estimativa, negociação, discussão e política de alocação de custos indiretos que podem gerar reflexos exageradamente imprecisos dos custos e lucros verdadeiros.[9]

A mentalidade de inovação mais saudável é aquela que considera que praticamente *todos* os dados – sejam eles apresentados como um amplo conjunto de dados quantitativos em um extremo ou como uma descrição etnográfica de comportamento no outro extremo – estão fundamentados em tendenciosidades e julgamentos humanos. Os dados numéricos e, do mesmo modo, os verbais são abstrações de uma realidade bem mais complexa, das quais os pesquisadores tentam extrair as variáveis ou os padrões mais proeminentes para investigá-los. Embora a subjetividade dos dados provenientes de pesquisas de campo e etnográficas seja gritantemente visível, o viés subjetivo dos dados numéricos esconde-se atrás de sua precisão superficial. Tom Monahan, que transformou a CEB, empresa de *insight* em melhores práticas e tecnologia, em uma empresa de capital aberto de 1 bilhão de dólares, brincou comigo dizendo que um de seus sonhos é patrocinar o Museu da Falsa Precisão com seus lucros. Ele promete ostentar um acervo bem sortido.

Os dados não são o fenômeno em si. A principal função dos dados é representar os fenômenos – para criar uma simulação da realidade. Entretanto, existe um conceito errôneo sobre os dados que é tão preponderante que chega a estar tacitamente entranhado em várias organizações – a ideia de que somente os dados quantitativos são *objetivos*. Existe uma crença generalizada de que haveria determinado conjunto de dados ideais que podem, juntos, gerar *insights* perfeitos sobre os clientes. Bastaria apenas descobrir quais são os dados corretos. Em suma, podemos conhecer a "verdade" se simplesmente reunirmos os dados corretos em forma *quan-*

titativa, aquelas informações que podem ser inseridas em uma planilha ou em uma análise de regressão. *Quantos? O quê? Onde? Quem? Quando?* Em contraposição, os dados qualitativos – observações e constatações que não se enquadram perfeitamente em uma planilha para serem fatiadas e divididas – não são tão confiáveis quanto os quantitativos porque existe uma única "verdade". Os dados quantitativos, tal como se acredita, são, de certo modo, melhores.

Mas isso não está correto. As divindades não criam dados e, em seguida, os concedem à humanidade. Todos os dados são produzidos pelo homem. Alguém, em algum momento, determinou que dados deveria coletar, como deveria organizá-los, como deveria apresentá-los e como deveria inferir significados – e esses dados incorporam todos os tipos de falso rigor no processo. Os dados têm a mesma intenção que a pessoa que os criou, premeditadamente ou não. Para cada hora que os executivos sêniores passam *analisando* dados, deveria haver um investimento semelhante, por parte deles, para determinar *quais* dados devem ser criados. Sobre quais dimensões dos fenômenos devemos coletar dados e quais dimensões dos fenômenos devemos ignorar?[10]

Na primavera de 2014, a revista *Science* publicou os resultados e as conclusões de um estudo acadêmico do conhecido Google Flu Trends[11] – um serviço do Google de acompanhamento da gripe que promete prever as tendências de gripe antes dos tradicionais relatórios do Centros de Controle e Prevenção de Doenças. O Google Flu Trends (GFT) baseava-se em um algoritmo que correlacionava 50 milhões de termos de busca com 1.152 pontos de dados. Basicamente, o Google esperava prever os surtos de gripe realizando um cruzamento entre os termos de busca (sintomas, profissionais de saúde, medicamentos) e dados objetivos relevantes. Os autores, acadêmicos da Northeastern University, de Harvard e da University of Houston, concluíram que o Google Flu Trends superestimou o número de casos de gripe nos Estados Unidos durante mais de dois anos. O artigo, "The Parable of Google Flu: Traps in Big Data Analysis", concluiu que os erros eram, pelo menos em parte, decorrência das decisões tomadas pelos engenheiros do GFT a respeito do que incluir em seus modelos – equívocos que os acadêmicos chamaram de "dinâmica algorítmica" e "arrogância do *big data*".

O Google tinha objetivos admiráveis: talvez alertas antecipados sobre as tendências de gripe pudessem impedir a disseminação da doença e salvar vidas mais prematuramente do que os métodos convencionais. Contudo, como os engenheiros do Google descobriram, é necessário escolher o que analisar. Infelizmente, a correlação exata entre os termos de busca e o algoritmo do Google era exageradamente complexa e estava sujeita a uma miríade de dinâmicas humanas (talvez um hipocondríaco usasse os mesmos termos em sua busca mês após mês ou talvez os engenheiros do Google de tempos em tempos mudassem a forma como os dados eram coletados, e assim por diante...) para oferecer uma ferramenta preditiva confiável.

Como os termos das buscas no Google são criados em computadores e podem ser armazenados e analisados de várias maneiras, eles parecem um conjunto de dados válido, mas não são. Simplesmente pelo fato de os fenômenos – nesse caso, as buscas – poderem ser computadas e analisadas não significa que eles mereçam o *status* de dados. Eles são direcionalmente úteis? Sim. Eles representam a realidade objetiva? Não.

Os dados passivos precisam de gestão ativa

As empresas estão fadadas a se desviar do curso de um trabalho quando seus sistemas operacionais normais entram em ação – e a ver escapulir a vantagem competitiva que elas se esforçaram tanto para ganhar? Não, se os executivos seniores impedirem que eles e a respectiva empresa tornem-se vítima dos dados das três falácias da inovação. Entretanto, isso sem dúvida e categoricamente ocorrerá se não houver um porta-voz e um defensor ao trabalho dos clientes. Os dados passivos precisam de gestão ativa. Examinaremos esse desafio no capítulo seguinte, "A Organização Baseada no Trabalho".

PONTOS-CHAVE DO CAPÍTULO

- A história de origem da maior parte das empresas normalmente envolve um empreendedor que identifica um trabalho para o qual ainda não existe uma solução satisfatória e desenvolve uma solução criativa para solucioná-lo.

- Entretanto, à medida que a empresa cresce, é muito comum ela perder o foco sobre o trabalho que foi responsável por sua existência. Não obstante as melhores intenções e um século de sabedoria de marketing, as empresas começam a agir como se seus negócios fossem definidos pelos produtos e serviços que elas vendem ("brocas de um quarto de polegada"), e não pelos trabalhos que elas solucionam ("furos de um quarto de polegada").

- Embora sejam muitos os determinantes desse distanciamento em relação ao verdadeiro norte do trabalho do cliente, entre os gerentes existe a tendência de se tornarem vítimas das três falácias dos dados de inovação:
  - *A falácia dos dados ativos* versus *passivos:* em vez de se manterem concentradas nos dados que caracterizam a ampla complexidade do trabalho (dados passivos), as empresas em desenvolvimento começam a gerar dados relacionados às operações (dados ativos), que podem seduzir os gerentes com sua aparente objetividade e, ao mesmo tempo, tendem a se organizar em torno das características dos produtos e dos clientes, e não dos trabalhos a serem feitos.
  - *A falácia do crescimento superficial:* quando as empresas fazem grandes investimentos no relacionamento com os clientes, eles se preocupam em utilizar suas forças para impulsionar o crescimento por meio da venda de produtos adicionais a esses clientes ou em solucionar um conjunto mais amplo de seus trabalhos, o que chamamos de crescimento superficial – em contraposição a se preocupar em solucionar melhor o trabalho principal.
  - *A falácia da conformidade de dados:* os gerentes preocupam-se em gerar dados que se conformem com seus modelos de negócio preexistentes.
- Ter consciência dessas falácias é o primeiro passo para evitar que elas assumam o controle da inovação em uma empresa, mas proceder dessa forma requer vigilância e intervenção constantes.

PERGUNTAS PARA OS LÍDERES

- Até que ponto suas iniciativas de inovação estão relacionadas com os principais trabalhos que sua empresa se propôs a solucionar quando foi criada?

- De que forma seu pessoal caracteriza o principal negócio a que você se dedica? Você acha que seu pessoal o descreveria como um meio para solucionar um trabalho importante na vida de seus clientes ou em termos dos produtos e serviços que você oferece?
- Que dados norteiam suas decisões sobre inovação e investimento? Em que nível esses dados estão relacionados aos trabalhos de seus clientes?
- Você está se tornando vítima da falácia do crescimento superficial, isto é, você está exageradamente preocupado em impulsionar o crescimento por meio da venda de novos produtos aos clientes existentes sem compreender o progresso que os clientes estão tentando fazer na vida?
- Quais dados são coletados e apresentados para a tomada de decisões importantes a respeito de inovação e investimento? Que mecanismos estão em vigor para confirmar se esses dados estão mesmo revelando o que você precisa ver, e não o que é confortante acreditar?
- De que maneira você assegura que o trabalho a ser feito de seus clientes está tendo voz em seu processo de tomada de decisão e em suas atividades de alocação de recursos?

NOTAS

1. O crédito dessa constatação geralmente é atribuído a Levitt. Contudo, em seu livro *The Marketing Imagination*, ele o atribuiu a Leo McGinneva. Mas Levitt foi, sem dúvida, uma das pessoas que popularizou esse termo. Levitt, Theodore. *The Marketing Imagination*. Nova York: Free Press, 1986.
2. Durante todo o tempo em que fui aluno do curso de MBA na Harvard Business School, nunca se falou do furo de um quarto de polegada nem de vender coisas erradas aos clientes. Nem quando era aluno, nem depois disso, quando estava trabalhando no Boston Consulting Group, e tampouco durante meu doutorado. Só ouvi alguém se referir à analogia de modo geral mais adiante na minha vida profissional – e lastimei por não tê-la conhecido antes. Como algo tão profundo pode se tornar tão obscuro?
3. Tive oportunidade de trocar excelentes ideias com aquele senhor que me visitou naquele dia. Embora ele tenha me confidenciado livremente sua história, optei por proteger sua identidade aqui. Mas os fatos sobre o V8 que estão disponíveis ao público falam por si.

4. Levitt, Theodore. "Marketing Myopia". *Harvard Business Review*, July/August 1960.
5. A título de analogia, pense no sistema de saúde. Meu cardiologista nunca me telefona porque os dados sobre meu coração não mudam. Fico contente em dizer que meu coração é saudável. Não existe nenhum dado ativo ao qual responder. Contudo, isso mostra por que temos um sistema que trata somente a doença – não é um sistema de cuidados de "saúde"; é um sistema de cuidados do "doente". São duas coisas diferentes. Quando ficamos doentes, de repente os dados que os médicos examinam a nosso respeito entram em ação e ganham ímpeto, e o sistema então se organiza para fazer com que esses dados pareçam melhores. Entretanto, isso não é a mesma coisa que nos manter saudáveis. É exatamente isso o que os gerentes fazem – eles reagem a mudanças nos dados, mas não prestam atenção aos dados passivos que interferem no contexto do fator mais importante no qual o gerente deveria se concentrar: os trabalhos do cliente.
6. Muitos economistas presumem um ator racional em seus modelos, porque as pessoas têm acesso a todas as informações necessárias e, portanto, podem agir racionalmente. Contudo, na realidade, nós nos apoiamos em informações que são criadas pela situação na qual nos encontramos – tal como os ganhadores do Prêmio Nobel Herbert A. Simon e James G. March explicam quando falam da "racionalidade limitada". A racionalidade limitada é a ideia de que na tomada de decisão a racionalidade dos indivíduos é limitada pelas informações que eles têm, pelas limitações cognitivas da mente e pela quantidade finita de tempo que têm para tomar uma decisão.
7. Um bom exemplo disso é a linha de ferramentas mecânicas DeWalt, que ganhou reputação por sua excelente serra circular de braço. Essa serra era a melhor do setor – e ajudou a consolidar a DeWalt como uma marca confiável. Depois que a Black & Decker a adquiriu, na década de 1960, a DeWalt expandiu-se para novas áreas. Parece-me que a Black & Decker simplesmente percorreu os corredores da loja de ferramentas para ver o que todos os outros estavam fazendo – brocas e grampos etc. – e pensou: *ah, podemos fazer isso também. Isso vai gerar novas receitas.* A DeWalt então encontrou alternativas para terceirizar a fabricação desses novos produtos para que pudessem ser produzidos de maneira barata. No entanto, tentar roubar receita dos concorrentes com imitações de qualidade inferior não é um plano de crescimento confiável. É por isso que o chamamos de crescimento superficial. Podemos copiar ideias que já estamos vendo nas prateleiras, mas nenhuma delas se baseia em uma clara compreensão dos trabalhos – e a probabilidade de êxito é bem menor.

8. Silver, Nate. *The Signal and the Noise: Why So Many Predictions Fail – But Some Don't*. Nova York: Penguin Press, 2012.
9. Johnson, H. Thomas & Kaplan, Robert S. *Relevance Lost: The Rise and Fall of Management Accounting*. Boston: Harvard Business School Press, 1987.
10. Conheço bem os limites daquilo que os dados nos dizem. Nosso filho Michael formou-se na Harvard Business School como Baker Scholar, a mais alta distinção acadêmica concedida aos alunos de MBA. Se você examinar os dados sobre ele enquanto ele estava na Harvard Business School, provavelmente verá uma lista dos cursos que ele fez, as notas que tirou e seu registro de presença. É provável, porém, que esse registro não mencione que ele foi "representante de sala" de sua turma nesse curso. Sua responsabilidade era cultivar uma cultura de aprendizagem e de apoio recíproco em sua turma. Era uma turma realmente excelente, acredito, em parte em virtude do que Michael realizou como líder. Acho que essa foi a lição mais poderosa que ele aprendeu na Harvard Business School: como inspirar as pessoas criando a cultura correta. Mas não existe dado para retratar isso. Todos os dados estão incorporados no contexto.

    Isso me faz lembrar de um discurso comovente de Bobby Kennedy:

    "Hoje, nosso produto nacional bruto é superior a 800 bilhões de dólares por ano [...]. Mas nosso produto nacional bruto não leva em conta a saúde de nossas crianças, a qualidade de sua educação ou a alegria de suas brincadeiras. Não inclui a beleza de nossa poesia nem a solidez de nossos casamentos, a inteligência de nosso debate público ou a integridade de nossos funcionários públicos. Não mede nossa sagacidade nem nossa coragem, nem nossa sabedoria, nem nossa aprendizagem, nem nossa compaixão ou devoção ao país. Em suma, mede tudo, exceto o que faz com que a vida valha a pena. E pode nos dizer tudo sobre os Estados Unidos, exceto o motivo pelo qual temos orgulho de ser americanos".
11. Lazer, David, Kennedy, Ryan, King, Gary & Vespignani, Alessandro. "The Parable of Google Flu: Traps in Big Data Analysis". *Science,* March 14, 2014.

CAPÍTULO 9

A organização focada no trabalho

A GRANDE IDEIA

Muitas empresas têm uma declaração de missão imponente que expressa uma variedade de intenções, como motivar os funcionários, fundamentar estratégias e atrair investidores, mas praticamente o mesmo número de empresas se esforça para traduzir essas declarações de missão em comportamentos do dia a dia. Entretanto, quando o trabalho tem voz na organização, os fluxos de trabalho individuais têm significado e os funcionários compreendem por que seu trabalho tem importância. Um trabalho bem definido é como uma espécie de "intenção do comandante". Isso evita a necessidade de microgerenciamento porque os funcionários, independentemente do nível hierárquico, perceberão e se sentirão motivados com o fato de o trabalho que eles executam se enquadrar em um processo mais amplo para ajudar os clientes a realizar o seu trabalho.

Não faz muito tempo, Scott Cook, fundador da Intuit, conduziu uma sessão de *brainstorming* com o objetivo de melhorar um dos principais produtos da Intuit, o TurboTax. Durante anos a equipe se preocupou em entender de que forma poderia melhorar a "entrevista" (ou questionário) integrada no TurboTax, que solicita que os clientes respondam a determinadas perguntas e preencham determinados dados para gerar uma declaração de imposto de renda precisa. Todo ano a equipe conversa com o objetivo de melhorar essa ferramenta de entrevista, refinando e aperfeiçoando e acrescentando especificidades que gerem os resultados mais precisos possíveis.

Com a iniciativa bem-intencionada de oferecer aos clientes o que eles pedem, lembra-se Cook, as equipes de desenvolvimento da Intuit costumavam sondar os clientes sobre possíveis novos recursos na Intuit. E os clientes tinham muito a dizer. Eles costumavam recitar uma vasta lista. "Geralmente eles pediam uns 150 atributos", afirma Cook. A equipe então aceitava prontamente esse *feedback*. As equipes de desenvolvimento normalmente passavam semanas analisando as listas e discutindo quais eram mais importante oferecer. Todos, diz Cook, se guiavam pelo que imaginavam ser certo para o cliente. Na realidade, isso não oferecia orientação. "Acabávamos em um labirinto de atributos", lembra Cook. "Com muita frequência examinávamos o que os clientes estavam pedindo e desenvolvíamos aquilo." Entretanto, sem uma clara percepção do trabalho para o qual os clientes estavam contratando aquele produto, "simplesmente não havia como diferenciar quais atributos eram os corretos. É como navegar sem bússola".

A Intuit promoveu um novo líder, Sasan Goodarzi, a gerente geral da organização do TurboTax. Ocorreu-lhe que talvez o TurboTax não estivesse percebendo o mais importante. Os clientes não estavam contratando o TurboTax para contar com uma ferramenta melhor para preencher o formulário do imposto de renda. "Sasan conduziu a organização para um nível de compreensão mais aprofundado", afirma Cook, "a respeito 'do problema que o cliente realmente desejava resolver'." Durante anos, a organização devotou sua energia para um objetivo virtuoso, mas não para o objetivo que os clientes mais desejavam. Os clientes não queriam lidar com o formulário. O que eles queriam era inserir dados. Eles contratavam o TurboTax para realizar sua declaração de imposto de renda. Ponto-final.

Deixar de aprimorar o formulário e eliminá-lo totalmente representava uma mudança descomunal. Mas era uma mudança estimulante. Essa constatação, ressalta Cook, gerou um surto imediato de criatividade na organização. Assim que a equipe se concentrou no trabalho a ser feito, ficou claro que na verdade o que o TurboTax deveria procurar solucionar era: preencher os dados de imposto de renda dos clientes sem que eles precisassem responder a nenhuma pergunta nem inserir dados.

Como isso é possível? Goodarzi e sua equipe ainda estão tentando resolver esse desafio, mas eles conseguiram progredir. Por exemplo: se um cliente der permissão ao TurboTax para obter informações W-2 (formulário de informações salariais do funcionário) de uma empresa de folha de pagamento como a ADP, muitas informações básicas poderão ser baixadas imediatamente na declaração de imposto de renda do cliente. Para obter um TurboTax de fato, "sem entrevista", seria necessária uma década, diz Cook. Entretanto, ainda que engatinhando em direção a esse objetivo, eles já conseguiram fazer diferença no que tange à experiência do cliente. Em 2015, a Intuit experimentou utilizar dados pré-carregados, como informações de folha de pagamento, em apenas uma "seção" ou (existem de quatro a 40 seções, dependendo da situação do contribuinte) no questionário do TurboTax. Com o pré-preenchimento de uma única seção, a Intuit percebeu um aumento notável no número de clientes que de fato preenchiam o formulário do TurboTax, mesmo que precisassem corrigir manualmente alguns dos dados preenchidos automaticamente.

No caso do TurboTax, a essência da análise era falha posto que sua preocupação era melhorar o formulário. É exatamente isso que a maior parte das empresas faz quando segue os manuais de inovação errados. Como um líder pode arregimentar consistentemente sua equipe com relação a um objetivo tão desafiador – e manter os membros concentrados nesse objetivo? "Acho essa pergunta decisiva", ressalta Cook. Quando os funcionários se mantêm incessantemente concentrados no trabalho, isso possibilita e até os impele para métodos de trabalho novos e melhores. Para ter profundidade, o conhecimento dos trabalhos de que os clientes necessitam deve desencadear uma sequência de perguntas sobre como a empresa está organizada, o que é medido e recompensado, quais prioridades permeiam a empresa como um todo e como as pessoas trabalham juntas para solucionar os problemas. Como sugere Cook, ainda não temos respostas para todas essas perguntas, mas o que sabemos com base no que os líderes entrevistados para este livro nos disseram é que a teoria dos trabalhos, no final, se revela uma ferramenta extremamente eficaz para direcionar e conduzir a organização. No caso da Intuit, afirma Cook, a organização está tão concentrada nos trabalhos dos clientes que se permite funcionar como uma "rede de *start-ups*" na qual pequenas equipes lançam novos pilotos de produto de acordo com um procedimento que exige o mínimo de aprovação da alta administração porque eles estão nitidamente associados com os trabalhos. Quando todos os integrantes da equipe compreendem que o objetivo é "declarar o imposto de renda", isso quer dizer que todos estão na mesma direção.

Ter uma organização baseada no trabalho, de acordo com os diretores executivos que entrevistamos para este livro, gera quatro categorias de benefícios bem definidos:

- Permite a distribuição (ou compartilhamento) da tomada de decisões com clareza de propósito – funcionários de toda organização têm poder para tomar boas decisões baseadas no trabalho e para serem autônomos e inovadores.
- Associa os recursos com o que é mais importante – e libera recursos do que não é importante.
- Inspira as pessoas e unifica a cultura para atender o que é mais importante.
- Avalia o que é mais importante – progresso dos clientes, contribuições dos funcionários e incentivos.

Concentrar no trabalho do qual os clientes necessitam oferece não apenas ideias específicas de melhoria, mas um norte para a inovação permanente. Isso ajuda a preencher a lacuna entre o que a alta administração espera obter e o que os funcionários sabem fazer. É inspirador e oferece autonomia.

A maior parte das empresas tem uma declaração de missão – e se elas tiverem sorte os funcionários vão conhecê-la a ponto de repeti-la. Contudo, as declarações de missão normalmente são expressas com tanta frequência e tão genericamente que os funcionários acham difícil utilizá-las como guia de ação, de tomada de decisão e de inovação. Veja, por exemplo, as seguintes declarações de missão de algumas das empresas da lista *Fortune 500*.

> *Ajudar as pessoas a ter uma vida saudável.* (Becton, Dickinson and Company)
>
> *Descobrir, desenvolver e fornecer medicamentos inovadores que ajudem os pacientes a superar doenças sérias.* (Bristol-Myers Squibb)
>
> *Nossa visão é concretizar o imenso potencial da Burlington Northern & Santa Fe Railway oferecendo serviços de transporte que atendam sis-*

tematicamente às expectativas de nossos clientes. (BNSF [Burlington Northern & Santa Fe])

A essência da visão da Chevron Way é ser a empresa global de energia mais admirada por seu pessoal, por seus parceiros e por seu desempenho. (Chevron)

Nosso propósito é ser a empresa de serviços financeiros mais respeitada do mundo, atendendo a corporações e indivíduos em mais de 100 países. (J.P. Morgan)

Esses são apenas alguns exemplos aleatórios, mas representam as declarações de missão corporativas mais comuns. Não há nada de errado em ter uma declaração de missão. As declarações são como os temas de nossa vida pessoal dos quais falei a respeito anteriormente neste livro – *Quero ser um bom pai. Quero ser um bom marido. Quero contribuir para a minha comunidade.* Entretanto, por si sós, elas não são suficientes para oferecer orientações para a tomada de decisões diária.

Mas a especificação clara de um trabalho é suficiente. Por exemplo, diferentemente do que ocorreu no caso do segmento de *yellow fats* (*spreads* – pastas ou cremes), nos últimos anos a Unilever conseguiu transformar a mais antiga marca de sabonete "saúde" do mundo, Lifebuoy, em uma das marcas de mais rápido crescimento da empresa ao incluir um trabalho em sua missão de ajudar as crianças nos mercados emergentes a chegar aos 5 anos de idade. Não é possível inovar em um objetivo amplo, como "ajudar as crianças a viver", mas é possível inovar em torno de circunstâncias específicas dessa luta. De acordo com os especialistas, para eliminar os germes são necessários 30 segundos de lavagem vigorosa com sabonete e água quente – mas, nas circunstâncias nas quais a Unilever estava tentando inovar, isso não ocorre. A maior parte das pessoas lava as mãos durante sete segundos – e raramente durante mais de 15 segundos. As crianças normalmente são mais apressadas ainda. Nos mercados emergentes, as circunstâncias são intimidadoras. Na Índia, por exemplo, aproximadamente 400 mil crianças na faixa de 5 anos morrem de doença diarreica, uma média de mais de mil mortes por dia. Ainda assim, em algumas regiões da Índia e em alguns países emergentes, nem mães nem filhos lavam as mãos regularmente.

Por isso, a Unilever criou uma série de produtos que ajudam os consumidores a conseguir o progresso que desejam, nas circunstâncias específicas em que eles se encontram. Foi criado um sabonete que muda de cor para garantir que as crianças esfreguem as mãos durante um tempo suficiente para matar os germes. O sabonete muda de cor depois de 10 segundos – tudo isso é essencial para matar os germes com a fórmula especial da Unilever (além de tornar essa experiência mais divertida para as crianças). A missão de salvar a vida das crianças era nobre, mas foi somente com a especificidade do trabalho que os consumidores estavam tentando realizar que a Unilever conseguiu revigorar sua marca de sabonete mais antiga. Quanto maior nossa percepção sobre o trabalho, mais nos conectamos com ele internamente.

Um manual intuitivo

Um líder precisa confiar nos funcionários dos escalões superiores e inferiores da empresa para fazer as escolhas certas nas decisões diárias. Essas escolhas determinarão a estratégia real da empresa. Tal como examinamos anteriormente, a forma como os funcionários da organização trabalham juntos em direção a objetivos comuns constitui a base de sua cultura. Se eles trabalharem juntos, com a atenção dirigida para o trabalho a ser feito, surgirá uma cultura que reforçará e se manterá profundamente conectada com esse trabalho. Se essa cultura estiver voltada para o trabalho, as pessoas terão autonomia para fazer o necessário para ter êxito.

Contudo, esses instintos não se formam da noite para o dia. Na verdade, eles resultam de uma aprendizagem mútua – entre empregados que trabalham juntos para solucionar problemas e descobrir o que funciona. Se o método que escolheram funcionar para solucionar o problema, a cultura se aglutinará e se tornará um conjunto interno de regras e orientações ao qual os funcionários da empresa recorrerão para fazer as escolhas que se apresentarem a eles. A vantagem disso é que a organização se torna autogerenciável. Os gerentes não precisam impor regras. Eles sabem qual é a "intenção do comandante" – um termo militar que explica por que os soldados nos escalões superiores e inferiores sabem fazer as escolhas certas na ausência de uma ordem específica. Eles sabem nitidamente quais são os objetivos e as prioridades de seu comandante.

Os empresários precisam garantir que os funcionários da empresa façam diariamente as escolhas certas, sem a necessidade de supervisão constante. Isso não é novidade: já na Roma antiga, os imperadores costumavam enviar um assistente para governar um território recém-conquistado, a milhares de quilômetros de distância. Quando os imperadores observavam as bigas seguirem seu rumo pelas colinas – totalmente conscientes de que ficariam anos e anos sem ver seu assistente –, eles precisavam ter certeza de que as prioridades de seu substituto eram coerentes com as suas e que ele usaria métodos comprovados e aceitos para solucionar os problemas.

Uma especificação de trabalho claramente definida e compreensível para todos pode servir ao mesmo propósito – um ponto de convergência para os funcionários tomarem as decisões certas, sem que seja preciso lhes dizer o que fazer. Na ausência de uma ordem específica, os funcionários sabem como ponderar os prós e os contras que necessariamente acompanham qualquer nova iniciativa. O que é mais importante? Do que não podemos abrir mão? Qual é o objetivo máximo? Qual é meu papel na concretização desse objetivo máximo? A teoria dos trabalhos nos oferece as lentes corretas para fazer escolhas diárias relacionadas com os trabalhos que estamos solucionando na vida dos clientes. Essa teoria oferece uma linguagem de integração, por meio da qual os profissionais de marketing, engenheiros, vendedores e aqueles que atendem os clientes podem se comunicar entre si, em vez de travarem um diálogo de surdos.

Tal como observa Jacques Goulet, da Mercer, o conceito de trabalho a ser feito atende a esse propósito perfeitamente *"em virtude* de sua simplicidade. É uma expressão simples em inglês – palavras de uma sílaba. *Jobs. To. Be. Done.* Não é exageradamente engendrada nem exageradamente complicada. Mas é eficaz, é simples e concentra a mente".

Não é fácil compreender corretamente esses objetivos baseados em trabalho – como vimos, os trabalhos são complexos e matizados e exigem que se conheça a fundo o progresso que o consumidor está tentando fazer. Entretanto, quando conseguimos compreendê-los, o impacto sobre a produtividade da organização é considerável, porque a clareza resultante possibilita que uma parcela bem maior do capital humano da organização perceba o equilíbrio correto entre autonomia e alinhamento. Como sabemos que a estratégia é formada pelas escolhas diárias que os funcionários fazem de recursos, processos e prioridades, a clareza quanto aos trabalhos para os quais os clientes estão nos contratando oferece uma espécie de manual intuitivo.

Uma bússola bidirecional

Assim que a equipe OnStar da GM descobriu que os clientes estavam contratando o serviço para ter tranquilidade ao dirigir, essa clareza mudou a ênfase da organização sobre o conteúdo estático – *brochure ware* – para benefícios verdadeiramente segmentados para os clientes, relacionados com o trabalho a ser feito. Era uma ênfase evidente na forma como a OnStar concebia seu serviço e nas decisões diárias tomadas pelos funcionários em todas as partes da organização. Em uma organização como a GM, onde nasceu a OnStar, provavelmente existem inúmeras possibilidades de desenvolvimento de um serviço como a OnStar. Mas ela deveria desenvolver? Com essa clareza sobre os trabalhos a serem feitos, na verdade ficou mais fácil decidir o que pertencia e o que não pertencia ao conjunto de benefícios e serviços da OnStar. *O que perseguir e o que não perseguir? Que prioridades técnicas eram mais importantes? O que não agregava valor? Como conversar com nossos clientes? Como podemos garantir que nossos revendedores não sejam obstáculos ao trabalho para o qual os clientes estão nos contratando?* "O verdadeiro desafio é saber posicionar esse grupo cheio de energia – sua equipe – em relação a um roteiro futuro, parte do qual você ainda não consegue ver. A teoria dos trabalhos nos ajuda a fazer isso", ressalta Chet Huber, fundador e diretor executivo da OnStar. "Ela é absurdamente eficaz, quando a entendemos corretamente."

Antes de se concentrar no trabalho a ser feito, Huber e sua equipe costumavam escolher entre vários tipos de alertas e campanhas que a OnStar poderia *tecnicamente* oferecer. Concentrar em torno do trabalho a ser feito talvez tenha parecido uma restrição do foco, afirma Huber, mas isso ofereceu uma clareza providencial. Menos tempo e energia foram gastos na avaliação de opções. "A visão que ganhamos simplifica enormemente."

Por exemplo, quando os furacões Katrina e Rita atingiram a Costa do Golfo com menos de um mês de diferença, em agosto de 2005, foi desencadeada uma série de novos processos e experiências essenciais para manter a promessa de tranquilidade. Quando o Katrina chegou, a OnStar era ainda muito nova e não tivera ainda a experiência de um desastre natural. Quando o *call center* começou a ser inundado de ligações, todos os tipos de problema até então não considerados foram sinalizados. Um cliente em pânico podia ligar já no meio da estrada e ser informado de que seu plano OnStar não cobria instruções em tempo real. Por isso, a princípio, a OnStar exigiu que os clientes adquirissem um nível de serviço superior para acessar o plano que oferecia instruções.

No momento em que o Rita se aproximava, a OnStar percebeu o que estava ocorrendo – percebeu que não se tratava de problemas de assinantes individuais, mas uma crise regional. Embora não fosse possível imaginar um apelo tão premente para a compra de uma expansão de serviço quanto estar no meio de um furacão, isso não parecia correto para as pessoas que forneciam os serviços – não era coerente com o trabalho para o qual eles estavam sendo contratados. Por isso, o funcionário encarregado da divisão da OnStar simplesmente tomou a decisão de fornecer de imediato todos os serviços oferecidos pela OnStar a quem quer que telefonasse de uma área de crise, sem solicitar expansão do plano atual. Essa era sem dúvida a decisão certa, afirma Huber, "foi uma conversa de 15 segundos na minha sala. Não consigo imaginar muitas organizações nas quais isso seria possível".

Não apenas porque tomar a decisão – e executá-la – são duas coisas diferentes. Pela forma como o sistema OnStar estava desenvolvido àquela altura, era tecnicamente difícil para um funcionário simplesmente declarar que todos os que estavam na região afetada receberiam automaticamente todos os serviços oferecidos pela OnStar. A OnStar foi obrigada a criar soluções provisórias imperfeitas – "tínhamos de remendar apressadamente com fita adesiva e Velcro para que funcionasse", lembra Huber. Por exemplo, a OnStar teve de criar um sistema para identificar todas as chamadas provenientes de uma região de crise e desviá-las para uma equipe de *call center* especializada que teria acesso a informações valiosas em tempo real, como melhores rotas de evacuação ou previsões climáticas atuais. Fazer isso não era simples. Entretanto, a dificuldade desse desafio nunca minou a clareza de seu propósito. Na verdade, deu à equipe um foco pontual. Tal como Huber observa, o trabalho a ser feito funcionava como uma bússola.

Do mesmo modo que ocorreu com Cook, da Intuit, Huber descobriu o poder de fazer sua equipe se concentrar em torno do trabalho a ser feito e ir além de compreender que recursos e benefícios faziam mais sentido. A clareza sobre o trabalho a ser feito na verdade motivou os funcionários a dar o melhor de si, porque eles compreendiam nitidamente por que isso era importante. Quando a seta da "bússola bidirecional" muda para apontar mais claramente para um conhecimento mais aprofundado do trabalho, o outro lado da seta também precisa mudar e se alinhar com uma especificação mais adequada do trabalho.

"Sempre que alguma coisa vinha à tona e sobre a qual nunca havíamos pensado antes, mas que sem dúvida cruzava com essa direção da bússola, as pessoas simplesmente a faziam. Elas simplesmente prosseguiam com isso", afirma Huber. "Não obtínhamos a reação normal de 'não me dê mais uma coisa para fazer'." Na verdade, diz Huber – tal como Cook constatou na Intuit –, esse foco costumava deixar a equipe entusiasmada.

Veja um exemplo de bússola bidirecional na prática. Depois que conversas com médicos que atendem emergências demonstraram que fornecer informações com antecedência sobre a gravidade de um acidente automobilístico aos atendentes de chamadas 911 podia salvar vidas, a equipe de Huber organizou-se em torno desse objetivo utilizando novos processos. Era um problema técnico extremamente difícil de resolver – que informações seriam necessárias para determinar o nível de gravidade de um acidente de automóvel? Isso exigiria um algoritmo complexo e a capacidade de determinar automaticamente as informações relevantes. *A mudança de velocidade. O uso de cinto de segurança. A direção da força. Quantos carros foram envolvidos no acidente?* E assim por diante. "Lembro-me da conversa com os engenheiros", afirma Huber. "Eu estava um pouco nervoso – sem dúvida era a coisa certa a *tentar* fazer, mas provavelmente muito difícil e muito caro. Entretanto, em um espaço de tempo relativamente curto, eles voltaram e disseram: 'Acreditamos que é possível solucionar isso'. E isso não ocorreu por que eu disse a eles para trabalhar à noite e nos fins de semana para achar uma solução. Ocorreu porque eles sabiam o que estava em jogo e isso estava perfeitamente alinhado com o trabalho para o qual estávamos sendo contratados. Não se resumia simplesmente a descobrir uma solução para emitir cupons de café com leite para a Starbucks na unidade OnStar. Era uma solução para salvar vidas."

Como Huber constatou, um trabalho a ser feito bem definido pode oferecer um alicerce para a cultura de uma organização – *solucionamos os problemas dessa forma porque sabemos o que é importante e por quê*.

Paul LeBlanc, da Southern New Hampshire University, acredita que a clareza de sua organização em torno de um trabalho capacita os funcionários a eliminar os obstáculos que se apresentam aos alunos no momento em que eles surgem. "Temos uma cultura que capacita as pessoas a pôr isso para funcionar", afirma ele. Por exemplo: um membro do conselho de serviços de orientação vocacional atendia a uma aluna que relatara estar sem dinheiro. Essa aluna por acaso era mãe solteira e não contava com apoio em casa. A atendente resolveu, por conta própria, comprar um cartão-presente de US$ 200 em um supermercado local para enviar a essa aluna. Em outro caso, um funcionário do serviço de assistência ao usuário e um orientador que estava atendendo a uma aluna que tinha poucas matérias pendentes para se formar, mas estava muito doente, assumiram a responsabilidade de defender junto ao reitor que essa aluna já havia realizado o suficiente para se formar. Depois que receberam aprovação, pegaram um voo para levar pessoalmente o diploma para a aluna, enquanto ela estava no hospital. "Essas coisas ocorrem sem incentivo", ressalta LeBlanc. "Mas, sem dúvida elas são coerentes com o trabalho a ser feito. Meu objetivo é garantir que continuemos criando a estrutura e a cultura que permitem que as pessoas façam essas escolhas acertadas sem que sejam solicitadas." Na melhor das hipóteses, a teoria dos trabalhos possibilita operações "enxutas" – desperdício, sobrecarga e tempo são sistematicamente minimizados porque, assim que existe um alinhamento em torno do trabalho, afirma LeBlanc, o desperdício de tempo, energia e recursos é minimizado.

"Tínhamos uma máxima quando dirigia a American Girl", relata a fundadora Pleasant Rowland. "'A American Girl é história, e não bobagem'. Essa era uma frase abreviada que sempre utilizávamos entre nós para nos mantermos fiéis a isso. Acho que dentro da empresa podíamos ir a qualquer parte e conversar com qualquer pessoa, todos costumavam dizer a mesma coisa. Éramos fanáticos, acreditávamos que mudaríamos o mundo e refrearíamos a adolescência por mais alguns anos". O foco sobre o trabalho, diz Rowland, sempre dava autonomia aos funcionários, em todos os escalões. Isso os motivava. "Todos aqueles que vinham e trabalhavam para mim gostavam do trabalho a ser feito – tornar a infância melhor para as meninas e mães."

Medindo o que de fato importa

"O que é medido é realizado". Essa frase geralmente é empregada no sentido positivo para incitar os gerentes a fazer análises comparativas de eficiência e melhorias. Entretanto, os dados que usamos para medir eficiência é uma faca de dois gumes. Sim, os dados permitem mensurar e gerenciar, mas também criar um modelo do mundo externo. Nas grandes empresas, raramente os gerentes conhecem diretamente os clientes. Eles conhecem os dados – os modelos e as planilhas que decompõem e analisam, e reconstroem pessoas reais em "segmentos" de fenômenos atribuídos de modo semelhante. Quando as empresas se organizam em unidades de negócios com responsabilidades por produtos com determinadas características ou em unidades com responsabilidades por determinados grupos de clientes, os dados são coletados por meio desses filtros, criando modelos que raras vezes se associam com os trabalhos dos clientes.

"Acontece que no mundo moderno existem muitas coisas que podem ser medidas facilmente: telas, tráfego, taxas de conversão, frequência, telas por uso... Havia tantas coisas para medir que nosso pessoal ficava enjoado", afirma Scott Cook, fundador da Intuit. Não obstante o volume de dados que a Intuit tinha em todo clique que seus clientes davam, estava faltando algo fundamental. "Não estávamos medindo o que era mais importante para nossos clientes. Porque é difícil medir. Mas é profundamente importante. Não estávamos medindo se estávamos melhorando a vida dos clientes".

"Melhorar a vida dos clientes" não encontrava correspondência em nenhum dado que a Intuit já coletava. Mas era possível medir se a Intuit estava oferecendo as experiências em compra e uso que os clientes procuravam ao contratar o *software* da Intuit. Por exemplo, a Intuit sabe que os contadores que contratam seu *software* estão tentando economizar tempo nas declarações de imposto de renda de seus clientes. Isso os libera para que peguem mais clientes (e, consequentemente, faturem mais) ou simplesmente tenham maior tempo livre para realizar outras atividades. O *software* da Intuit os ajuda a conseguir isso?

Cook, que durante anos integrou o conselho da Amazon, indica esse gigante do varejo como modelo para compreendermos como mensurar o que mais importa para o trabalho a ser feito dos clientes – e ao mesmo tempo continuar melhorando a eficiência. Como vimos antes, Jeff Bezos, fundador da Amazon, desde a abertura da empresa sempre teve muito claro que existem três fatores importantes em seu segmento de varejo: ampla variedade de escolha, preços baixos e entrega rápida. No processo de inovação "retroativa ao cliente" da Amazon, atualmente famoso, essas três medidas são monitoradas de minuto a minuto. Bezos não considera os atrasos como acidentes ou mau desempenho. Ele os considera como "defeitos" que devem ser erradicados. Por exemplo, para se manter fiel à sua promessa de "preço mais baixo", a Amazon desenvolveu um robô de compras, um mecanismo de busca automatizado que esquadrinha os preços de centenas de produtos de referência duas vezes por dia. Quando um preço mais baixo é encontrado, o preço da Amazon é automaticamente abaixado para superar o preço daquele concorrente. É por isso que algumas vezes vemos um preço abaixar inesperadamente enquanto um produto encontra-se no carrinho de compras do *site* Amazon. Quando esse preço inferior fica abaixo de um limite de margem bruta apropriado, isso aciona uma avaliação humana. Tudo o que está relacionado com esse sistema foi concebido em prol da eficiência – mas o foco é justamente entregar o trabalho para o qual os clientes estão contratando a Amazon. A cada dois meses, mais ou menos, Bezos entrega pessoalmente o prêmio "Just Do It" da Amazon – um tênis Nike antigo – ao funcionário que se desviou de suas responsabilidades de trabalho oficiais para fazer algo para o bem maior da Amazon. Esse tipo de foco mantém os funcionários esclarecidos sobre o que mais importa para os clientes da Amazon.

A Southern New Hampshire University tem um foco semelhante. "Nosso sucesso é definido pelo sucesso dos nossos alunos", afirma o reitor Paul LeBlanc. Embora a universidade acompanhe uma grande quantidade de dados, nos mínimos detalhes, LeBlanc e sua equipe de liderança mantêm total atenção a uma estatística fundamental: os formados na universidade fariam tudo novamente se tivessem oportunidade? Em essência: eles contrataram a "solução" correta para realizar o trabalho? No início de 2016, 95% dos pesquisados responderam que sim. De acordo com LeBlanc: "Podemos medir muitas coisas. Mas *o que* medimos tem importância".

Os trabalhos mudaram tudo...

Na noite do atentado a bomba na Maratona de Boston, em 15 de abril de 2013, Clark Gilbert ficou vidrado nas telas do televisor e do *notebook* em seu quarto de hotel, enquanto o mundo tentava reconstituir o que havia ocorrido nos momentos caóticos subsequentes ao atentado. Gilbert ficou acordado durante grande parte da noite, assistindo às últimas notícias e tentando entender o sentido da tragédia. Contudo, seu grande interesse pela cobertura não correspondia apenas à de um cidadão preocupado: na época, Gilbert era diretor executivo da Deseret News Publishing Company,[1] organização que publica o *Deseret News*, jornal mais antigo de Utah. Na manhã seguinte, ao percorrer os corredores do hotel até o elevador e depois à recepção, não conseguiu evitar olhar criticamente para as fileiras de jornais fora dos quartos e na recepção. Eles não traziam a notícia mais recente porque haviam sido impressos antes dos detalhes mais importantes virem à tona. Durante a noite, mais detalhes foram divulgados de hora em hora, o vídeo do atentado a bomba e um monte de fotos foram publicados, informações errôneas divulgadas inicialmente foram corrigidas e os nomes das vítimas e dos heróis começaram a aparecer. Nesse ínterim, um ciclo completo de notícias se desenrolou.

Uma passada de olhos nas manchetes desses jornais na recepção do hotel foi suficiente para evidenciar o óbvio: os trabalhos para os quais as pessoas contratavam os jornais tradicionais foram executados de uma maneira bem mais eficiente por outras fontes. Não havia jornal na recepção do hotel naquela manhã – nem o dele – que fosse a solução obter as informações mais recentes a respeito do atentado. O ciclo ininterrupto de notícias na televisão, os *blogs* nos principais *sites* de mídia e até mesmo o Twitter haviam ofuscado os jornais. Quem ainda não soubesse do atentado a bomba em Boston no dia anterior só poderia estar vivendo em uma caverna.

Obviamente, essa constatação não era uma novidade para Gilbert. O setor de jornais estava lutando havia décadas para ser contratado para o trabalho de veiculação de notícias de última hora. E já havia vários anos que Gilbert vinha conduzindo uma reestruturação no *Deseret News*, cuja principal preocupação era desenvolver os recursos digitais da organização para que concorresse melhor no mundo de notícias *just-in-time*. A cobertura do atentado na Maratona de Boston, porém, evidenciou para ele que a preocupação em desenvolver os recursos digitais não respondia à pergunta básica: para que trabalho nossos leitores estão nos contratando?

Os jornais eram tradicionalmente contratados para solucionar de quatro a cinco trabalhos distintos: os anúncios classificados eram dirigidos para trabalhos como "ajude-me a encontrar um emprego" ou "ajude-me a encontrar um produto barato para comprar no fim de semana"; as colunas de opinião provavelmente se dirigiam para o trabalho de "encontrar alguém que apoie meu ponto de vista ou que consiga esclarecer meu ponto de vista". E, antes da revolução na velocidade da comunicação possibilitada pela Internet, os jornais impressos eram o meio pelo qual as pessoas recorriam para se manter a par das notícias mais recentes ou, nas palavras de Gilbert, para obter o trabalho "conte-me o que está ocorrendo exatamente agora na minha comunidade".

Entretanto, misturar todos esses trabalhos, e não executar nenhum deles, impediu que os jornais compreendessem o que as pessoas realmente estavam tentando realizar – independentemente de ser por meio de um jornal impresso ou de uma publicação *on-line*. Essa constatação fundamental teria permitido que os jornais dobrassem sua aposta para tornar sua solução ainda mais distinta para esses trabalhos e parassem de desperdiçar recursos tentando atender a trabalhos para os quais eles deixaram de ser relevantes.

Se houvesse uma grande quantidade de soluções mais adequadas para realizar o trabalho de "conte-me o que está ocorrendo exatamente agora na minha comunidade", ainda assim haveria um trabalho a ser feito que o jornal *Deseret News* poderia atender – e poderia ser atraente?

Diante disso, Gilbert e sua equipe recorreram à teoria dos trabalhos para responder a essa pergunta.

O que começou como uma segmentação demográfica, na verdade, resultou em uma segmentação baseada em trabalho, rela Gilbert. "Descobrimos um segmento no país à procura de solucionar um trabalho bastante comum: gostaria de ficar bem informado, de me sentir mais confiante com relação ao meu conhecimento e continuar fiel às minhas crenças para poder fazer diferença em casa e na comunidade em que vivo". O público-alvo era composto de subgrupos: fiéis tolerantes (pessoas de fé e valores familiares, mas com um enfoque menos denominacional), devotos denominacionalistas (pessoas convictas em sua formação religiosa) e esforçados (pessoas que provavelmente tinham um forte desejo de pertencer a um desses outros dois grupos, mas para as quais a vida era mais difícil). Reunidos, esses três subgrupos tornaram-se coletivamente conhecidos como "fiéis com ideias afins". Eles valorizavam a família, eram geralmente religiosos e temerosos da decadência dos valores morais, preocupavam-se em instruir os filhos e tinham o desejo de retribuir à sua comunidade.

Curiosamente, na pesquisa do *Deseret*, esses fiéis com ideias afins compunham em torno de 56% dos consumidores de notícias americanos e, ainda assim, eles se sentiam imensamente mal atendidos. Parte do motivo de a mídia tradicional não perceber esses consumidores era a impossibilidade de identificá-los nas dimensões demográficas ou psicológicas tradicionais. Eles não eram predominantemente ricos ou pobres, democratas ou republicanos, nem mesmo urbanos ou rurais. O que distinguia esses novos consumidores é que eles tinham um trabalho a ser feito inteiramente diferente, e ninguém estava fazendo esse trabalho na mídia noticiosa. O que a mídia predominante fornecia, com muita frequência, eram notícias a respeito do lado mórbido da vida. Esses consumidores de notícias queriam notícias e análises ponderadas de fontes confiáveis. Queriam também notícias e informações que contivessem questões importantes para eles, como família, sua perspectiva de fé e seu desejo de tomar conhecimento das soluções. Gilbert referiu-se aos hábitos de notícia insatisfeitos desses fiéis com ideias afins da seguinte maneira: "Eles estavam lendo o *New York Times* e assistindo a programas de Sean Hannity, mas detestavam ambos. Eles admiravam o rigor e a profundidade do *New York Times*, mas sentiam uma desconexão, até mesmo uma falta de conhecimento sobre seus valores fundamentais. Eles ouviam alguma coisa sobre seus valores nos programas de Sean Hannity, mas parecia polêmico e inflamado". Diante dessa brecha, o *Deseret News* começou a atender ao trabalho a ser feito que esteve o tempo todo entre o público americano, mas nunca havia sido identificado e atendido deliberadamente.

O *Deseret News* é afiliado à Igreja de Jesus Cristo dos Santos dos Últimos Dias, mas funciona como um jornal tradicional, concorrendo com outros jornais locais e nacionais para ser a principal fonte de notícias em sua região. Através de lentes funcionais, emocionais e sociais, a equipe do *Deseret* identificou uma lacuna significativa entre o que a mídia tradicional (que inclui o histórico *Deseret News*) estava oferecendo e o que inúmeros consumidores desejavam. "Constatamos que o trabalho era 'estar bem informado das notícias que refletem meus valores'", afirma Gilbert. "As pessoas desejavam esse tipo de informação para que pudessem ter maior convicção de [suas] crenças de vida e, assim, fazer diferença em casa e em sua comunidade". Eles não estavam procurando o valor "chocar e assombrar" das notícias. "Sabíamos que, se pudéssemos atender a essa dimensão emocional do trabalho, eles nos leriam cada vez mais."

Gilbert utilizou essa constatação para enquadrar o desafio para sua equipe de liderança: encontrar um trabalho para o qual a mídia impressa ainda seja relevante e possa ser diferenciado, e concentrar toda a sua energia para definir precisamente esse trabalho. "Eu costumava dizer às pessoas: 'Você precisa fazer de conta que todos já conhecem a matéria sobre a qual está escrevendo. São notícias passadas. Esse é o contexto do consumo de qualquer coisa que publicamos'".

Felizmente para a equipe do *Deseret News*, essa linha de pensamento rapidamente possibilitou que ela identificasse um trabalhando bastante convincente relacionado a obter *insights* e análises mais aprofundadas dos acontecimentos noticiados. Para descrever esse trabalho, eles tomaram emprestado um acrônimo dos editores do *Dallas Morning News*, PICA: "Perspective, Insight, Context, Analysis" (perspectiva, *insight*, contexto e análise). Os leitores procuravam tudo isso depois que um evento já fora relatado. Em outras palavras, ainda havia um trabalho dirigido a ajudar os leitores a entender o significado e a relevância de um acontecimento depois que ele já foi noticiado. Contudo, essa era apenas a parte funcional do trabalho. A parte emocional do trabalho do *Deseret News* então se sobrepôs ao trabalho funcional e ajudou os leitores a associar essas questões com seus interesses mais profundos em torno de suas famílias e de sua religião. "O que o *Washington Post* representa para os políticos do Distrito de Columbia queremos representar para a família americana", ressalta Gilbert.

A descrição de Gilbert ressalta perfeitamente a importância da *circunstância* no enquadramento desse trabalho: "Constatamos que, no aspecto funcional, ainda havia um papel para o jornal. É a circunstância do 'amanhã pela manhã', a circunstância que tem lugar depois que uma matéria é divulgada e as pessoas tomam conhecimento dos fatos básicos. A CNN pode repetir muitas vezes a mesma coisa. O que todos nós precisamos no dia seguinte é de uma análise mais detalhada do significado disso".

A clareza sobre os trabalhos que o *Deseret News* podia solucionar de maneira distinta ofereceu uma bússola para moldar as respectivas soluções e também um filtro sobre o que *não* fazer. Tome o exemplo da cobertura da sessão legislativa no Congresso. A mídia tradicional diria: "Estamos cobrindo o Legislativo". E ofereceria uma ampla cobertura de todos os projetos de lei e debates em andamento. Mas as lentes baseadas no trabalho deram origem a uma abordagem diferente: "Para a nossa cobertura da página A1 da sessão legislativa, pode haver 30 projetos de lei em debate. Mas nos concentraríamos apenas nas cinco questões que afetariam sua família. Assim que conseguimos definir esse trabalho em relação à religião e à família, ele moldou completamente a forma como procurávamos, descobríamos e cobríamos as notícias. A questão era compreender o trabalho do leitor – colocar-se no lugar dos leitores".

Além disso, havia também a vantagem de poder evidenciar quem eram os funcionários certos para realizar o trabalho a ser feito para os leitores. "Não somos o *Sacramento Bee*" foi lema para tornar essa distinção clara. "O que eu estava tentando dizer era que não somos um jornal tradicional. Somos genéricos. Utilizamos isso para ajudar a enfatizar o que *não* nos era dado fazer porque não estava associado ao trabalho a ser feito", afirma Gilbert. "Todos sabiam que o pior insulto que podíamos receber era uma matéria ou uma página parecida com a do *Sacramento Bee*. Essa seria a última coisa que gostaríamos que algum dia fosse dita sobre o nosso trabalho".

Nem todas as pessoas dentro da organização entendiam isso, ressalta Gilbert. E alguns desses funcionários tinham de ser retrabalhados ou aconselhados a se demitir. No outro lado dessas mudanças, porém, desenvolveu-se uma cultura voltada para os mesmos objetivos: "Um dos motivos de termos visto tanto crescimento foi a possibilidade de recrutarmos e cultivarmos pessoas talentosas que acreditam profundamente na ideia de que existe uma lacuna na cobertura de notícias sobre religião e família neste país".

"Reorientar toda a organização em torno desse trabalho realmente mudou tudo", afirma Gilbert. O *Deseret News* teve ganhos de circulação expressivos em relação aos seus tradicionais concorrentes impressos. Observou também uma elevação no tráfego *on-line*. E constatou que estava abordando uma dimensão social importante do trabalho, relacionada a leitores com ideias afins. "Assim que juntamos esse público socialmente, percebemos imensas correlações entre nossos leitores. Foi emocionante – juntamos as comunidades sociais na internet conectadas pelo interesse comum em questões ligadas à religião e à família".

Entretanto, em vez de estabelecer comunidades sociais em torno de publicações tradicionais, a equipe do *Deseret* começou a construir comunidades em torno dos benefícios emocionais do trabalho em si, com iniciativas no Facebook voltadas para temas de religião e família, e permitindo que esses canais veiculassem o conteúdo noticioso para um público bem mais amplo. O número de seguidores nas mídias sociais saltou de alguns milhões para mais de 100 milhões (por meio de uma variedade de canais sociais criados pela FamilyShare Network, do *Deseret*), número talvez surpreendente para pessoas que nunca ouviram falar do *Deseret*. Isso, contudo, afirmam Gilbert e seus colegas, está amarrado a um trabalho a ser feito bem definido. "Percebemos um imenso envolvimento com pessoas que talvez nunca teriam nos procurado", ressalta Gilbert. "Ao desenvolvermos nossa estratégia social em torno do trabalho a ser feito, e não ao redor do produto jornal, abrimos nosso mercado para um público bem mais amplo do que imaginávamos possível".

Mantendo-se no contexto

Toda organização bem-sucedida tem um êxito inicial, consciente ou não, realizando um trabalho valioso para um grupo de clientes. No começo, existe muito pouca "prioridade" nos processos ou nas regras, tais como avaliação de oportunidades, remuneração de gerentes e medição do sucesso. Uma *start-up* bem-sucedida normalmente está estruturada em torno do trabalho, o que tende a fazê-la parecer um pequeno grupo de pessoas que assumem funções variadas e têm o mesmo entendimento a respeito do que estão fornecendo permitindo que os clientes progridam. Em suma, a unidade organizacional em uma *start-up* é o trabalho do cliente.

As coisas mudam com o passar do tempo: o crescimento exige níveis adicionais de gerenciamento e maior comunicação. Responsabilidades individuais claras e processos definidos são uma necessidade básica, como antídoto contra o caos. O método informal e normalmente inconsciente pelo qual as entidades iniciantes se organizam organicamente em torno do trabalho a ser feito – porque é assim que se cria valor e se gera receita – torna-se insustentável e inadministrável quando as empresas crescem. Inexoravelmente, a unidade organizacional muda para um foco bem mais intenso sobre clientes e produtos e concorrentes e investidores, e bem menos intenso sobre o trabalho. Entretanto, ter maior controle e eficiência tem lá seus riscos. O risco é os gerentes delinearem uma tarefa, como a execução eficiente de processos internos estabelecidos, em vez de processos que resolvem eficazmente o trabalho a ser feito. E quanto mais distantes os gerentes estiverem do contexto dos clientes mais fácil será resvalar para uma visão extremamente editada do mundo externo.

Com o passar do tempo, nossa organização pode se tornar cada vez menos alinhada com o trabalho para o qual os clientes nos contratam, enquanto ampliamos e otimizamos despreocupadamente nossos recursos com base nessas "competências" avaliadas e comparadas internamente. Mas a Intuit, a Southern New Hampshire University, a American Girl, a OnStar, o *Deseret News* e tantas outras organizações bem-sucedidas que estudamos, revelam um direcionamento bastante distinto: um foco sobre o principal trabalho do cliente como fator que define e alinha o princípio organizacional da empresa.

A supervisão e a eficiência funcionais são uma exigência dos mercados competitivos. Entretanto, a eficiência só cria valor quando em relação ao desempenho de um processo que está criando valor para o cliente por meio da realização de um trabalho de alta prioridade. As organizações bem-sucedidas buscam a eficiência operacional sem comprometer o trabalho a ser feito do cliente.

"Você pode discordar de planilhas ou campanhas de marketing", observa Hari Nair, diretor executivo de grupo de estratégia e inovação no conglomerado Sime Darby, situado na Malásia. Nair utilizou durante anos a teoria dos trabalhos em suas iniciativas de inovação, inclusive em cargos anteriores na Innosight, Procter & Gamble e Kimberly-Clark. "Mas, internamente, ninguém deve discutir sobre o trabalho a ser feito", afirma Nair. "Já vi isso se tornar uma força unificadora em uma corporação. Somos inundados e invadidos com mensagens geralmente conflitantes. Mas é mais simples dizer: 'Vamos retornar ao trabalho a ser feito. Para que trabalho nossos clientes estão nos contratando'? Não há dúvida quanto a isso".

PONTOS-CHAVE DO CAPÍTULO

- Saber reconhecer os trabalhos mais importantes que sua empresa soluciona para os clientes pode ser lema que alinha os indivíduos em sua organização por trás de um propósito e de funções em comum, uma espécie de norte ou guia para a inovação permanente.
- Diferentemente da natureza normalmente genérica das declarações de missão da maior parte das empresas, uma declaração primorosa dos trabalhos para os quais uma empresa foi criada para solucionar pode ser ao mesmo tempo inspirador *e* prático.

- Uma organização explicitamente concentrada em um trabalho bem definido usufrui de quatro benefícios principais:
  - *Tomada de decisões distribuída:* os funcionários da organização como um todo têm poder para tomar boas decisões baseadas no trabalho e para serem autônomos e inovadores.
  - *Otimização de recursos:* o foco sobre o trabalho evidencia os recursos associados (e também os não associados) com o que importa e possibilita que sejam contrabalançados de acordo.
  - *Inspiração:* solucionar um trabalho para os clientes é inspirador para os indivíduos de uma organização porque permite que eles vejam como seu trabalho possibilita que pessoas progridam na vida.
  - *Medição aprimorada:* com um foco sobre o trabalho, as pessoas naturalmente procurarão mensurar e gerenciar medidas centradas no cliente.
- Encontrar a maneira certa de enunciar o trabalho para o qual sua empresa foi criada para solucionar – e enraizá-lo profundamente em sua cultura – pode ser difícil e exigir um esforço real, mas os benefícios valem a pena.

PERGUNTAS PARA OS LÍDERES

- Quais são os trabalhos mais importantes – ou o trabalho mais importante – para os quais ou o qual sua organização foi criada para solucionar?
- Com que abrangência esses trabalhos são compreendidos em sua organização como um todo? Eles se refletem em sua declaração de missão ou em outras mensagens fundamentais da empresa?
- Os líderes de sua empresa transmitem consistentemente a essencialidade desses trabalhos?
- Como você poderia incorporar esses trabalhos em todas as suas mensagens de liderança, em suas comunicações corporativas e em sua cultura?

NOTAS

1. Fiz parte do conselho editorial do jornal *Deseret News*.

CAPÍTULO 10

Observações finais sobre a teoria dos trabalhos

A GRANDE IDEIA

Neste último capítulo, tenho três expectativas. Primeiro, gostaria de evidenciar meu entusiasmo por aquilo que a teoria dos trabalhos é capaz de representar para os inovadores, porque ela responde a uma pergunta muito importante, que durante décadas atormentou os gestores: inovação é inerentemente uma questão de sorte? Nossa resposta é terminantemente "não"! Segundo, desejo evidenciar as fronteiras dessa teoria – o que ela consegue explicar e o que não consegue. Isso é fundamental. Se essa teoria for utilizada para explicar algo além daquilo para o qual foi concebida, ela perderá sua objetividade e previsibilidade. Terceiro, desejo atiçar sua curiosidade, mostrando, por meio de exemplos, a profundidade e a amplitude das questões que podemos investigar através das lentes da teoria dos trabalhos.

Podemos, de fato, chamá-la de teoria?

Para muitas pessoas que lerão este livro, a palavra "teoria" conota uma série de equações ou uma fórmula que descreve em que sentido determinadas variáveis ou fatores independentes têm influência sobre um resultado de seu interesse. Quase sempre, a estrutura da pesquisa que produz a teoria tem caráter *dedutivo*. As pesquisas desse gênero partem de uma proposição de causalidade principal e depois buscam dados ou fenômenos que confirmem (ou invalidem) a proposição principal.

Outras teorias são desenvolvidas por meio de pesquisas *indutivas*. Os acadêmicos que realizam trabalhos desse gênero começam *sem* uma proposição de causalidade. Em vez disso, eles simplesmente examinam com cuidado os fenômenos e os dados sobre esses fenômenos. Em seguida, eles desenvolvem gradativamente uma proposição sobre o que leva algo a ocorrer (a causa) e por quê.

A teoria do trabalho a ser feito foi desenvolvida indutivamente. Como o insucesso na inovação tem sido tão comum, eu não poderia partir de uma proposição de causalidade principal na inovação bem-sucedida que eu pudesse testar de forma dedutiva. Por isso, durante duas décadas, observei cuidadosamente e indutivamente o que as pessoas que vendiam e compravam coisas estavam tentando fazer e tentei obter as respostas à pergunta "Por quê?".

Um dos principais objetivos ao desenvolver indutivamente uma teoria é desenvolver um ou mais "constructos". Os constructos raras vezes são diretamente observáveis. Na verdade, o construto é uma abstração – com muita frequência, uma visualização que ajuda a observar como os fenômenos interagem e mudam ao longo do tempo. Embora as correlações revelem relações estáticas entre os fenômenos, um construto é um ponto de partida que ajuda a ver a dinâmica da causalidade.

Na química, por exemplo, as visualizações (constructos) de Auguste Laurent (1807–1853) dos compostos químicos possibilitaram que ele explicasse como os compostos surgem e são transformados em outros compostos. Na economia, o construto de Adam Smith (1776) de "mão invisível" ajudou a explicar como os mercados livres funcionam. Figurativamente, a mão invisível aloca capital e mão de obra a atividades que trazem prosperidade e tira recursos das entidades que os desperdiçam. Esse construto ajudou bilhões de pessoas a compreender de que forma o capitalismo, apropriadamente estruturado, ajuda a humanidade. Na teoria da inovação de ruptura, o segredo para definir a essência da ruptura foi a possibilidade de visualizar as trajetórias de interação do progresso tecnológico e das necessidades do mercado.

Por que esse desvio para o papel dos constructos nas teorias? *O termo "trabalho" ("job") é um constructo.* Ele se enquadra exatamente na definição sobre constructo e o papel que desempenha na teoria do trabalho a ser feito. Para pensar nos *trabalhos* como um constructo, foi necessário definir cuidadosamente os termos dos quais eu precisava para comunicar o que estava enxergando. Os termos "contratar" ("*hire*") e "dispensar" ("*fire*"), por exemplo, não são simplesmente palavras bacanas. Na realidade, elas me ajudaram a visualizar de que modo os processos de comprar e vender de fato funcionam.

Alguns leitores deste livro talvez o critiquem porque histórias reais de pessoas reais em empresas reais não são dados do tipo que podem ser manipulados em uma planilha. Essa preocupação é aplicada erroneamente ao desenvolvimento de uma boa teoria. Quando você vir dados numéricos, lembre-se de que eles foram criados por pessoas: indivíduos ou grupos de pessoas que decidem quais elementos dos fenômenos devem incluir nos dados publicados e quais devem ignorar e destruir. Por esse motivo, os dados refletem tendenciosidades ou vieses. Um livro admirável, *Relevance Lost*, de H. Thomas Johnson e Robert S. Kaplan,[1] mostra que existe uma história complexa por trás de cada número. Essas histórias são encobertas quando analisadas e condensadas em números. Quando narradas, as histórias são *ricas* em dados. As percepções provenientes dos casos corretos têm profundidade. Os números que são extraídos das histórias oferecem percepções que, embora normalmente superficiais, são abrangentes.

Pelos motivos mencionados, temos convicção de que a denominação da "teoria dos trabalhos" é adequada.

Quando a teoria está "errada"

As teorias nunca surgem completas e perfeitas na mente dos pesquisadores. Na verdade, as teorias evoluem e se aperfeiçoam à medida que as pessoas as utilizam. As boas teorias na realidade *necessitam* de anomalias – fatores que a teoria não consegue explicar – para que assim possam ser aprimoradas. A descoberta de anomalias força os pesquisadores a mergulhar novamente no esterco do fenômeno. Eles precisam aperfeiçoar a teoria para que ela consiga explicar a anomalia ou definir uma nova fronteira além da qual a teoria não deve ser utilizada. Toda vez em que descobrimos e explicamos uma anomalia, aprendemos algo mais sobre como o mundo funciona.

No mundo acadêmico, um dos hábitos mais tolos entre muitos pesquisadores é orquestrar uma descoberta que "refute" uma teoria desenvolvida e publicada por um de seus colegas. Os autores publicam um artigo em um periódico de renome e depois se deitam presunçosamente em uma praia, em algum lugar qualquer, porque seu artigo agora se encontra "na literatura" (entre as publicações da área). Isso não ajuda. *As anomalias não invalidam nada.* Na realidade, elas apontam para algo que a teoria ainda não consegue explicar. Os acadêmicos que identificam anomalias precisam arregaçar as mangas e trabalhar para tentar melhorar uma teoria ou substitui-la por uma melhor.

Espero que você e outros leitores deste livro encontrem fatores que a teoria dos trabalhos ainda não consegue explicar. Se você informar esses problemas para mim, isso vai me ajudar a aperfeiçoar nossa interpretação coletiva. No momento da redação deste livro, procurei criar alternativas para que essas teorias sejam aprimoradas coletivamente *on-line* e, portanto, acolho de bom grado suas ideias. Meu mais profundo agradecimento, adiantado, por se unir a essa busca para obter cada vez mais informações sobre nossa teoria e nos ajudar a perceber como podemos gerenciar mais favoravelmente a inovação.

As fronteiras da teoria

Há duas décadas, empreguei o termo "inovação de ruptura" para descrever os fenômenos por meio dos quais as empresas estreantes podem derrubar empresas consolidadas e influentes. A teoria da inovação de ruptura (ou inovação disruptiva) orientou dezenas de milhares de empresas com respeito à prosperidade. Entretanto, pelo fato de "disrupção" ter vários significados, a teoria da inovação de ruptura também foi mal-empregada. Ela foi usada para descrever fenômenos e situações aos quais na verdade não se aplica. Não consegui encontrar um termo mais adequado, mas ainda procuro uma alternativa melhor.

Por esse motivo, gostaria de colocar alguns delimitadores em torno da palavra "trabalho", no sentido em que estamos empregando. É fácil cometer o lapso de empregar a palavra *"job"* ("trabalho") em referência às nossas tentativas para compreender uma ampla variedade de motivações humanas. Entretanto, nem tudo o que nos motiva é um trabalho a ser feito. Os trabalhos, do modo como os definimos aqui, exigem esforço para serem descobertos e adequadamente compreendidos. Por isso, devemos refletir bem antes de dizer que determinada coisa é um trabalho. Minha definição de trabalho neste livro é intencionalmente precisa. Vejo dois problemas que você deve evitar ao estudar e aplicar a teoria dos trabalhos.

Primeiro, se você ou um colega descrever um trabalho a ser feito com adjetivos e advérbios, ele não será um trabalho válido. O trabalho a ser feito pode descrever uma experiência da qual um cliente necessita ter para realizar o trabalho, mas não é um trabalho, de acordo com nossa definição aqui. Por exemplo, "conveniência" não é um trabalho a ser feito. Ele pode descrever uma experiência que talvez motive o cliente a escolher seu produto e não o produto de um concorrente, mas não é um trabalho. Um trabalho a ser feito bem definido é expresso com verbos e substantivos – como em *"preciso 'escrever' meus livros oralmente para evitar a necessidade de digitá-los ou editá-los à mão"*. Em contraposição, a frase *"deveríamos ter a aspiração de nos tornarmos mais honestos"* é um objetivo nobre, mas não é um trabalho.

Segundo, definir um trabalho no nível correto de abstração é essencial para garantir que a teoria seja útil. Isso talvez seja mais arte do que ciência, mas existe uma boa regra prática: *se a estrutura do sistema ou do produto só puder ser satisfeita por meio de produtos dentro da mesma classe, o conceito de trabalho a ser feito não se aplica.* Se somente os produtos que se encontram na mesma classe solucionarem o trabalho, isso significa que não estamos descobrindo um trabalho.

Veja alguns exemplos: *"preciso de um* milk-shake *de chocolate em um recipiente descartável de 355 ml"* não é um trabalho. Os possíveis candidatos que eu poderia contratar para realizar isso estão todos na categoria de produto de *milk-shake*. Poderia chamar isso de necessidade ou preferência – mas não é um trabalho. Precisamos passar para outro nível de abstração para descobrirmos um trabalho. *"Preciso de algo que me mantenha atento ao que está ocorrendo na estrada enquanto dirijo. E gostaria também que isso me deixasse satisfeito para que eu não fique com fome durante a reunião das 10 da manhã. Poderia contratar banana,* doughnuts, bagels, *Snickers ou café para realizar esse trabalho."* Todos os candidatos ao trabalho são de diferentes categorias de produto e nossa regra prática diz que esse é o nível correto de abstração.

Outro exemplo: *"Preciso de uma chapa fina de material para colocar em volta da casa antes de assentarmos as ripas, os* sidings *ou os tijolos. Essa chapa deve ter alto coeficiente de atrito; baixo coeficiente de condução térmica; e alto coeficiente de resistência – para que não se rompa ao revestirmos a casa. Ah – e deve ser também impermeável à umidade".* Isso não é um trabalho, é uma especificação técnica. E me dá a opção de comprar o Tyvek da DuPont ou, para ficar barato, de ignorar a especificação e não usar nada no lugar.

Preciso passar para um nível mais alto de abstração para descobrir um trabalho. Isto é o que provavelmente encontraremos quando procurarmos um trabalho:

Estamos construindo uma nova casa em Boston, onde o ar frio com alta umidade relativa do inverno e o ar quente e úmido do verão penetram facilmente as paredes. Quero que minha família se sinta aquecida e confortável em casa no inverno – e fresca e seca no verão. Preciso isolar as paredes externas da casa para conseguir minimizar os custos de aquecimento e climatização".

Eu poderia contratar polpa de madeira (papel) e aplicá-la no espaço das paredes para realizar esse trabalho. Poderia contratar também rolos de fibra de vidro para isolamento e prendê-las aos caibros na parede. Ou poderia contratar o Tyvek da Dupont. E para prender ainda mais todo o material, eu poderia contratar o Tyvek e igualmente rolos de fibra de vidro. Ou eu poderia me programar para contrabalançar com malhas de lã complementares no inverno e abrir mais janelas no verão. Talvez eu devesse comprar alguns desumidificadores e ventiladores. Ou talvez pudesse simplesmente contratar a cidade de Santa Barbara ou San Francisco, onde a mãe natureza ajuda a evitar o problema de isolamento – e me mudar para lá.

Podemos constatar que se trata de um trabalho a ser feito, e não uma especificação ou requisito técnico. Sabemos disso porque as alternativas que podem ser contratadas para realizar o trabalho provêm de categorias de produtos e serviços muito diferentes.

Profundidade e amplitude da aplicação da teoria

A teoria dos trabalhos evoluiu muito nas últimas duas décadas. Sem a intenção de fazer isso, mas enquanto tentava a ajudar várias pessoas diferentes com diferentes problemas, fiquei chocado com a profundidade e amplitude com que a teoria dos trabalhos pode ser utilizada. Praticamente todos os dias eu ficava a par de um exemplo novo e interessante de aplicação real da teoria dos trabalhos. Recentemente, minha filha Katie me ofereceu uma profusão de detalhes do Drybar, um salão de beleza no qual as clientes podem obter um único serviço: uma "escova progressiva" – bem como as experiências concomitantes que as ajudam a se preparar para uma noite especial e as fazem se sentir bem consigo mesmas enquanto estão lá. (Eu não tinha ideia de que existia um desejo por coisas desse tipo, mas me corrigi devidamente.) No espaço de apenas alguns anos, o Drybar tornou-se um sucesso visível em algumas cidades ao redor do país.

Com relação ao outro lado do espectro, há pouco tempo tive o prazer de conversar sobre a teoria dos trabalhos com um general quatro estrelas da Força Aérea dos Estados Unidos que estava lutando com algumas dificuldades para motivar e reter pessoal do alto escalão em uma época de restrições orçamentárias no governo. Quando ele saiu da minha sala, parecia que ele havia compreendido seu dilema de um ponto de vista completamente novo – de uma perspectiva que oferecia alguma esperança. "Por mais fértil que fosse minha imaginação, jamais cogitaria que uma história sobre *milk-shakes* mudaria minha maneira de pensar a respeito de recrutamento nas forças armadas", declarou ele, enquanto nos despedíamos. O problema que ele enfrenta é difícil, mas espero que, com a teoria dos trabalhos, ele possa ter a perspectiva de fazer diferença. Esses são apenas alguns exemplos recentes. Entretanto, há muito tempo tenho pensado na possibilidade de utilizar as constatações provenientes da teoria dos trabalhos em alguns problemas mais sérios, na família e na sociedade, seja na vida pessoal, na educação ou no sistema de saúde.

Felicidade em casa

Em 2012, eu e Karen Dillon nos juntamos a James Allworth, um de meus ex-alunos mais intelectualmente instigantes, para escrevermos *How Will You*

Measure Your Life?[2] No sexto capítulo, nós vestimos a teoria do trabalho a ser feito, como um par de lentes, e examinamos o que estava ocorrendo em nossa vida pessoal. Vimos coisas que há muitos anos estavam bem embaixo do nosso nariz. Fizemos perguntas do tipo: *"Para que trabalho os filhos contratam os pais"*? e *"Qual ou quais trabalhos minha esposa necessita realizar e para os quais ela poderia contratar um marido"*? Essas perguntas são levantadas no nível de abstração correto. Por exemplo, quando algo deixa de funcionar em casa, a esposa poderia contratar o marido para realizar o trabalho. Ela poderia também contratar um técnico para realizar o conserto. Ou, simplesmente, ela mesma poderia fazê-lo. Ou ela poderia conviver com isso e nunca corrigir o problema. Outro trabalho que ela necessita é se sentir amada. Ela poderia contratar um marido para realizar esse trabalho. Entretanto, com demasiada frequência, o marido não o realiza bem. Por isso, ela poderia contratar amigos e a família, ou sua profissão, para realizá-lo. Ou ela poderia passar a vida sem jamais ter oportunidade de ver esse trabalho ser bem realizado. Esperamos que você leia isto e pense a respeito dos trabalhos para os quais você está sendo contratado em sua vida pessoal – e examine se os está realizando bem. Talvez este seja um exercício de sobriedade.

Educação pública

Em 2010, eu e Michael Horn, um dos meus ex-alunos mais brilhantes e hoje um líder no debate nacional sobre o futuro da educação, publicamos *Disrupting Class*[3], uma pesquisa a respeito do motivo pelo qual as escolas públicas se esforçam para melhorar. Obviamente, a melhoria das escolas é um problema extremamente complexo. Como mencionamos anteriormente neste livro, uma das constatações mais importantes que apresentamos no livro *Disrupting Class* ocorreu quando vestimos as lentes da teoria dos trabalhos e examinamos que trabalho os alunos estão tentando realizar. Concluímos que a escola *não* é o trabalho que os jovens estão tentando realizar. A escola é uma das coisas que os jovens podem *contratar* para realizar um trabalho. Mas o trabalho em si que os jovens precisam é se sentir bem-sucedidos – todos os dias. E eles precisam de amigos – todos os dias. Não há dúvida de que eu poderia contratar a escola para esses trabalhos. Mas eu poderia abandonar a escola e contratar uma gangue para me sentir bem-sucedido e ter amigos. Ou eu poderia abandonar a escola, arrumar um emprego com salário mínimo para ganhar algum dinheiro e comprar um carro – e ficar passeando pelo bairro com meus amigos.

A maior parte das escolas não realiza bem esse trabalho. Na verdade, a maioria dos jovens se sente fracassado quando entram na sala de aula. Eles poderiam contratar também algum esporte para realizar esse trabalho. Para alguns, o esporte realiza bem esse trabalho. Entretanto, para os menos talentosos, o esporte também faz os alunos se sentirem fracassados. Por isso, eles contratam jogos eletrônicos para se sentir bem-sucedidos. E para muitos esses jogos geram o fracasso. Por isso eles contratam amigos que também tenham sentimentos de fracasso – e se envolvem com drogas e outras coisas para se sentirem bem-sucedidos.

Fiquei feliz ao saber, recentemente, que o diretor executivo da Corning, Wendell Weeks, e sua mulher, Kim Frock, criaram uma escola alternativa, a Alternative School for Math & Science, na cidade de Corning, Nova York, com o objetivo explícito de ajudar os jovens a se sentirem bem-sucedidos na escola. Esse é o principal objetivo também da Khan Academy. Saber que pessoas bacanas estão batalhando para compreender o trabalho que os alunos estão procurando obter me dá uma enorme esperança. Constatamos que os trabalhos fundamentais que os jovens precisam ver realizados em sua vida estão escondidos bem embaixo do nosso nariz.[4]

Saúde

Em 2009, me uni a outro ex-aluno notável, Jason Hwang (hoje cofundador e diretor executivo clínico da Icebreaker Health), para escrever *The Innovator's Prescription*[5] – um livro que examina por que o custo de nosso sistema de saúde aumenta em um ritmo insustentável, mesmo quando a acessibilidade diminui. Um segredo para desvendar esse dilema foi a teoria do trabalhado a ser feito. Por exemplo, a maior parte das pessoas quer ser saudável a ponto de não pensar em saúde. Contudo, nos sistemas em que os prestadores de serviços de saúde são pagos pelos serviços que prestam, na verdade eles ganham dinheiro quando os integrantes do sistema ficam doentes – a rigor, seria um "sistema de doenças", em vez de "sistema de saúde". Quando os integrantes são saudáveis, os prestadores de serviços de saúde pouco fazem. Em outras palavras, os trabalhos a serem feitos dos membros e dos prestadores de serviços de saúde não estão associados no sistema de saúde dos Estados Unidos.

Em alguns prestadores de serviços de saúde, como Intermountain Healthcare, Kaiser Permanente e Geisinger Health System, os gestores estão trabalhando ativamente para associar os trabalhos dos prestadores e dos consumidores ao tratamento. Uma das alternativas mais importantes para fazer isso é assumir a responsabilidade pelo custo da assistência – por exemplo, por meio de seguro aos consumidores. Portanto, a sustentabilidade das organizações depende da manutenção à saúde dos consumidores, tanto quanto possível, durante a relação com os prestadores, e essa dependência possibilita inovações baseadas no trabalho, em torno da prevenção de doenças, e que a eficiência e eficácia dos cuidados floresçam. Permite que os prestadores se preocupem em manter os consumidores saudáveis, em vez de esperar que eles fiquem doentes para procurá-los, e os ajudem a melhorar o mais breve possível ou consigam controlar eficazmente as doenças crônicas quando eles adoecem. O resultado? Os trabalhos dos prestadores e dos consumidores ficam bem alinhados.

Esses planos contrastam notadamente com os planos tradicionais, nos quais os prestadores são pagos somente por serviços específicos prestados aos consumidores. Nesse contexto, os prestadores não têm incentivo financeiro para manter os consumidores saudáveis a longo prazo ou para gerenciar o custo dos cuidados de saúde oferecidos – e têm todo incentivo para aumentar o volume dos cuidados providos. Os trabalhos dos prestadores e dos consumidores estão exageradamente desalinhados.

Em nossa vida

Para que trabalho a ser feito, para nós e para a nação, elegemos um líder político? Para que trabalho *eles imaginam* que os estamos contratando e em que medida esse trabalho se compara com o trabalho para o qual *imaginamos* estar contratando quando vamos às urnas? Eles estão alinhados? Estamos contratando-os pessoas para nos liderar? Ou para dar voz aos nossos temores? São duas coisas diferentes. Como mencionei no Capítulo 8, Peter Drucker nos advertiu notoriamente do seguinte: "Os consumidores raramente compram o que a empresa acredita que lhes esteja vendendo". Presumo que exista uma profunda desconexão entre eleitores e políticos, também, e é por isso que estamos sempre insatisfeitos com as pessoas que elegemos para nos servir.

Pense nessa desconexão na próxima vez em que for a uma igreja, a uma sinagoga ou a outro lugar de adoração – ou deliberadamente *não* for. A teoria dos trabalhos a serem feitos explica por que tantas igrejas estão lutando para manter seus membros. Elas perderam a percepção dos trabalhos que surgem na vida dos membros, para os quais eles contratariam uma igreja.

Eu poderia falar durante horas sobre como a teoria dos trabalhos nos ajuda a ver o mundo de uma maneira ímpar e perspicaz. O propósito das boas teorias não é nos ensinar o *que* pensar. Na verdade, elas nos mostram *como* pensar. É aconselhável dar continuidade a essa conversa em sua casa ou em seu escritório, quando concluir este livro.

Como a teoria ajuda *você*

Há alguns anos, no meio da aula que leciono em Harvard – no curso "Building and Sustaining a Successful Enterprise" – BSSE ("Desenvolvendo e Mantendo um Empreendimento Bem-sucedido") –, uma aluna ergueu a mão para fazer uma pergunta. Estávamos mais ou menos na metade do semestre e, como de costume, havíamos dedicado nosso tempo para aprender diversas teorias que eu acredito que sejam as ferramentas mais importantes que posso oferecer aos meus alunos, antes de eles se lançarem no mundo lá fora. Recebi *muitas* perguntas no decorrer dos anos e normalmente estou preparado para qualquer coisa. Contudo, aquela pergunta me desconcertou um pouco. "Perdão, professor. Não quero ser rude, mas gostaria de saber qual é o *propósito* deste curso?" Fiquei surpreso porque imaginei que estava claro que os estávamos preparando para realizar grandes coisas na carreira e na vida pessoal e para lidar com as decisões difíceis que inevitavelmente surgiriam ao longo do caminho. Mas perguntei a ela se poderia pensar a respeito até o dia seguinte. No dia seguinte, a resposta que obtive satisfez não apenas a ela, mas a mim: "Neste curso aprendemos teorias que explicam *o que leva o que a ocorrer.* Não é maravilhoso saber como as coisas funcionam?".

Esse é o propósito deste livro também. Se você souber como a inovação funciona – o que verdadeiramente faz a inovação ser bem-sucedida –, suas iniciativas não precisam ser deixadas a cargo do destino. Durante um tempo demasiadamente longo nos permitimos acreditar que a sorte é fundamental. Existem setores inteiros, como o de capital de risco, que atualmente estão organizados em torno da crença de que a inovação é essencialmente um jogo de probabilidades. Mas é chegado o momento de derrubar esse paradigma desgastado. Passei 20 anos coletando evidências que demonstram que é possível investir tempo, energia e recursos para criar produtos e serviços que *podemos prever* com antecedência que os clientes ficarão ávidos por contratar. Deixe que os outros confiem na sorte.

NOTAS
1. Johnson, H. Thomas & Kaplan, Robert S. *Relevance Lost: The Rise and Fall of Management Accounting*. Boston: Harvard Business School Press, 1987.
2. Christensen, Clayton M., Allworth, James & Dillon, Karen. *How Will You Measure Your Life?* Nova York: HarperCollins, 2012.
3. Christensen, Clayton M., B. Horn, Michael e W. Johnson, Curtis. *Disrupting Class: How Disruptive Innovation Will Change the Way the World Learns*. Nova York: McGraw-Hill, 2008.
4. Conhecemos pelo menos cinco autores que publicaram um livro com o título *Hidden in Plain Sight* ("escondido bem debaixo do nariz"). São eles: Jan Chipchase e Simon Steinhardt, Erich Joachimsthaler, Andrew H. Thomas e Peter J. Wallison. Agradecemos a esses autores, e certamente a outros, por essa frase admirável que ousadamente tomamos emprestada neste capítulo.
5. Christensen, Clayton M., H. Grossman, Jerome & Hwang, Jason. *The Innovator's Prescription: A Disruptive Solution for Health Care*. Nova York: McGraw-Hill Education, 2009.

Índice

Os números de página seguidos por n indicam notas.

A

agregação, *versus* segmentação, 39-40, 106-107, 117-118
Airbnb, 51-52n2, 80-81
   avaliações *on-line* e, 140-141
   elaboração de *storyboard* de experiências de anfitriões e hóspedes, 105-107
   trabalhos "contratados" pelo, 41-43
Allworth, James, 223
Alternative School for Math and Science (Corning, Nova York), 225
Althaus, Steven, 45-46
Amazon, 5-6, 206-208
   avaliações *on-line* e, 138-140
   avaliando o sucesso do processo, 160-165
American Girl, empresa de bonecas, 97-99, 142-143, 205-206
   venda de experiências e, 123–127
Anderson, Chris, 2
anomalias
   processo de fabricação e melhoria, 32-33
   teoria do trabalho a ser feito (*job to be done*) e importância da, 47-48, 82-83, 219-221
ansiedade, em relação a novos produtos e procedimentos, 59-60, 75-76, 80-82, 87-89, 100–105, 117–121, 131-132
Anthony, Scott, 51-52n1

Apple, produtos da, 142-143
Aristóteles, 48-50
Arm & Hammer, 85-87
armadilha do organograma, 157-159
Associação Americana do Coração, 28n3
automóveis. *Consulte* carros
autonomia e iniciativa dos funcionários, 201-205, 207-208, 212, 214-215
avaliações comparativas, criação de dados e, 182-183
avaliações negativas de produto, 140-141
avaliações *on-line*, currículo do trabalho a ser feito e, 138-141
avaliações. *Consulte* avaliações *on-line*
aversão à perda, troca de produtos e, 100-101
azeite, como concorrente da margarina, 21-24

B

Bain & Company, 156-157, 175n3
Becton, Dickinson and Company, 198-199
Bernoulli, Daniel, 46-48
Bernstein, Ethan, 158-161
Berra, Yogi, 3
Bezos, Jeff, 5-6, 76-77, 206-208. *Consulte também* Amazon
bicarbonato de sódio, encontrando o trabalho a ser feito (*job to be done*) e, 85-87

big data, 2, 189-190. *Consulte também* dados
biogênese, 31
Black & Decker, 193-194n7
BMW, trabalhos "contratados" para, 44-46
Bristol-Myers Squibb, 198-199
Buonfantino, Giuseppina, 80-82
Burlington Northern & Santa Fe, ferrovia, 198-199

C

Campbell's Soup Company, suco V8 e, 178–180
Capital One, 84-85
Care.com, 79-80
carros
    carros alugados e inconveniências, 136-139
    causas de desconfiança em, 31-32
carros de aluguel, inconveniência e, 136-139
categorias, de produtos e serviços
    dados e, 183-184
    teoria do trabalho a ser feito (*job to be done*), inovação e crescimento na, 19-24, 44-46, 62, 64-65, 79-82, 85-88, 179–180, 221-222
Catmull, Ed, 155
causalidade
    como ponto forte da teoria trabalhos a ser feito (*job to be done*), 6-8, 15-17, 23-27, 50-51
    correlação e, 2-5
    demografia e falta de, 17-18, 20-21, 129-130, 217-220
    na ciência, 29-31
cenário competitivo, mudança do, 42-44
Checklist Manifesto, The (Gawande), 175n4
Chesky, Brian, 41-42, 106-107
Chevron, 198-199
China, fraldas descartáveis usadas na, 90-92
Chronicle of Higher Education, 54

Church & Dwight, 85-87
cigarros, trabalhos "contratados" para, 43-45
circunstâncias, definição de trabalho e, 35-41, 43-44, 50-51. *Consulte também* contexto, do trabalho a ser feito
clareza de propósito, 162-163, 198, 201-204
clientes
    dados sobre, 182-183, 188-189
    existentes, e falácia do crescimento superficial, 184-186
    percepções sobre, 19-21, 25-26, 39-40, 43-44, 92-94, 122, 219-220
    suposições sobre o comportamento dos, 51-52n3, 89-91, 181-182, 193-194n6
Clínica Mayo, 151-153
complexidade emocional, dos trabalhos, 36-38, 87-91, 127-128, 132-135
    exemplo de, 60-61
    visualização de trabalhos e, 39-40
complexidade funcional, dos trabalhos, 36-38, 127-128, 132-135
    exemplos de, 60-61, 90-92
    visualização de trabalhos, 39-40
complexidade social, dos trabalhos, 36-40, 60-61, 127-128, 132-135
comportamentos compensatórios, encontrando trabalho a ser feito (*job to be done*) e, 82-85
compra de colchões, dificuldades do cliente na decisão de compra, 107-120
    entrevista para visualizar, 108-116
concorrendo com o não consumo, identificando o trabalho a ser feito (*job to be done*) e, 79-83, 92-94. *Consulte também* Não consumo
conformidade dos dados, falácia da, 185-188, 191-192
Conley, Chip, 80-81, 106-107, 140-141
constructos, teoria e, 218-220
consumo, real, 99. *Consulte também* Não consumo

contexto, dos dados do trabalho a ser feito e, 181-183, 194
    importância de entendê-lo, 35-37, 40-42, 62, 82-83, 87-88, 101-102, 104-106, 119-120, 130-131, 170
    importância de manter o, 181-183
contratação ("*hiring*") de produtos, 3-7, 34-35, 219-220. *Consulte também* dispensa ("*firing*") de produtos
Cook, Scott, 5-6, 65-68, 160-162, 203-204, 206-207
correlação, causação e, 2-5
Costco, compra de colchões e, 107-120
Covey, Stephen R., 35-36
craigslist.org, 143-144
crescimento superficial, falácia do, 184-186, 191-192, 193-194n7
crescimento, das organizações
    mantendo a ênfase sobre o trabalho durante, 212-215
    teoria do trabalho a ser feito (*jobs to be done*) e, 19-24, 44-46, 62, 64-65, 79-82, 85-88, 179-180, 221-222
criatividade, 28, 155, 196-197
cultura
    dados e, 194
    das organizações, 63-64, 154-155, 165-166, 174, 175n1, 198-201, 204-206, 212, 214-215
    dos consumidores, 78-79, 92
currículo, do produto
    avaliações *on-line* e, 138-141
    conveniência de uso e, 136-139
    decodificando a complexidade com "especificações de trabalho", 127-128, 145-146
    marcas com propósito e, 141-146
    perguntas para os líderes, 146
    preços *premium* e experiências, 127-132
    removendo obstáculos para usar, 131-136, 146
    vendendo experiências, 123-127, 145-146

custos de troca. *Consulte também* ansiedade, em relação a novos produtos e procedimentos
CVS Minute-Clinics, 85-86

D

dados
    falácia da conformidade dos dados, 185-188, 191-192
    falácia do crescimento superficial, 184-186, 191-194n7
    falácia dos dados ativos *versus* passivos, 181-184, 190-192
    falácias de, em geral, 180–181
    histórias, como uma valiosa fonte de, 39-40, 182-183, 219-220
    tendenciosidades e julgamentos humanos na, 187-190, 193-194n10
dados ativos, *versus* falácia dos dados passivos, 181–184, 190-193n5
dados de inovação. *Consulte* dados
    percepções sobre inovação
    circunstâncias, como elemento essencial para, 35-36, 104-105, 107-108
    complexidade como oportunidade para, 172
    comportamento compensatório como fonte de, 81-83, 92-93, 118-119
    experiências pessoais como uma fonte valiosa de, 125–127
    possibilitadas pela teoria do trabalho a ser feito, 87-88
    progresso, como elemento fundamental para, 34-35
    usos imprevistos de um produto como fonte de, 84-85, 105-108, 111-112, 130-131
dados operacionais, dados de inovação substituídos por, 181-184
dados passivos *versus* dados ativos, falácia dos, 181-184, 190-192, 192-193n5
dados quantitativos e qualitativos, 188-189

Dasgupta, Shamik, 135-136
declaração de missão, organização baseada no trabalho e, 195, 198-199, 214-215
Deming, W. Edwards, 4-5, 7-8, 31-32, 153
Departamento de Proteção Financeira do Consumidor (CFPB), organizado em torno do trabalho a ser feito dos consumidores, 158-161
Deseret News Publishing Company, 185-186, 207-208
Deseret News, 207-213
Design for People, 89-91
desperdício de recursos, redução de, 68-69, 111-112, 130-131, 139-140, 205-206, 218-219
devolução de produtos, dados sobre, 182-183
DeWalt, ferramentas elétricas, 193-194n7
diferenciação, de produtos e serviços, 1, 4-5, 27, 145-146
Digital Equipment Corporation (DEC), 13–14
Dillon, Karen, 223
dispensa ("*firing*") de produtos, 99-102, 120-121, 219-220. *Consulte também* contratação ("*hiring*") de produtos
Disrupting Class (Horn & Christensen), 224–225
Doerr, John, 44-45
DriveNow (Zipcar), 45-46
Drucker, Peter, 177–178, 226
Drybar, 223
Duncan, David, 24-25, 51-52n1, 101-102, 132-133
Dunn, Todd, 87-91

E

Economist, 184-186
educação continuada *on-line*. *Consulte* Southern New Hampshire University (SNHU)
eficiência, medição da, 205-208
elaboração de *storyboard*, clientes e BigHire/Little Hire, 105-107, 120-121
em inovações bem-sucedidas, 23-26, 34-35
embalagem, de produtos, 62–63, 80-82, 126
End of Average, The (Rose), 9n4
escola públicas
  falácia dos dados ativos *versus* passivos, 183-184
  usos da teoria do trabalho a ser feito, 224–225
escolhas, correlação e causação e, 2-5. *Consulte também* ansiedade, em relação a experimentar novos produtos e procedimentos
especificações do trabalho
  currículo do trabalho a ser feito e, 127-128, 145-146
  especificações do produto *versus*, 170
  funcionários e organizações baseadas no trabalho, 199-202, 214-215
especificações técnicas, *versus* especificações de trabalho, 222
exemplos de, 22-23, 76, 135-136, 168-169, 178–180, 196
experiências do cliente. *Consulte* experiências, venda de, e currículo do trabalho a ser feito
experiências, venda de, e currículo do trabalho a ser feito, 123–127, 145-146
  avaliações *on-line* e, 138-141
  conveniência e, 136-139
  preços *premium* e, 127-132

F

Facebook, trabalhos "contratados" para, 43-45
faculdade. *Consulte* Southern New Hampshire University (SNHU)
falácia da camada de tecnologia, 170–171
falácias, 180–181
  da conformidade dos dados, 185-188, 191–192

do crescimento superficial, 184-186, 191-192, 193-194n7
dos dados ativos *versus* passivos, 181-184, 190-192
Fast Company, 54, 106-107
Federal Express, 142-144
fiéis com ideias afins," *Deseret News* and, 209-213
Fields, Mark, 45-46
FiveThirtyEight, *blog*, 185-186
foco estratégico. *Consulte* trabalho a ser feito, mantendo a ênfase sobre; processos de organização, integrando em torno do trabalho a ser feito
Força Aérea dos Estados Unidos, treinamento piloto, 9n, 14
Forças do progresso", 100-106, 117-118, 120-122
Ford Motor Co., 45-46
   Volvo e, 144-146
   Wingcast e, 170
fraldas descartáveis, vendidas na China, 90-92
FranklinCovey
   mudando as ofertas de treinamento para execução de um trabalho, 63-66
   processos de organização e, 171-172
fraturamento" de trabalhos, 95n2
furacão Katrina, OnStar e, 202-203
furacão Rita, OnStar e, 202-204

G

Gawande, Atul, 175n4
Geely (montadora de automóveis chinesa), 144-146
Geisinger Health System, 225-226
General Motors
   Lyft e, 45-46
   OnStar e, 164-171, 201-205
Gilbert, Clark, 207-213
Google Tendências de Gripe (GFT), 189-190

Google, 143-144
Goulait, David, 90-92
Goulet, Jacques, 102-105, 200-201
Govindarajan, Vijay, 51-52n1
grande contratação/pequena contratação, 97-99, 120-121
   dispensa ("*firing*") de produtos e, 99-102, 120-121
   elaboração de *storyboard* e, 105-107, 120-121
   exemplos de, 101-105, 107-120
   intuição e, 119-120
   perguntas para os líderes, 121-122

H

hábitos do presente", 100-102, 120-121
Hall, Taddy, 24-25, 157-158
Harken, Dwight, 157-159
Hastings, Reed, 44-45
Healthy Heart for All (HHFA) [Coração Saudável para Todos], programa, na Índia, 135-136
Hoffman, Reid, 42-43
Hogan, Rod, 62
HOLE HAWG, 142-144
Horn, Michael, 224-225
How Will You Measure Your Life? (Dillon, Allworth & Christensen), 223
Huber, Chet, 165-169, 171, 201-205
humorismo, teoria média do, 29-30
Hwang, Jason, 225

I

igrejas, teoria do trabalho a ser feito (*job to be done*) e, 226-227
IKEA
   como marca com propósito, 141-142
   experiências e objetivos dos clientes, 128-132
Índia
   marca-passos vendidos na, 131-136
   sabonete Lifebuoy usado na, 198-200

informações negativas, reação da
 administração a, 182-183
ING Direct, 83-85, 100-101
Innosight, 24-25, 51-52n1, 132-133, 214-
 215
Innovator's Dilemma, The (Christensen), 181
Innovator's Prescription, The (Hwang,
 Grossman & Christensen), 225
inovação
 causalidade e êxito, 23-26, 34-35
 consulte também trabalhos a serem feitos
  (*jobs to be done*), identificação de
 dados operacionais substituídos por
  dados de inovação, 181-184
 dificuldade para manter o sucesso dos,
  13–15
 princípios de organização inadequados e,
  35-37
 processos corporativos e, 2–3
 progresso e, 1-2
 sistemas e, 51-52n1
 teoria das inovações de ruptura, 14-20,
  26, 62, 220-221
 teoria do trabalho a ser feito (*job to be
  done*) e, 23-27
inspiração, foco no trabalho e, 198, 214-215
integração
 consulte também processos de
  organização, integração em torno do
  trabalho a ser feito
 teoria do trabalho a ser feito (job to be
  done) como linguagem da, 160-161,
  200-201
 teoria do trabalho a ser feito (*job to be
  done*) e, 40-41-42, 76-77
intenção do comandante, 195, 200-201
Intermountain Healthcare Transformation
 Lab, 87-91, 225–226
intuição
 encontrando o trabalho a ser feito e, 119-
  120
 importância de utilizar, 77-79

Intuit, 5-6, 65-68, 160-162, 203-204, 206-
 207

J

J.P. Morgan, 198-199
Johnson, H. Thomas, 187-188, 219-220
Jones, Graham, 22-24
Journal of Advertising Research, 187-188
Juran, Joseph M., 31-32

K

Kahneman, Daniel, 100-101
Kaiser Permanente, 225–226
Kamen, Dean, 38-39
Kaplan, Robert S., 187-188, 219-220
Kennedy, Robert F., 193-194
Keurig, 142-143
Khan Academy, 78-80, 95n1, 225
Khan, Sal, 78-80
Kimberly-Clark, 80-83
know-how técnico-mecânico, confundindo
 com o trabalho a ser feito, 171
Krieger, Rick, 85-86
Kuhn, Thomas, 76-78

L

Laurent, Auguste, 218-219
lealdade, dos clientes, 63-65, 125–127
LeBlanc, Paul, 53–62, 155, 204-208
lente, teoria do trabalho a ser feito usada
 como, de modo geral, 19-20, 46-50, 77-
 78, 92-93, 200-201. *Consulte também*
 organizações e produtos específicos
Levitt, Ted, 177–178, 181-182, 192-193n1
Lewis, Michael, 2
linguagem, teoria do trabalho a ser feito e
 desenvolvimento de uma comum, 24-25,
 27, 92, 122, 155-157, 160-161, 200-201
Little Hire. *Consulte* grande contratação/
 pequena contratação
lojas de móveis, objetivos e experiências dos
 clientes nas, 128-132

Lunchables, 142-143
Lyft, 45-46

M

MacMillan, Ian, 51-52n3
marcapassos, vendidos na Índia, 131-136
marcas com propósito, criação de, 141-146
Marcelo, Sheila, 79-80
March, James G., 193-194n6
margarina, trabalhados "contratados" para, 19-24, 28nn2,3,4
Marketing Imagination, The (Levitt), 192-193n1
marketing, limitações do tradicional, 37-38, 186-187. *Consulte também organizações e produtos específicos*
Mattell, 98-99, 127
Maven, 45-46
McGinneva, Leo, 192-193n1
McGrath, Rita, 51-52n3
McKinsey & Company, 2, 155-156
medicina de tratamento intensivo, exemplo, 157-159
medicina. *Consulte* sistema de saúde
Medtronic, 131-136
mercados *comoditizados*, 142-145
Mercer, mudanças no programa de aposentadoria e, 101-105, 200-201
método científico, 46-50
métricas
  avaliação do sucesso do processo, 160-165, 173-174
  ênfase sobre os trabalhos e melhores, 198, 214-215
  medição da eficiência, 205-208
miasma, teoria médica sobre, 30
mídia social, 212-213
milk-shakes, trabalhos "contratados" para, 15-16, 37-38, 172
  à tarde, 17-20
  de manhã, 15-19

Milwaukee Electric Tool Corporation, 142-144
minidocumentários, para visualizar a teoria do trabalho a ser feito, 77-78, 108-116
MinuteClinics, 85-86
modelo de negócio, foco no, 82-84, 128-130, 135-136, 166-167, 181, 191-192. *Consulte também* trabalho a ser feito (*job to be done*),
  mantendo a ênfase sobre a manteiga, para concorrer com a margarina, 21-22
Moesta, Bob, 15-16, 24-25, 73–76, 107-108, 172
Monahan, Tom, 188-189
Moneyball (Lewis), 2
Monson, Keyne, 132-136
Morita, Akio, 77-79
movimento da qualidade total. *Consulte* movimento da qualidade, teoria válida e
movimento da qualidade, teoria válida e, 4-5, 31-34, 153
mudança, ansiedade e motivações persuasivas e antagônicas em relação a, 59-60, 75–76, 80-82, 87-89, 100-105, 117-121, 131-132

N

nada". *Consulte* concorrendo com o não consumo
Nair, Hari, 213-215
não consumo, 69-70, 73, 133-134
  consulte também Southern New Hampshire University (SNHU)
  dados passivos e, 181-183
  identificando o trabalho a ser feito e, 79-83
necessidade", 37-39, 221-222
Netflix, 44-45, 181-182
New York Times, 184-186
Nicolau Copérnico, 49-50
Nicolosi, Tony, 144-146
Nielsen, 62–63

NyQuil, 86-87

O

Obama, Barack, 61
obstáculos, remoção de, 59-60, 73, 108-109, 117-118, 165-166
  no currículo do trabalho a ser feito (*job to be done*), 131-136
obstáculos. *Consulte* obstáculos, remoção de
OnStar
  complexidade das atualizações contínuas, 168-171
  integrando processos em torno do trabalho a ser feito, 164-168
  mudanças rápidas para atender às necessidades do furacão Rita, 201-205
  receita da, 165-166
OpenTable, 84-85
organizações, benefícios da ênfase sobre o trabalho das, 198-200, 214-215
  bússola bidirecional e, 201-206
  exemplos de, 195-198, 207-213
  funcionários e especificações do trabalho, 199-202, 214-215
  lidando com o crescimento da empresa, 212-215
  perguntas para os líderes, 215
  uso de medidas, 205-208
Organizational Culture and Leadership (Schein), 175n1
otimização de recursos, ênfase sobre os trabalhos e, 198, 214-215

P

Pampers, vendidas na China, 90-92
Para que trabalho você contratou esse produto?" *Consulte* teoria do trabalho a ser feito (*job to be done*)
Pasteur, Louis, 29-31
Pedi, Rick, 15-16
perfuração horizontal. *Consulte* "fraturamento" de trabalhos

perguntas para os líderes, 50-51, 69-70, 93-94, 121-122, 146, 174, 191-192, 215
perguntas, fazendo para extrair respostas úteis, 4-5, 7-9, 13, 15-17, 22-23, 33-35, 51-52
pesquisa e desenvolvimento, despesas corporativas em, 2
Piacentini, Diego, 162-163
PICA (perspectiva, *insight*, contexto e análise), 211-212
Pixar Animation Studios, 142-143, 155
planejamento orientado à descoberta", 51-52n3
preços *premium*
  experiências do trabalho a ser feito e, 127-132
  marcas com propósito e, 143-144
  sem ansiedade, 131-132
presente, hábitos do, 100-102, 120-121
previsibilidade, teoria do trabalho a ser feito e, 3, 25-26, 29-30, 46-49, 157-158. *Consulte também* "preferência" pela causalidade, 221-222
prioridades
  avaliando o sucesso e, 160-165, 173-174
  consulte também crescimento, das organizações
  de organizações e produtos, 2, 63-65, 152-153, 183-184, 200-202, 212-214
  exemplos, 154-159, 164-171
  invisíveis ao cliente, 153
  nas escolhas dos clientes, 37-38, 45-46, 77-78, 104-105, 122, 130-131, 133-136, 197
  perguntas para os líderes, 174
  poder dos, 155-156
  processos de organização, integrando em torno do trabalho a ser feito, 151-175
  reorganização corporativa e, 156-161, 173
problema da mesa da sala de jantar, mudanças e, 73-77
processo de inovação retroativa ao cliente, da Amazon, 206-207

Procter & Gamble (P&G),
    fraldas descartáveis vendidas na China e, 90-92
produtividade, dados sobre, 182-183
produtos
    ansiedade em relação a experimentar o novo, 59-60, 75–76, 80-82, 87-89, 100-105, 117-121, 131-132
    como serviços, 68-69
    dados sobre, 182-183
    trabalhos a serem feitos e usos incomuns dos, 85-88, 93-94 *consulte também* currículo do produto; *produtos específicos*
produtos de plataforma, 127, 162-163
produtos Depend, 80-83
produtos para incontinência, trabalho a ser feito e, 80-83
programas de aposentadoria, exemplo de mudanças nos, 101-105
progresso
    consulte também crescimento, da organização
    definição de trabalho e, 34-36, 40-41
    inovação e, 1-2
propaganda, 23-25, 44-46, 118-119, 143-144, 180
Ptolomeu, 48-49

Q

Qualcomm, 170
queijo, Sargento e embalagem, como trabalho a ser feito, 62–63
QuickBooks, *software* de contabilidade, 5-6, 65-68, 160-162, 203-204, 206-207
QuickMedx, 85-86

R

raciocínio dedutivo, 217-219
raciocínio estratégico de *design* (*design thinking*), 89-90, 122n3
raciocínio indutivo, 217-219

racionalidade limitada, 193-194n6
Relevance Lost (Thomas & Kaplan), 219-220
reorganização corporativa. *Consulte* reorganização
reorganização, e incapacidade de agregar valor à organização, 156-158, 175n3
reservas de restaurante, OpenTable e tempo real, 84-85
Rose, Todd, 9n4
Rowland, Pleasant, 97-99, 124–127, 205-206
ruptura, teoria da, 14-20, 26-27, 62, 218-221
rupturas, contestações contra, 124–125

S

sabonete Lifebuoy, 198-200
Sargento, queijo, 62–63
Sawzall, 142-144
Schaefer, Ernie, 154
Schien, Edgar, 154, 175n1
Science, revista, 188-190
segmentação
    agregação *versus*, 39-40, 106-107, 117-118
    baseada no trabalho, 69-70, 209-210
    limitações do uso tradicional da, 75, 82-85, 129-130, 205-206
Segway, 38-39
serviços bancários, ING Direct e facilitação, 82-85
serviços de carona solidária, 24-25, 45-47, 137-139
Setor automobilístico japonês,
    processo de identificação de problemas de confiabilidade, 31-34
setor de jornais, mudanças no, 207-213
setor ferroviário, e falácia dos dados ativos *versus* passivos, 181-182
Sharma, Anshu, 170
Signal and the Noise: Why So Many Predictions Fail—But Some Don't (Silver), 4-5

Silver, Nate, 4-5, 185-186
Sime Darby, 213-215
Simon, Herbert A., 193-194n6
sistema de saúde
  componentes emocionais das salas de exame, 87-91
  falácia dos dados ativos *versus* passivos, 183-184, 192-193n5, 193-194n6
  integrando processos em torno do trabalho a ser feito do cliente, 151-153, 157-159, 225–226
sistemas de software, exames médicos e, 88-91
Smith, Adam, 218-219
Snapchat, 43-44
Snow, John, 30
software de contabilidade, exemplo de, 5-6, 65-68, 160-162, 203-204, 206-207
soluções alternativas
  dados passivos e, 181-183
  identificando o trabalho a ser feito e, 82-85
soluções indiferenciadas, 19-20, 54-55, 69-70
sorte, competindo contra a teoria do trabalho a ser feito, 8, 23-25, 29-30, 92-93, 127-128, 217-218, 227–228
Southern New Hampshire University (SNHU), 53-55, 79-80, 100-101, 155-157, 207-208
  acompanhamento das respostas dos alunos, 160-161
  alunos tradicionais e, 54-56
  educação continuada *on-line* e, 53-62
  organização em torno do trabalho a ser feito, 155, 204-206
Spiek, Chris, 104-105
Starbucks, 143-144
Strategy & Business, 2
Structure of Scientific Revolutions, The (Kuhn), 76-78
sub-rotinas, no processo de *design*, 163-165
substitutos temporários de categoria (*placeholders*), em contraposição a marcas com propósito, 144-145
suposições, sobre comportamento do consumidor, 51-52n3, 89-91, 181-182, 193-194n6

T

Tamanho do mercado. *Consulte* Franklin-Covey; Intuit; Southern New Hampshire University (SNHU)
tendências de gripe, dados e, 189-190
tendências, trabalhos e, 37-39
teoria do trabalho a ser feito (*job to be done*), 6-7, 26-27
  amplitude das aplicações da, 222–227
  anomalias e, 219-221
  benefícios da, 53
  causalidade e indução, 217-220
  como ferramenta de integração, 40-42, 76-77
  definição de trabalho e, 34-37
  escolha e, 28n3
  fronteiras da, 220-222
  inovação e, 23-27
  limites das, 46-49
  progresso e identificação do mecanismo causal, 29-34
  riscos de mau uso da, 221-222
  visualização de trabalhos, 39-42
teorias
  como proposições, 47-48
  elaborando por meio de constructos, 218-220
  movimento da qualidade e, 4-5, 31-34, 153
  neutralidade das, 33-35
This American Life (NPR), 154
tomada de decisão distribuída, ênfase sobre os trabalhos e, 198, 214-215
Toyota e processo de identificação de problemas, 31-34

Toyota, 32-34, 154
trabalho a ser feito, identificação de, 73, 76-78, vii-viii
 à procura de soluções provisórias e comportamentos compensatórios, 82-85, 93-94
 à procura de usos incomuns dos produtos, 85-88, 93-94
 à procura do não consumo, 79-83, 92-94
 à procura do que as pessoas desejam evitar fazer, 84-86
 buscando internamente, 77-80, 92-93
 consulte também grande contratação/pequena contratação
 emoções e, 87-92, 95n2
 exemplos de, 73-77
 o que não é um trabalho a ser feito, 37-39, 171, 221-222
 perguntas para os líderes, 93-94
trabalho a ser feito, mantendo a ênfase sobre, 177-192
 dados produzidos pelo homem, 187-190, 193-194n10
 exemplo de insucesso, 178-180
 falácia do crescimento superficial, 184-186, 191-192, 193-194n7
 falácia dos dados ativos *versus* passivos, 181-184, 190-192
 falácia dos dados conformistas, 185-188, 191-192
 falácias dos dados de inovação, 180-181
 gestão ativa de dados passivos e, 190-191
 perguntas para os líderes, 191-192
trabalho" ("*job*"), uso do termo, 220-222
trabalhos negativos, identificando o trabalho a ser feito e, 84-86, vii-viii
Tversky, Amos, 100-101

U

U.S. News and World Report, 54
Uber, 24-25, 137-139

Unilever
 margarina e, 19-24
 sabonete Lifebuoy e, 198-200
usos incomuns dos produtos, identificando trabalho a ser feito e, 85-88

V

V8, marca de suco, 178–180
vantagem competitiva, integrando processos em torno do trabalho a ser feito, 25-27, 151-154, 168-169, 171, 173
varejistas de desconto, falácia dos dados ativos *versus* passivos e, 181-182
venda de imóveis, trabalho de mudar vidas e, 73-77
venda de residências, trabalho de mudar vidas e, 73-77
vida doméstica, aplicações da teoria do trabalho a ser feito (*job to be done*), 223–224
vida pessoal, uso da teoria do trabalho a ser feito (*job to be done*) em, 226–227
Vídeos do YouTube, Academia Khan e, 78-80
voar, primeiras tentativas de, 46-48
Volvo, 144-146

W

Wagoner, Rick, 166-167
Walker, Brian, 107-118
Walkman, da Sony, 77-79
Warren, Elizabeth, 158-160
Weeks, Wendell, 225
Whitman, Bob, 63-66, 172

Y

Yelp, 140-141, 147n2

Z

Zaltman, Gerald, 119-120, 186-188
ZzzQuil, 86-87